1781

Das große MERIAN Anekdotenbuch

Hoffmann und Campe

CIP-Kurztitelaufnahme der Deutschen Bibliothek

Das große Merian-Anekdotenbuch. – 1.–10. Tsd. –
Hamburg : Hoffmann und Campe, 1980.
ISBN 3-455-05140-5

Gesetzt aus der Korpus Garamond-Antiqua
Satz: Otto Gutfreund, Darmstadt
Druck- und Bindearbeiten Richterdruck, Würzburg
Printed in Germany

Anekdoten, jedenfalls die, deren Autor nicht bezeugt ist, führen ein eigentümliches Leben. Wie sie entstanden sind — niemand weiß es zu berichten, sie sind plötzlich da, werden erzählt, wiedererzählt und weitererzählt, und dabei kann es geschehen, daß sie sich im Weiterreichen verändern, daß sie ihr Gewand wechseln, Grenzen zwischen Landschaften, Ländern, ja ganzen Kontinenten überspringen und ebenso die Trennungslinien zwischen den Charakter- und Berufstypen der Menschen. In ihrem Kern jedoch bleiben sie unwandelbar, in ihrem Motiv und der menschlichen Situation, von der sie erzählen. Und in eben diesem Kern liegt die Wahrheit der Anekdote. Sie wirkt auf den, dem sie erzählt wird oder der sie liest, wie ein Schlaglicht. Immer ist es, als sähe er plötzlich scharfe Konturen und Kontraste, wo er vorher nur ein ungefähres Bild wahrnahm; als zeige sich ihm während der kurzen Belichtungszeit der Anekdote etwas ihm Vertrautes — ein Mensch, ein Volk, eine Nation — von einem Augenblick zum anderen in ganz neuem Licht und erkenne er sie erst jetzt richtig in ihrem Charakteristischen und Wesentlichen. Dann mag es ihm ergehen, wie dem Wirt bei Heinrich v. Kleist, der betroffen und voll Staunen von dem unerschrockenen preußischen Reiter sagte: So einen Kerl hab ich zeit meines Lebens nicht gesehen... wohlverstanden, wenn es sich um eine gute Anekdote handelt, um eine Blüte ihrer Gattung. Aber nicht immer und nicht nur Bewunderung ruft sie hervor, häufiger noch, da sie mit dem Witz verschwistert sein kann, Erheiterung und Befreiung im Lachen. Ärgernisse gibt es, die einem zusetzen: die Kargheit, die Verschlagenheit, kurz, die herausfordernden Eigenarten der anderen; die Tücke des Objekts; die lästigen Gegebenheiten des Alltags. Sie alle werden aber, bemächtigt sich ihrer der anekdotische Witz, von ihm entschärft und bagatellisiert, der Groll entweicht, und für den Augenblick lebt sichs wieder wohler. Sage einer, daß das keine Lebenshilfe sei!

Frisia non cantat?

Schiet

Zur Beschwichtigung hochdeutscher Proteste:
»Schiet« ist die jedem Niederdeutschen geläufige und durchaus nicht anstößige Bezeichnung für jene Mischung aus Erde und Wasser, die anderswo auch wohl Dreck heißt.
Ein paar Jungens hatten sich einen genügenden Vorrat solcher Mischung aus dem für solchen Zweck besonders geeigneten Oldenburger Klei hergestellt und waren eifrig am Formen und Bauen, als der würdige Pfarrer der Gemeinde daherkam und neugierig dem kindlichen Spiel zusah.
»Na, Jungens«, fragte er leutselig, »wat willt je dor denn boen?«
»Dat schall 'ne Kark weern«, belehrte ihn einer der Jungen.
»So, so«, meinte der über ein so christliches Beginnen erfreute Gottesmann, »denn mutt dor awer uk noch 'n Klockenturm bi!«
»Ja, de kummt uk noch!« war die Antwort.
»Un wo is dat mit 'n Paster, maakt je denn uk noch?« lächelte der Pastor.
Worauf er nach einem prüfenden Blick über seine umfangreiche Gestalt die vernichtende Antwort bekam: »Nee, soväl Schiet hebbt wi nich mehr!«

Fester Termin

Der Weg ins gesetzlich verankerte und amtlich beglaubigte Eheglück ist – wie so viele Wege nach irdischen Zielen – mit gestempelten Papieren gepflastert. – Eine große Anzahl solcher von einer weisen Obrigkeit als notwendig erachteten Scheine hatte Krischan Kottenbrink bereits beisammen, als er mit Metta Öltjengerdes zusammen den Pastor nach der sonntäglichen Predigt aufsuchte, um nach Brauch und Recht zwecks Eheschließung das Aufgebot zu bestellen. Sie hatten Glück – es fehlte nur noch ein einziger Schein, den der Pastor baldigst einzuholen versprach, so daß die beiden inzwischen schon »von der Kanzel geworfen« werden konnten.

Aber Gottes Mühlen mahlten auch in diesem Falle langsam, der Schein ließ auf sich warten. Krischan, das Glück so nahe vor Augen, drängte erbittert von einem Sonntag zum andern, aber als der Pastor ihn auch am nächsten wieder abschlägig bescheiden mußte, riß ihm endlich die Geduld, und mit grimmiger Entschlossenheit rief er: »Schien hen, Schien her, Herr Pastor – Maandag fangt wi an!«

Du sollst nicht fluchen

Der alte Pastor N. N. in Borkum, ein aus gröbstem Holz geschnitzter Seelsorger seiner Inselgemeinde, meditiert über seine Sonntagspredigt. Da hört er ein Motorrad mit lautem Geknatter ankommen, das gerade vor seinem Hause noch zwei- bis dreimal spuckt, um dann zu verstummen.

Der Motorradfahrer, der sich vergebens bemüht, den Motor wieder in Gang zu bringen, flucht lästerlich.

Das wird dem alten Herrn zu dumm. Er geht vor die Tür und ruft: »Lat dat Fluchen na! Mötst seggen: ›Herr Gott, hilf!‹« Der

Angerufene blickt überrascht auf, und als er den alten Pastoren erkennt, stammelt er unwillkürlich, dabei erneut auf den Anlasser tretend: »Herr Gott, hilf!« und da: Ein Knall, ein Rattern! – Der Motor läuft. Verdutzt gucken sich beide Männer an.
Da bricht es aus dem Pastor heraus: »Düwel, Satan! Dat har ik sülven neet docht!«

Man muß sich zu helfen wissen

Der Bauunternehmer A. aus Borkum konnte es sich gar nicht erklären, wo immer die mit seinem Namen an den Querseiten gezeichneten Bauhölzer blieben. Um den Dieben auf die Spur zu kommen, beauftragte er Klaas Maat, nachts auf dem Lagerplatz Wache zu halten. Aber die Diebstähle hörten nicht auf. Da stieg in dem Bauunternehmer ein furchtbarer Verdacht auf. Sollte Klaas vielleicht selber? Er verständigte den Gendarm, und eines Nachmittags erschienen A. und der Gendarm in dem Haus von Klaas Maat, um es zu durchsuchen.
Siehe da! Auf dem Boden lag, fein säuberlich aufgeschichtet, ein großer Stapel Bretter, mit einem »A« an der Querseite. »Daar is ja min Holt!« rief der Bauunternehmer aus. »Wat, dar is din Holt?« schrie Klaas. »Denn haal futt Arbeiders her, lat dat weghalen, dat will ik hier neet langer liggen hebben.«

Schlagfertig

Wie die schweigsamen Männer der christlichen Seefahrt oft auf die vielen dummen Fragen der Landratten bissige, ironische Antworten geben, so auch die Insulaner auf Fragen wißbegieriger Badegäste. Als Klaas Maat, er soll es gewesen sein, in der Nachsaison von einem der wenigen noch auf Borkum weilenden Badegäste gefragt wird: »Sagen Sie, lieber Mann, was machen Sie so auf Ihrer Insel, wenn wir Gäste alle fort sind?«, da antwortete Klaas: »Denn so smit wi de Sand van de eene Duine up de anner.«

Bescheidenheit

Harm Tönjes war froh, daß er einen Iltis im schönsten Winterpelz erschlagen hatte. Er hatte den langen Weg vom Veenhuser Königsmoor nach Leer nicht gescheut, um beim Kürschner M. das Uilkefell selbst abzuliefern und einen Taler dafür zu empfangen. Der Kürschner, der wußte, daß Harm einen langen Weg hinter sich hatte, nötigte diesen in die Küche, damit er sich dort wieder ein bißchen aufwärmte.
Die Meisterin war gerade dabei, Pfannkuchen zu backen, als Harm die Küche betrat. »Gaat sitten, Tönjes!« meinte sie. »Lüßt je ok een Pankok?«
»Völen Dank! Ik hebb even min Botterbrod upeten. Ik heb d'r nett kin Smack an!«
»Na, denn gaat eventjes wat sitten un drinkt'n Kopke Tee. Waar is't mit Fru un Kinner?«
»Oh, all good tofree.«
Die beiden erzählen sich nun von diesem und jenem. Nach einer kleinen Stunde aber geht ihnen das Gesprächsthema aus. Harm sieht eine Zeitlang schon schweigend zu, wie die Meisterin die letzten Teigreste in die heiße Pfanne gießt. Plötzlich fragt er aus tiefem Schweigen heraus die Meisterin: »Wat hebben Se even seggt? Of ik wall een Pankok mag?«

Up vulle Tourn

Peter Sönksen pariert als zünftiger Halligschiffer alle Fragen seiner wißbegierigen Fahrgäste mit »Spitzen«. Zunge und Priemen sind seine Helfer hinter dem Steuerrad.
Peter dreht grad ein wenig mehr auf. Fragt einer der Mitfahrenden: »Sagen Sie mal, Herr Sönksen, woher wissen Sie denn, wieviel Touren Ihr Motor läuft?«
»Och«, sagt Peter Sönksen, »dat is ganz eenfach. Löppt he föfteinhunnert, bebert (bebt) dat Rohrhus (Steuerhus), löppt he tweedusend, schüttelt sick dat Deck, löppt he up vulle Tourn, klappert mien Gebiß.«

Gräber in der Nordsee

Zwei Kurgäste fahren mit dem Pellwormer Schiffer Jan Eck nach Wyk. Jan Eck hält Kurs an den Baken entlang (Baken = Seezeichen, Birkenbäumchen oder Stämmchen mit Reisig). »Was sind das, Herr Eck?« fragen die Kurgäste. »Hier... un dor...« sagt Jan Eck und zeigt auf die Besenbaken, »sünd Schostenfeger versapen (ertrunken).«

Auch zu Tode gesoffen

Ein eisig kalter Wintertag. Der kleine Vorortbahnhof hat nur eine nüchterne Wartehalle. Also gehen die beiden vornehmen Damen, die etwas zu zeitig gekommen sind, in die Wirtschaft gegenüber, um sich mit zwei Doppelkörnern ein wenig aufzuwärmen. Mit einem Blick auf ihre frühen Gäste bemerkt die Wirtin: »Tscha, die junge Frau Holtkamp, die hat sich ja auch zu Tode gesoffen!«

Pädagogisch

Bootsmann Hermann Jantzen stand beim Sicherheitsoffizier der »Berlin« in hohem Ansehen, weil er beim Schwimmwesten-Manöver pädagogische Talente entfaltete. »Nee, Frollein, so geiht dat nich! So mutt dat Ding sitten, und wenn Se 'n büschen nache Mode gehn, dann lassen Se die Bändsels nich achteraus schwimmen, sondern machen da'n Schlips von.« – »Aber der Kork ist ja weich«, sagte Inge. »Dat is ok keen Kork nich, dat is Kapok, 'ne Art Baumwolle.« – »Trägt Baumwolle denn im Wasser?« – »Doch, Frollein, sogar veel beeter as Kork. Diese Schwimmweste trägt sogar 24 Stunden.« – »24 Stunden? Ja, aber was geschieht dann?« – »Dann werden neue verteilt, Frollein!«

Das große Deutschland

Im Zeitalter der Segelboote kamen die Halligmenschen nur selten von ihrem »Knast«, vor allem die Frauen. Eisenbahnen und dergleichen kennen auch heute manche noch nicht.
Es muß einmal sein. Alt-Kathrin soll nach Husum. Sie fährt von Hooge nach Pellworm, steigt nach vier Kilometern Fahrstrecke auf den Seedeich und staunt: »Wat, dat is Pellworm – un dann schall dat noch 'n Dütschland geben?« – dreht sich um und kehrt mit dem Halligschiffer zurück.

Kaffeegesellschaft auf der Hallig

Wintertag! Fünfzehn Frauen sitzen vor Bergen von Kuchen. In buchstäblichem Sinn! Wohl zwanzig Sorten Kuchen füllen den Tisch. Die Schnatterwerkzeuge haben vollauf zu tun. Der Pastor kommt mit seiner Frau. – Totenstille! – auch, als »Pastors« schon Platz genommen haben.

»Nanu«, meint der Pastor, »es ist hier ja auf einmal so merkwürdig still...?«

»Tja«, sagt eine Halligfrau, die es eben noch sehr eilig hatte, »nu sünd wie jo ok alle hier.«

Ein Bauer im Glück

Als ein Bauer von Föhr unterwegs war, sein Vieh in der Marsch zu begutachten, fiel ihm von oben etwas auf seinen Hut. Er schaute hoch und sah einen Krähenschwarm über sich. »Een Glück«, meinte er, »dat die Köh nich fleegen könt!«

Sönndaagsverdeener

Jan weer'n strewsame Minsch. He arbeit warkel- und sönndaags, an'n leewsten ok nachts. Dat he sönndaags den Spaden in'e Hand nehm, möch de Paster nu nich hebben, un Jan möß doch, wiel he'n kinnerriek Familj harr. Eenmaal nu keem de Paster wedder dor up to, as Jan in'n Goarn an to graben weer, an'n Sönndaag.

»Guten Tag, Herr Lindblohm!« sä he.

»Guten Tag, Herr Paster!«

»Nun sagen Sie bloß, Herr Lindblohm, muß das Graben gerade immer am Sonntag sein?«

»Mutt sien, Herr Paster«, sä Lindblohm, »dat gifft jo noch mehr Lüüd, de an'n Sönndaag ehr Geld verdeen«, un grööf wieder.

Bedienstetes Volk

Pay war ein Fischer von stoischer Gelassenheit und sprichwörtlichem Selbstbewußtsein. Wenn er mit seiner Pfeife vor der Tür stand, das Gesicht von Rauchwolken verhüllt, schien er der ruhende Pol der Insel zu sein. Eines Herbsttages kam der Ortsvorsteher an seiner Haustür vorübergerannt. Er blieb, als er Pay erblickte, stehen.

»Tag, Pay!« rief er. »Die Kommission zur Untersuchung der Sturmschäden ist da! Kommst du mit zum Dampfer?«

»Nein!« brummte Pay.

»Der Landrat kommt auch!«

»So, so!«

»Und der Regierungspräsident!« Der Ortsvorsteher lief bereits weiter die Straße hinunter.

»Sieh mal an!« sagte Pay.

»Und sogar der preußische Innenminister ist dabei!« brüllte der Ortsvorsteher.

»Was du nicht sagst!«

»Dich interessieren deine Regierungsmitglieder wohl überhaupt nicht?« schrie der schon weit entfernte Vorsteher.

Pay nahm seine Pfeife aus dem Mund und rief: »Lauter bedienstetes Volk!« Dann ging er ins Haus.

Der Taucher

Der Kaiser besichtigte vor dem Ersten Weltkrieg oft die Hafenbauten auf Helgoland. In seinem Gefolge befand sich auch einmal der Kultusminister von Studt, der damals gerade umstritten war. Als die ganze Gesellschaft auf dem Unterland in der Nähe des Scheibenhafens stand, tauchte unweit davon zwischen Marinemole und Landungsbrücke der Taucher Heider auf, den der Kaiser sofort zu sprechen wünschte. Heider wurde, noch in der Taucherausrüstung, aber mit abgeschraubtem Taucherhelm, naß, müde und, wie das so oft bei Menschen nach anstrengender Arbeit zu sein pflegt, ziemlich gereizt, vor den Kaiser gebracht, der sofort zwar interessierte, aber doch im Augenblick müßige Fragen an ihn richtete.
Heider gab langsam, die Umgebung mißtrauisch musternd, Auskunft. Da wollte der hohe Herr wissen, was denn so ein Taucher verdiene. Jetzt blitzte es bei Heider schalkhaft auf. Vielleicht konnte man sich hier für die entschwindende Mittagspause ein wenig schadlos halten. »Tja, Majestät, wenn viel zu tauchen ist, da kommt ein ganz schöner Batzen raus, im Monat bis an die zweitausend Mark, im Jahr, wenn es so ohne Mittagspause weitergeht, vierundzwanzigtausend, das habe ich schon gehabt.«
Der Kaiser stutzte, sah sich um, erblickte den Kultusminister von Studt, der auch den Mund aufgesperrt hatte, und sagte schadenfroh lachend: »Ei der Daus, das verdient ja nicht mal mein Kultusminister in Preußen.«
»Das mag sein«, entgegnete ihm bedächtig der alte Taucher, »das mag sein, Majestät, der *taucht* auch nicht.« Die ganze Gesellschaft mit dem Kaiser an der Spitze machte auf dem Absatz kehrt und verschwand eilig in Richtung Tunneleingang.

Leichenmaler

Der neue Inselpfarrer besuchte eine kranke Helgoländerin, die ganz allein in ihrem Zimmer lag. »Nanu, ist denn niemand bei Ihnen in Ihrer schweren Krankheit?« fragte der geistliche Herr.

»Ach, das macht nichts!« meinte die Alte. »Sie sind alle in der Nähe. Die Kinder spielen im Tal. Und mein Mann bemalt die Leichen.«

Der Pfarrer machte entsetzte Augen. Er konnte nicht wissen, daß die Alte mit »Tal« das verstümmelte helgoländische Wort für Flur meinte und mit »Leichen« die Fensterläden.

Wer hat die Hosen an?

Heiko Poppinga hatte geheiratet. Als das junge Ehepaar zum erstenmal das Schlafzimmer aufsucht, zieht Heiko sich kurz entschlossen die Hosen aus, stellt sich vor seine junge Frau hin, hält ihr die Hose entgegen und sagt nur: »Da!« Die junge Frau blickt etwas ratlos auf Heiko. Dieser wiederholt dringender: »Da!« Die junge Frau versteht immer noch nicht. Da sagt Heiko, befreit aufseufzend: »Twemaal heb ik di de Büxen anboden. Du wullt ne. Nu is't vörbi.«

Die ängstliche Königin

Von 1815 bis 1866 gehörte Ostfriesland zum Königreich Hannover. Der letzte hannoversche König, der erblindete Georg V., weilte gern mit seiner Gemahlin, der etwas reichlich korpulenten Königin Marie, in seinem Staatsbad Norderney.

Die Überfahrt zur Insel besorgte damals der Beurdschiffer Rass mit seiner Tjalk. Da es auf Norderney noch keinen Anleger gab, mußte man die Badegäste vom Schiff aus ein Stück durchs Wasser tragen, um sie trockenen Fußes am Strand absetzen zu können. Das mußte auch das Königspaar über sich ergehen lassen.

Der stämmige Schiffer Rass nahm also eines schönen Sommertages einmal die Königin Marie huckepack, um sie an den Strand zu tragen. Da merkte er, daß die Königin, als der Schiffer mit ihr durchs Wasser stapfte, etwas ängstlich war. Rass faßte daraufhin den hohen Gast noch etwas fester und meinte beruhigend: »Königliche Herrschaft brauchen keine Angst nich zu haben. Ich halte Königlicher Hoheit ihre königlichen Mors ganz fest. Da kann ihm nix passieren.«

Knigges Umgang mit Bauern

Die Schlagfertigkeit des Bauern soll man nicht unterschätzen; auch hat er Sinn für Höflichkeit, wenigstens bei anderen.
Ein Hamburger Herr fuhr auf dem Rade ins Holsteinische, und da er es eilig hatte und im Augenblick nicht wußte, wo er sich befand, rief er schnell und ohne Gruß einen Bauern, der behaglich schmauchend vor seinem Hoftor stand, mit den Worten an:
»Wie heet dat hier?!«
Der Bauer nahm langsam seine Pfeife aus dem Mund und sagte:
»Hier heet dat ›Gun Dag‹!«

Frage des Fachmanns

Zwei alte Kapitäne machen einen Morgenspaziergang um den Kellersee.
Im Prinzenholz an der »Luisenquelle« sagt der eine zum anderen: »Hier hett Voß sin Lowise dicht't.«
Schweigend gehen sie weiter.
Als sie um den halben See gegangen sind und Sielbeck erreicht haben, meint der andere: »Weer se leck?«

Ein Unschuldslamm

Der Großknecht Klas Abendsegen ist mit Geistesgütern keineswegs gesegnet; aber Vater zu werden, das hat er ohne standesamtliche oder kirchliche Mitwirkung vermocht. Da er auf wiederholte Mahnung der Mutter, für das Kind zu sorgen, nichts unternommen hat, kommt die Sache vor den Richter.
Stolz und freudig bekennt sich Klas zu seiner Tat.
»Jä, wie ward denn dat nu hiermit?« fragt der Richter und macht mit Daumen und Zeigefinger die Gebärde des Geldzählens.
»Och, dat laten S' man!« ruft Klas mit Großzügigkeit, »dor will ick nix för hem'm!«
»Jä, den Düwel ook!« ruft der Richter, »du schaß dor nix för hem'm; du schaß betalen!«
»Nää!« ruft Klas mit entschiedener Abneigung, »denn will ick dat afswörn!«

Hanseatisches

Is aus

Einmal trifft Klein Erna ihre Freundin Frieda. Die fragt denn auch gleich: »Na, was macht denn dein neuer Freund?«
»Welchen?«
»Ach, den von neulich, der mit'n Daffelkoot!«
»Och, der! Mit den is aus!«
»Warum?«
»Der wußte so viele unanständige Lieder!«
»Wieso? Hat der die dir denn vorgesungen?«
»Nee«, sagt Klein Erna, »gefiffen!«

Die alte Abonnentin

»Sind Sie auch in Thaljatheater abonniert?« –
»Ich? Seit Dscharenden – kuck schon ganich mea hin!«

In »Faust« verabredet

Frau Puvogel is mit Tante Frieda in »Faust« verabredet. Tante Frieda kommp east nach'n easten Ack an und fracht ganz auße Puste: »Was wa denn bis jetz?« – Da sacht Frau Puvogel: »Bis jetz kein Sinn in!«

Kunstverstand

Ein Tach, wie Klein Erna schon längs verheirat is, issi scha ma bei ne Dame zu Besuch. Die hat ihre ganze Wohnunk voll mit Bilder anne Want. Wie sie die nu so bekuckn, fracht die Dame: »Haben Sie übrigens schon den herrlichen neuen Murillo gesehen, den die Stadt sich gekauft hat?«

Klein Erna: »Nee, bin scha seit Dscharenden nich bei Hagenbeck gewesen!«

Ne Schönheit isse nich

Klein Erna is mit Mama in Thalja-Theater, und inne Pause gehn sie da in Gang spaziern und sehn da mittenma'n Photo vonne Schauspielerin, die sie ehm gesehn ham. Da sacht Mama: »Ne Schönheit isse scha gerade nich!« – Klein Erna: »Tscha, aber bein Spieln holt se auf!«

Nur geschäftlich

Die richtigen Bremer waren gegen den Bau der Stadthalle. »Mich kriegen da keine zehn Pferde rein«, erklärte Konsul Lührs nach der Einweihung. Beim Sechstagerennen war er dann aber doch dabei. Wie ein Lauffeuer sprach sich das an der Börse herum. »Warst dscha doch inne Stadthalle. Hascha keine Grundsätze«, hielt ihm Fritz Wilkens vor. »War aber nicht persönlich da. Nee, nur geschäftlich, wegen meiner Aktien.« – »Och, so ist das. Dascha was anneres. Wie war's denn?« – »Och, wie war's?! Fein! Alle warn se da. Die ganze Prominenz: Rathaus, Wirtschaft, Wissenschaft... Junge, wat weern wie vergnögt! Alle herrlich duhn. Stimmung wie auf'n Freimarkt bei Halbzeit. Großartig!

Nee, wirklich...! Das einzige, was störte, warn die Radfahrer.«

Der neue Hut

Tante Frieda, klein und zierlich, trifft Tante Meta, groß und stattlich. Tante Meta hat einen neuen Hut auf, ein wahres Ungetüm mit einem ganzen Blumengarten. Tante Frieda sieht zu ihm auf und drückt ihre Bewunderung aus mit einem landesüblichen, kurzen »Hä!« Darauf sagt Tante Meta, großartig von oben herab: »Tschä!«

Richter Smidt

Als Richter Smidt noch »Afkat« war – aus diesem ehrenwerten Stande gingen in der alten Hansestadt Bremen wie in England zumeist die Richter hervor –, kam zu ihm eine Frau, um seinen Beistand zu erbitten: sie wolle sich von ihrem Manne scheiden lassen.

»Warum willt S denn von em weg?« fragte Smidt.

»Herr Doktor, ik kann em nich mehr lieden.«

»Dat is keen Grund. Hett he denn wat doon?«

»He suupt sick alle Dage dick un duun.«

»Is keen Grund.«

»Dscho un denn sleit he mi ook ümmer.«

»Is allens keen Grund, 'n lüttjen Ehebruch mutt er bi sien, anners geit dat nich.«

Da sprang die Frau auf und reckte den Zeigefinger: »Herr Doktor, da kännt wie em faten! Dat letzte Kind is nich von em!«

Selbsthilfe

Der alte Landarzt Dr. Pottgeter war ein Prachtmensch, der gut mit den Leuten fertig werden konnte. Immer wieder predigte er,

daß man bei jeder Krankheit sofort den Arzt holen solle, womit er freilich wenig Erfolg hatte. Man scheute die Kosten.
Eines Tages begegnete ihm auf der Dorfstraße eine Schar Kinder, die ganz wie Erwachsene hinter einem Handwagen herschritten, in dem eine Puppe unter einem weißen Leinentuch lag.
»Na«, fragte der leutselige Doktor klug, »wo wollt ihr denn mit der Puppe hin?«
»Och«, sagte ein kleines Mädchen altklug, »die wolln wir begraben, die is uns totgegangen.«
»So?« meinte der Doktor bedauernd, »ist sie denn krank gewesen?«
»Ja, die war ganz schlimm krank!«
»Warum seid ihr denn nicht damit zum Doktor gegangen?«
»Das war nich nötig«, sagte die Kleine treuherzig, »die haben wir selbst totgemacht!«

Erdkunde

Um die Jahrhundertwende unterrichtete am Katharineum zu Lübeck Professor Bernhard Eschenburg, Träger eines alten, angesehenen lübischen Namens.
Als sein einziger Sohn Bernhard das Referendarexamen bestanden hatte, befand der Vater über dessen nächste Zukunft. Am folgenden Tag berichtete er seinen Freunden: »Meun Sohn soll die Welt könnenlörnen. Ich habe ihn nach Plön geschückt.«

Treppenwitz

Als der Erste Weltkrieg ausbrach, war Professor Eschenburg schon im Ruhestand. Man bat ihn, wieder ein Lehramt am Katharineum zu übernehmen.
Bald darauf wurde er 70 Jahre alt. Die Primaner gingen zu seinem Haus, stellten sich auf die Treppe zur Veranda und sangen den Choral »Ehre sei Gott in der Höhe«.
Der Jubilar schilderte später seine Eindrücke:

»Es woar ein köstlicher Toag. Meine Primaner sangen Öhre sei Gott auf der Tröppe.«

Mathematik

Nachdem der Professor Witwer geworden war, entledigte er sich seiner gesellschaftlichen Verpflichtungen, indem er alljährlich Verwandte und Freunde zu einem festlichen Mahl in den Ratskeller einlud. Punkt zehn Uhr pflegte er an sein Glas zu klopfen und folgende Worte zu sprechen: »Büs hierher auf meine Röchnung. Von nun an bütte auf eigene. Wohl bekomm's!«

Streifzüge an der Ostsee

Schicksal

1870 brannte das Sommertheater »Tivoli« am Düsternbrooker Weg in Kiel ab. Als die fromme, alte Eigentümerin die Brandnachricht erhielt, sagte sie ganz gefaßt: »Der Herr hat's gegeben, der Herr hat's genommen! Der Name des Herrn sei gepriesen in Ewigkeit! Lat den Schiet brennen!«

Der glückliche Vater

Der Herr Großherzog kehrt auf der Jagd bei einem seiner Förster ein und macht diesem ein Kompliment über die große Schönheit seiner aufwartenden Tochter. Besonders rühmt er ihre frische und dabei überaus zarte, lieblich weiße und rote Gesichtsfarbe.
»Djaa, Königliche Hoheit«, stimmt stolzen Herzens der beglückte Vater zu, »un, Königliche Hoheit, soo is se nu öwer und öwer!«

Der Globus

Ein mecklenburgischer Landwirt, kein beliebiger, sondern einer von den großen, geriet, was ein seltener Fall bei ihm war, in den Laden eines Buchhändlers und fragte nach einem Globus. Man zeigte ihm den teuersten und besten, den man hatte. »Nein«, sagte er, »den kann ich nicht gebrauchen. Ich hätte gern den kleinen! Den kleinen von Mecklenburg!«

Ick bün dei Schah...

Der Großherzog von Mecklenburg, in Gesellschaft des deutschen und des russischen Kaisers, die seine Gäste waren, trafen in der Nähe von Friedrichsmoor auf einen einsamen Bauernwagen. Er hielt ihn an, und indem er dicht an das blanke, wohlgenährte Gespann herantrat und dem Handpferde über die Mähne fuhr, forderte er den Bauern ohne nähere und sonderliche Gründe auf, sie eine Strecke Weges mitzunehmen.

»Mit Verlöw«, erwiderte der Bauer, der nur eben nickte, »dei Peer sünd min! Un wän is hei?« –

»Ich bin der Großherzog. Das solltest du eigentlich wissen!« –

»Dat ist – 'n gaud Geschäft«, bekräftigte der Bauer, »dat will ick löben, dat holl man fast!« Und mit der Peitsche langsam und gemächlich von einem auf den andern zeigend und sich schneuzend: »Un wän is hei?« – »Der Kaiser!« – »Un hei?« – »Der Zar! Du kannst es mir schon glauben!«

»Ein Düwel öwern annern«, entschied hier unser Mann, »ick bünn dei Schah van Persien! Denn stiegt man upp!«

Vater und Sohn

Die Familie K. in Mecklenburg war ausgezeichnet durch hervorragende Tüchtigkeit in der Landwirtschaft, durch Freude an leiblichen Genüssen und durch eine gottgesegnete Faulheit.
Vater K. sitzt mit seinem Sohn Päuling an einem Sommernachmittag auf dem Hof.
Der Vater sagt: »Päuling, da kommt de Kuhnhahn (Puter).«
Päuling: »Ja, Vadder.«
Vater: »De Kuhnhahn will drinken.«
Päuling: »Ja, Vadder.«
Vater: »Päuling, de Kuhnhahn geiht to de Watertunn.«
Päuling: »Ja, Vadder.«
Vater: »Päuling, de Kuhnhahn kann rinfallen.«
Päuling: »Ja, Vadder.«
Vater: »Päuling, he is rinnefallen.«
Päuling: »Ja, Vadder.«
Vater: »Wenn ick nich to ful wier, dann hau'k di eene runner.«

Zwischenruf

Ein bekannter Güstrower Advokat machte mit dem Männergesangverein einen der üblichen Ausflüge nach der Nachbarstadt Sternberg. Zum Abschluß des Tages hielt er eine Ansprache. Er hatte aber nicht nur tüchtig gesungen, sondern auch dem Alkohol reichlich gehuldigt. Er begann: »Als wir heute morgen abfuhren, ahnten wir noch nicht... als wir heute morgen abfuhren, ahnten wir noch nicht...« Ein drittes Mal begann er, da ertönte eine Stimme: »... wie besapen wi abends wieren.«

»Wo geiht di dat?«

Zwei Mecklenburger sitzen im Zug zwischen Güstrow und Rostock. Unterwegs steigt ein Bauer zu, der mit dem einen sogleich ein Gespräch beginnt.

»Na«, sagt der Neue, »wo geiht di dat?«
»Och«, erwidert der andere zögernd, »mi geiht dat gaud.«
»Un din Fru?«
»De geiht dat ok gaud.«
»Un de Kinner, sünd se ok gaud up den Damm?«
»Ja, de sünd ok fien tauwäg.«
Auf der nächsten Station steigt der Bauer wieder aus. Da sagt der andere von den beiden, der sich die Unterhaltung mit angehört hat: »Du seggst ümmer von din Fru un Kinner, du hest jo gor kein. Wo kannst du denn so räden?«
»Ick kenn em jo gor nich, un wenn hei mi denn ümmer so fründlich fragen deit? Ick bün nich för Zank un Stried.«

»Geiht ok nich!«

Zwei andere Mecklenburger fahren zum Markttag nach Neubrandenburg.
»Weitst du nich, Fritz«, sagt Karl unterwegs, »wat ick min Fru taum Geburtsdag schenken kann?«
»Bring ehr en schönes Kled ut Nigenbramborg mit.«
»Einmal un nich wedder! Se hett ganz un gor ehren eigenen Gesmack.«
»Denn köp ehr en schöne Brosch oder en Ring.«
»Geiht ok nich, Broschen sünd upstunns (zur Zeit) nich modern, un Ring' mag ick för de Frugenslüd nich lieden.«
»Ick weit ok nich; denn schenk ehr doch bor (bares) Geld.«
»Ne, so väl wull ick nu ok wedder nich anleggen.«

Rasche Antwort

Als Heinrich von Stephan, des späteren Deutschen Reiches Generalpostmeister und Exzellenz, in seinen jüngeren Jahren noch dabei war, die jahrhundertelang bewährte Langsamkeit der Post auf schnellere Touren zu bringen, liebte er es auch, durch rasche Visitationsreisen im Lande die Herrn Postmeister unmittelbar zu

kontrollieren. So war er einstens auch in seinem hinterpommerschen Heimatlande unterwegs und war gerade auf einem Postamte eingetroffen, als er das Ticken eines der neumodischen Telegraphen hörte. Er hörte schon mit dem Ohre ab, was der Postmeister aus der letzten Stadt dem Kollegen vorsorglich mitteilte: »Vorsicht. Stephan ist unterwegs und steckt die Nase in alles.«
Sogleich ergriff Stephan den Heber und telegraphierte ebenso prompt zurück: »Habe sie schon drin. Stephan.«

Knifflige Sache

Der alte Polizist Kröger kommt aufs Rathaus und meldet dem Stadtschreiber: »Herr Sekertär, in de Säbenhauer Strat liggt en dodig Pird!«
»Es heißt nicht Säbenhauer, sondern Segebadenhauerstraße; wie oft soll man Ihnen das sagen? Setzen Sie sich hin und geben Sie einen schriftlichen Bericht!«
Der Polizist setzt sich hin, und bei der ungewohnten Schreibarbeit bricht ihm bald der Angstschweiß aus. Nach einer Weile fragt er zaghaft: »Herr Sekertär, woans ward Säbenhauer Strat schrewen?«
»Das ist Ihre Sache!« brummt der Schreiber.
Kröger grübelt wieder eine Weile, bis er endlich aufsteht und den Mantel anzieht.

»Sind Sie schon fertig?« fragt der Stadtschreiber.
»Ne, ick will blot hengahn und dat Pird in de Lang Strat trekken!«

Mit Maßen

Pastor Ohm in Lenzen hatte seine Sorgen. Einige Bauern im Orte waren dem Schnapstrinken ergeben. Trotz Vermahnungen von der Kanzel – sie ließen es nicht. So bestellte er sich einen der vernünftigeren Bauern mal ins Pastorhaus und nahm ihn sich mit Nachdruck vor.
Nach dieser Privatpredigt verabschiedete er ihn in der Tür mit den Worten: »Also, mein lieber K., von jetzt ab trinken Sie mit Maßen, nicht wahr, nur mit Maßen?!«
Am nächsten Sonntagvormittag, der Pastor geht gerade zur Kirche, kommt ihm doch K. wieder kornblumenblau in onduliertem Gang auf der Dorfstraße vom verlängerten Abendschoppen entgegen.
Ärgerlich tritt Pastor Ohm auf ihn zu und sagt bitterernst: »Hab ich Ihnen nicht gesagt, Sie sollen mit Maßen trinken?«
»Hew ick – hew ick doch, Herr Paster – hupp – auwer – hupp – Maaß süppt jau noch mehr as ick!«

Das Rätsel

Bollermann und Welutzke, die beiden Danziger Typen, stehen wieder einmal an der Langen Brücke und spucken gelangweilt in die Mottlau. Schließlich fragt Welutzke: »Weißt nich'n Rätsel?«
»Klar: Das hängt an de Wand, macht tick-tack, und wenn's runterfällt, is de Uhr kaputt – was is das?«
»Bist ja schucker! – Aber nu heer mal zu: Das is weiß, hängt auch an de Wand, und du kannst dich de Händ' dran abtrocknen –, was kann das woll sind?«
»Du dwatscher Leidack, 'n Handtuch is das!«

»Nee!«
»Na was dänn, vleicht 'n Bettlaken?«
»Nuscht zu machen! 'n Hering is das!«
»Aber 'n Hering is doch nich weiß!«
»Kannst ihm ja anpinseln.«
»'n Hering hängt aber doch nich an de Wand!«
»Kannst ihm ja dranbammeln.«
»Aber am Hering kannst dir doch nich abtrocknen!«
»Na, brauchst ja auch nich.«

Abfuhr

Die Danziger Fischfrauen waren meist urgemütlich. Nur wenn man ihre Ware tadelte, konnten sie auf ihre Weise sehr drastisch werden.
»Scheene Reicherflindern, Madamchen? Fund einsfufzich!«
»Sind sie aber auch frisch?«
»So goldfrisch wie de Madam selber!«
»Aber sehr dünn sind sie!«
»Na, so dick wie de Madam kännen se ja doch nich sind!«
»Ich will mal sehen, ob sie auch fest sind!«
»Wat, auch noch begratschen? – Sie, begrabbelt Ihnen Ihr Oller auch immer so?«
»Werden Sie nicht unverschämt!«
»Nu väzinken Se sich bloß, olles Lachodder! – Das hat 'ne goldne Stengelbrill 'inne Hand und 'n toten Fuchs um 'n Hals jewircht, ribbert sich hier auf und denkt, es kann 'ne olle ehrliche Marchtfrau kujenieren, Kroppzeich das, infamichtes!«

Nec temere, nec timide

Vor einer Kneipe in Neufahrwasser hält die Straßenbahn. Einer der Stauer, die an der Theke lehnen, erblickt das Danziger Wappen auf dem Wagen und fragt: »Was hat jen' Spruch eijentlich zu bedeiten, was da drunter steht?«

»Weder unbesonnen, noch furchtsam« belehrt ihn der Wirt.
»Is mich zu jelehrt!«
Da erklärt ein anderer: »Nich wischig und nich zimperlich.«
»Is mich zu dammlich!«
Schließlich sagt ein dritter, das Glas in der Hand:
»Nie duhn, aber auch nie nüchtern – biste nu zufrieden?«
»Klar! Na, dänn prost!«

Auch eine Freude

Durch die Allmodengasse in Danzig schlingert spät abends ein Mann. Ihm nähern sich zwei Polizisten, die ihre Streife gehen. Plötzlich bleibt der Mann stehen, guckt, reibt sich immer wieder die Augen und beginnt dann herzlich zu lachen.
»Warum lachen Sie denn so?« fragt einer der Polizisten.
»Ach, ich frei mir ja so doll!«
»Worüber denn nur?«
»Daß ich kein Neinaug' bin!«
»Warum gerade ein Neunauge?«
»Herr Wachtmeisterchen, ich seh' Ihnen nu all doppelt – ei, was mecht' das erst jeben, wenn ich'n Neinaug' wär?!«

Ostpreußische Späßchen

Guter Rat

Man kann wirklich nicht sagen, daß die Ostpreußen in Devotion ersterben, viel eher sind sie geneigt, auch Persönlichkeiten in Rang und Würden sozusagen menschlich zu sehen.
Ist da der Herr Regierungspräsident aus der Hauptstadt des Bezirks in ein Städtchen gekommen, und wie er nun wieder abfahren will, hat sich vor seinem Auto eine kleine Menschenmenge angesammelt.
Der hohe Herr ist sehr beleibt, und so hat er zunächst einige Schwierigkeiten, durch die Tür in sein Auto hineinzugelangen.
Da ertönt aus dem Hintergrund eine gemütlich-wohlwollende Stimme: »Ei, vielleicht nackicht und mit jriene Seif einschmieren, vielleicht jeht dann!«

Logik

Zwei stramme ostpreußische Zecher sitzen beisammen, und sie haben schon mehr als genug. Da erklärt der eine in einem lichten Augenblick, er müsse jetzt Schluß machen, und er macht einen schwachen Versuch aufzustehen. Darauf ruft der andere aber entrüstet: »Was, nach so viel auf einmal garnuscht?«

Es geht auch so

Ostpreußen war das Land der edlen Trakehner, und jeder Bauer war bestrebt, gute Pferde zu besitzen und sie ordentlich zu pflegen.
In einer weltverlorenen masurischen Ecke der Provinz nun traf ein Rittmeister, als er von seiner Garnison zur Jagd fuhr, einen Bauern, dessen struppiges Pferd schon eine ganze Weile nicht ge-

striegelt worden war. Der Offizier konnte nicht anders, er mußte seinem beleidigten Reiterherzen Luft machen.
Der Bauer aber, dem sein kleines sandiges Grundstück offenbar weit weniger Gelegenheit zur Arbeit gab als die ausgedehnten Waldungen, meinte nur lächelnd: »Wer putzt dem Has', wer putzt dem Reh?«

Der Schmeichler

Einem durch seine Grobheit bekannten Gutsbesitzer behagt es nicht, daß sein neuer Inspektor immer so liebenswürdig ist. Er möchte lieber einen an rauhe Töne gewöhnten Beamten um sich haben, und er würde es auch keineswegs übelnehmen, wenn der Inspektor zu ihm selbst grob werden würde. So entschließt er sich, ihm zu kündigen.
Der Inspektor macht noch einmal den Versuch, seinen Herrn vom Wert verbindlicher Umgangsformen zu überzeugen, stößt aber dabei nicht auf das geringste Verständnis. Da verliert selbst er schließlich die Ruhe, und wütend schleudert er seinem Brotherrn jene bekannte Aufforderung des Götz von Berlichingen entgegen, der bisher wohl noch niemand Folge geleistet hat. Seelenruhig aber antwortet der Gutsbesitzer: »Jetzt wollen Sie

sich wohl bei mir einschmeicheln? Nuscht zu machen, mein Lieberchen, jetzt is' zu spät!«

Komplizierte Damenwahl

In einem der vielen Tanzlokale am Rande von Königsberg ist wieder einmal Tanz, und Karl und Mariechen sind auch da und lassen keinen Tanz aus.
Dann aber spürt Mariechen ein menschliches Rühren und zieht sich auf einen etwas abseits gelegenen Ort zurück. Kaum ist sie draußen, heißt es: Damenwahl. Mariechen kommt nicht, kommt immer noch nicht, Karlchen tritt vor lauter Aufregung von einem Fuß auf den anderen, aber dann weiß er sich zu helfen. Er rennt nach dem verschwiegenen Ort, klopft an die Tür und ruft: »Herzchen, beeil dir, is Damenwahl!«

Ein feiner Geburtstag

Kindergeburtstag. Natürlich gibt es sehr viel Kuchen und Schokolade. Überhaupt ist die Stimmung ausgezeichnet. Als verspäteter Gast erscheint eine alte Dame, und sie fragt den kleinen Jungen, der ihr die Tür öffnet, ob es ihm denn hier gut gefalle. Worauf dieser sie strahlend ansieht und sagt: »Fein is, Tante, einer kotzt all.«

»Kennst du Labiau?«

Ein Landwirt kam von einer Geschäftsreise aus Berlin zurück und wird von seinem Nachbarn gefragt: »Na, wie is eigentlich Berlin?«
»Ja, was soll ich da sagen? Kennst du Labiau?«
»Jau, ich kenn Labiau natierlich.«
»Also, gegen Labiau is nix zu sagen, aber gegen Berlin is es ein Stück Schiet.«

Kluges Willichen

Onkel Karl kommt nach vielen Jahren zu seinem Bruder zu Besuch, und beide begrüßen sich sehr ausgiebig. Der kleine Willi steht abseits und sieht aufmerksam zu. Schließlich fragt ihn Onkel Karl: »Na, Willichen, hast mich auch erkannt?«
»Ja«, meint Willi und fügt hinzu: »Weißt auch woran?«
»Na, woran denn?«
Und hierauf Willi: »Ans Jesicht.«

Hochzeits-Kommentar

Ein Förster war Junggeselle geblieben, aber als seine Schwester starb, die ihm die Wirtschaft geführt hatte, blieb ihm doch nichts anderes übrig, als zu heiraten, und es wurde ihm eine passende, resolute Frau besorgt. Die Dorfkirche war bei der Hochzeit bis auf den letzten Platz gefüllt, und als nun das Brautpaar die Kirche betrat, da konnte man eine laute Stimme hören:
»Oh, mein Gottchen, jetzt bringen sie ihm.«

Fleck mit Mostrich

In einem der Lokale, in dem es den berühmten Rinderfleck gab, sitzen, drall und mit roten Backen, zwei richtige ostpreußische Frauen vom Lande, jede mit einem Teller Fleck vor sich. Sie machen sich ihn zurecht mit Majoran und Essig, und die eine nimmt auch, wie das manche lieben, aus dem Topf eine große Portion Mostrich. Worauf die andere ihr den Teller ein wenig zuschiebt und zu ihr sagt: »Duchen, klecker mir doch auch ein bißchen!«

Die krummen Fische

Auf dem Königsberger Fischmarkt. Es ist Winter, und die Fische auf den Tischen sind gefroren. Einer jungen Frau will das nicht gefallen:
»Was ist mit den Fischen? Die sind ja alle schief und krumm!«
Worauf die Fischfrau sie aufklärt: »Na, Freileinche, legen Sie sich man in dem Frost so nackicht auf den Tisch, dann werden Sie sich auch krimmen und nich lang ausstrecken.«

Praktische Erdkunde

Schulrat Dinter war seinerzeit weit über die Grenzen Ostpreußens hinaus als großer Pädagoge berühmt.
Wenn er seinen Freund, den Pfarrer Ridel, in Klein-Dexen besuchte, benutzte er die Gelegenheit, um die Schulen in der Umgebung zu revidieren.
Als er einmal die Schule in Kumkein aufsuchen wollte, fragte er unterwegs einen Jungen nach dem Weg. Der Junge, dessen Schule gerade am Tage vorher revidiert worden war, sah ihn böse an und sagte:
»Gestern wußten Sie alles in Afrika und Asien, heute wissen Sie nich mal den Weg nach Kumkein! Heut weiß ich!«
Und damit rannte er davon.

Handfester Trost

Die junge Mutter ist eben aus der Klinik nach Hause gekommen, und die alte Aufwärterin kommt herein, um sich das Neugeborene zu betrachten. Nun sieht das nicht gerade sehr lebenskräftig aus, es ist etwas schwächlich und blaß. Worauf dann die Aufwärterin tröstend meint:
»Ach, wissen Sie, is nich so schlimm, der erste Flins (Kartoffelpuffer) wird meist nich gut.«

Der Ehestand

Die Tochter des Hauses hat ihre erste unglückliche Liebe; der geliebte Mann hat sich mit einer anderen verlobt. Die Waschfrau, die schon seit vielen Jahren ins Haus kommt, sieht, wie ab und zu die Tränen kullern, und voller Mitgefühl tröstet sie: »Ach, Fräuleinchen! Sie denken, Verheiratetsein is scheen! Is gar nich! Jetzt is mein Karl tot, und nu geh ich jeden Sonntag auf den Kirchhof und begieß ihm. Is viel scheener!«

Das Scherzrätsel

Man soll im allgemeinen mit den Namen seiner lieben Mitmenschen keine Scherze treiben, soll sie, wenn sie auch noch so sehr dazu reizen, weder verdrehen noch sich über sie lustig machen.
Das folgende, wohl ziemlich bekannte Scherzrätsel, das ein König aus dem Namen eines Hofbeamten gemacht haben soll, ist trotzdem entschuldbar, erstens, weil ein König sich so etwas erlauben kann, dann aber auch, weil es zwar boshaft, aber wirklich geistvoll und witzig ist: Der Hofbeamte, ein Herr von Kleewitz, soll ziemlich arrogant, aber nicht gerade besonders geistreich und unterhaltend gewesen sein, so daß alles sich freute, als ihm sein Herr dieses Rätsel aufgab:
»Was ist das? Das erste frißt das Vieh, das zweite haben Sie nie.«

Kleewitz hatte »es« in diesem Falle aber doch oder er hatte Glück, denn seine Antwort »Heuschreck«, statt, wie erwartet, seines Namens, kann nur entweder als Ausdruck großer Schlagfertigkeit angesehen werden oder als das bewußte Korn des blinden Huhnes.

Gutes Gedächtnis

Ein Besitzerssohn bekommt die Wirtschaft und will Nachbars Annchen heiraten. Die Sache hapert aber, da der zukünftige Schwiegervater einen schönen braunen Wallach, den der Junge noch haben wollte, nicht gibt. Schließlich heiratet er eine andere, und sie bekommt einen anderen. Nach Jahren erst treffen sich beide bei einem Fest wieder, und er begrüßt sie mit den Worten:
»Na, kennst mich auch noch?«
»Aber was wer eck dech nich kenn! Du best doch de, de onsre Wallach heirate wull.«

Altweibersommer

Ein alter Kutscher zeichnet sich durch besondere Höflichkeit aus, und außerdem sitzt ihm auch der Schalk im Nacken.
An einem herrlichen Herbsttag bringt er die Mutter der Gutsherrin zum Bahnhof; überall fliegen die Fäden des Altweibersommers. Da dreht er sich auf seinem Kutschbock um und sagt freundlich lächelnd:
»In diesem Johr hebbe wi dem Ole-gnädje-Frue-Sommer schon sehr fröh!«

Auf Männersuche

Emma, die Hausgehilfin, kommt wieder einmal sehr spät nach Hause, und da sie dann immer am nächsten Tag nicht besonders

arbeitsfreudig zu sein pflegt, bleibt nichts anderes übrig, als ihr eine Strafpredigt zu halten.
Emma hört sich alles ruhig an, zum Schluß aber meint sie: »Is ja gut und scheen. Aber haben Sie Ihren Mann vielleicht inne Schublad' jefunden?«

Frische Fische vom lieben Gott

Auf einem ostpreußischen Gut werden die Teiche abgefischt, und, wie alle anderen, so bekommt auch eine Instfrau eine schöne Portion frischer Fische, und gerade kurz vor der Mittagspause.
Sehr erfreut bedankt sie sich: »Ich dank auch für die schönen Fische, ich wußt gar nich, was ich sonst zu Mittag gemacht hätte, aber ich dacht, der liebe Gott wird schon sorgen, und nu hat er auch gesorgt.« Und nach einer Pause fügt sie hinzu: »Sonst hätt ich Kartoffelflinsen gemacht.«

Der Friedfertige

Schimkat fährt mit dem Zug in die nächste Stadt. In sein Abteil steigt ein Mann ein und begrüßt ihn freudig: »Tag, Herr Meyer, wie geht's?« – »Gut!« – »Na, und was machen die Frau und die Kinderchens? Alle gesund?« – »Na, ja.« – »Na, und die Ernte? Schon mit dem Einfahren fertig?« Schimkat nickt. Und so geht's noch eine Weile weiter. Als der Mann nun auf der nächsten Station aussteigt, da fragt ein Mitreisender den Schimkat: »Hast du denn ein Grundstück?« – »Nei.« – »Na, verheirat bist doch auch nich, haste denn Kinder?« – »Nei, nei.« – »Und Meyer heißt du doch auch nich. Weshalb sagst das nich?« – »I«, antwortet Schimkat, »was werd ich mit so einem Streit anfangen!«

Der Letzte

Lange bevor der Turniersport in Deutschland aufblühte, fanden bereits auf dem herrlichen Wiesengelände bei Insterburg Pferderennen statt, die durchaus ländlichen Charakter trugen und sich großer Beliebtheit erfreuten. Da ritten die Bauern und ihre Söhne ihre selbstgezogenen Pferde selber zur großen Freude der Zuschauer, und deren Begeisterung äußerte sich oft in höchst originellen Zurufen. Als einmal ein sehr bekannter Züchter als letzter durchs Ziel ging, ertönte in unverfälschtem ostpreußischem Platt eine Stimme: »Kiekt dem Schoerke, he drifft se all vor sick her!«

»Überforderte« Hühner

Auf dem Wochenmarkt bemängelt eine Käuferin die zu kleinen Eier, und sie macht das so lange und so ausgiebig, daß schließlich der Bäuerin die Geduld reißt: »Na, glauben Se vleicht, meine Hienerchen werden sich wegen Ihnen ihre Popochens aufreißen?«

Mißverständnisse

In Ostpreußen gab es außer der bekannten Familie v. d. Trenck auch eine alte Familie v. d. Chevallerie, und in Königsberg lebten zwei eng befreundete ältere Damen aus diesen beiden Familien. Eines Tages machten sie bei einer Großmutter Besuch und nannten dem braven Malchen vom Lande, damit sie sie anmelden sollte, ihre Namen. Malchen sieht sie entgeistert an, stürzt weg und kommt aufgeregt herein und sagt:
»Gnädige Frau, da sind zwei Damen. Ich weiß nicht, was mit die ist, die eine sagt, sie wäre von der Kavallerie und die andere, sie wäre vom Träng.«

Zuruf

Wieder einmal ist in Königsberg eine der Pregelbrücken aufgezogen, und es dauert lange, bis die Dampfer passieren. Aus der Menge, die sich angesammelt hat und in der sich auch ein General befindet, ertönt plötzlich der Zuruf eines echten Königsberger Hafenarbeiters an den Brückenwächter: »Du, Koarl, nu mach schon. Eck on der Herr Generoal, wie stoahne hier wie zwee Oapes!«

Schlesisches Himmelreich

Engel in der Mauser

Der Lehrer erzählt die Geschichte von Jakobs Traum. Ein aufgeweckter Junge fragt: »Warum woar denn do an Litter (Leiter) vum Himmel bis zerr Arde runger (runter)? Ich denke, de Engel kinn fliega? Die brauchta doch keene Litter nie?«
Während der Lehrer etwas ratlos nach einer passenden Erklärung sucht, meldet sich eine Kleine:
»Se mucht'n halt groade ei derr Mauser sein, du kunnt'n se halt nie fliega.«

Der schlagfertige Laube

Der 1806 in Sprottau geborene Heinrich Laube, der spätere Direktor des Wiener Burgtheaters, soll als Breslauer Student gern renommiert haben. Als er einmal in seiner Kneipe nur von seinen Kenntnissen gesprochen, sagte ein Gast:
»Jetzt haben wir wirklich genug gehört von dem, was Sie können; gestehen Sie nun auch, was Sie nicht können, und ich stehe Ihnen dafür, daß ich es kann.«
»So«, erwiderte Laube, »ich kann zum Beispiel meine Zeche nicht bezahlen, und es freut mich sehr, daß Sie es können« – und verabschiedete sich lachend.

Mit und ohne

Max Grube erzählt in den »Jugenderinnerungen eines Glückskindes« von dem wegen seiner scharfen Zunge gefürchteten Geologen Ferdinand Roemer, 1855–1891 Professor an der Breslauer Universität: Ein Kanonikus B. hatte in einem umfänglichen Werke versucht, die biblische Schöpfungsgeschichte mit der modernen Naturwissenschaft in Einklang zu bringen, und re-

dete einmal auf der Promenade den Geologen an: »Wissen Sie, Roemer, ich bin mir jetzt über die Natur der Kometen klargeworden. Sehen Sie, es gibt Weltkörper mit Atmosphäre und solche ohne Atmosphäre, folglich muß es auch Atmosphären ohne Weltkörper geben, und das sind eben die Kometen.«
»Das läßt sich hören«, erwiderte Roemer, »es gibt Affen mit Schwänzen und Affen ohne Schwänze, folglich muß es auch Schwänze ohne Affen geben.«

Schlesische Toleranz

Im Städtchen Wartenberg ist ein neuer evangelischer Geistlicher eingetroffen, der als Inventar von seinem Amtsvorgänger auch einen hochbetagten Küster vorfand, ein Faktotum von altem Schrot und Korn. Am selben Ort befindet sich eine katholische Wallfahrtskirche, aus der am Annenfest der feierliche Umzug eines uralten Muttergottesbildes stattfindet. Am Vorabend des St. Annentages sieht der junge Pastor, wie der alte Küster die beiden Bilder von Luther und Melanchthon aus der Schulstube abnimmt und sie eilends davonträgt. Auf die Frage: »Wohin denn damit?«, meint der Küster: »Nu, dee komm doch zum Herrn Pfarrer für die Prozession, das hat der selige Herr Pastor K. immer so gehalten. Die letzten zwanzig Jahre sein die immer mit rumgetragen vorden.« – Und so war's gewesen: die beiden Geistlichen, alte duldsame Freunde, im kleinen Städtel miteinander alt geworden, hatten dem Mangel an Prozessionsbildern dadurch abgeholfen, daß der katholische Pfarrer vom evangelischen Pastor sich die Öldrucke Luthers und Melanchthons borgte, die den Umzug »verschönen« halfen.

Der Hut

Carl Hauptmann war zu einer Gemeindeversammlung gegangen. Und als es danach zum Heimgehen kam, da hing, wo sein

Hut zuerst gehangen hatte, ein dreckiger, schäbiger, lausiger Filz.
Als Hauptmann acht Tage drauf den traf, der seinen Hut draußen spazierenführte, da blieb er stehen, gab ihm die Hand, so wie er es immer zu halten pflegte, und lächelte und sagte bloß:
»Mannich – es ist mir ja nicht wegen des Huts. Aber ich mußte den Dienstag abend, weil er ja weg war, so 'nübergehen. Da hab ich mir einen Schnupfen geholt.«
Mehr nicht. Und gab ihm wieder die Hand. Und nickte ihm freundlich lächelnd zu.

Pour le mérite

Der bekannte Humorist Roda Roda hat an den Anfang seines Buches »500 Schwänke« eine launige Selbstbiographie gestellt, die wie folgt schließt:
»Auf den Nobelpreis aspiriere ich nicht. Ich sehe ein, daß da mein Talent ein unüberwindliches Hindernis bildet. Aber ich hoffe, daß es mir gelingt, noch zu Lebzeiten in Breslau anerkannt zu werden; ein Schicksal, das bisher noch keinem Dichter beschieden war.«

Die Diebesbeichte

Vor vielen Jahren beichtete in der Breslauer Sandkirche ein alter unverbesserlicher Gewohnheitsdieb bei einem ehrwürdigen alten Pfarrer, dessen Augenlicht nicht mehr das beste war.
Die Beichte begann: »Hochwürden, eich stähle!«
Bei diesen Worten zog der Bruder Langfinger dem Pfarrer die goldene Uhr aus der Tasche.
Dieser antwortete:
»Mein Sohn, du meinst wohl, du hast gestohlen?«
Der Dieb, der die Uhr inzwischen in seiner Tasche verschwinden ließ, sagte:
»Joa, Hochwürden – eich hoa gestuhlen!« und hörte mit zer-

knirschter Miene die Ermahnung, daß er das gestohlene Gut dem Eigentümer zurückgeben müsse.
Verschmitzt fragte er: »Hochwürden, wull'n Sie's etwan hoam?«
Der Pfarrer wehrte natürlich ab: »Nein, ich will's nicht haben.«
Worauf der Schalk weiter forschte: »Wenn's oaber der Eigentiemer nie hoam will?«
»Dann kannst du's behalten, mein Sohn!«
Worauf der Dieb mit Trost im Gewissen und der Uhr in der Tasche schnell die Kirche verließ und sich in Richtung Ritterplatz davonmachte.

Hosen für die Ewigkeit

Der alte Kullmann, das war auch einer, der trug im Sommer so gut wie im Winter, am Tage wie im Bette die nämlichen Hosen. Die hatte ihm der Krayner Neumann-Schneider hübsch warm, mit dickem Pelz, ausgefüttert. Nu, einmal – da läuten sie früh um zehne. Da hieß es im Dorfe, Kullmann ist tot.
Die Schmidten, die sollte ihn zurechte machen. Aber wie sie zu den Hosen kam, die kriegt sie nicht runter von den Beinen. Da meinte der Anton, der Sohn von der Ältesten – er stotterte an wing –, der meinte da: »Lust ock 'm Vater die Hoosa a.«
Da haben sie ihn auch so begraben.
Und wie sie darnach im Kretscham saßen – 's Leichgefolge mitsamt den Trägern –, und wie sie ihm ausläu'ten (mit den Mäulern), da wurde auch das von den Hosen erzählt.
Da meinte der Hons-Herrns-Fritz ganz treuge: »Da wird nie schlaa-icht hochern (lachen), wenn's Jüngste Gericht ei a Winter trifft.«

Ja, wozu auch?

Nach dem Ersten Weltkrieg sprach Mutter mit dem alten Lochkroner: »Ja, Kroner, es ist schlimm, nun haben wir keine Kolonien mehr.«
Der darauf: »Nu ja – wos brauch'n mir Rosinka frassa.«

Herr über das Leben

Gastwirt Braun war ein richtiger Schlesier. Der ging, Hände in den Taschen, in seiner Stube auf und ab und simulierte über verschiedene Dinge nach. Da winkt der einzige Gast, der bei ihm sitzt, und will zahlen. Der Braun, der nickt bloß mit 'm Koppe und ruft durchs Fenster ei die Küche: »Weib, kumm amoo! Dar Man will zahln. On ich ka jitz kee Geld entgegennahma, denn iech ha grade de Hände ei a Toscha.«

Satt ock!

Ein Alter aus einem Dorf im Riesengebirge war »uff Gruß-Brassel« (Breslau) gefahren. Im Zoo war er auch gewesen. Durchs große Raubtierhaus war er gegangen. Paul und Pauline, die Nilpferde, hatte er sich angesehen, schweigend auch die Elefanten betrachtet. Selbst zu den Känguruhs und den stolzen Straußen hatte er nichts gemeint. Dann war er zu einem kleinen Gehege gekommen, das ganz versteckt in einem Winkel des Gartens lag und in dem der Schlangenfraß gezogen wurde, da hatte er die Hände auf die Knie geschlagen und gerufen: »Satt ock, satt ock, Kanickla han se ooch!«

Das Telegramm

Als der spätere Bankier Görlitz noch im schlesischen Haynau einen Laden hatte, sagt er einmal zu seinem Kommis: »Also, Se farn jetzt nach Kaiserswaldau. Da gehn Se nieber nach Altenlom.

Dort können Se um halb eins sein. Oder um eins. Da lossen Se sich a Biefstick geben. Und wenn Se gegessen hon, is es halb zwei, das is für a Bormann de richtige Zeit. Dem drehn Se a Chilesalpeter on, denn der muß raus, er wird immer schlechter. Dann telegraphiern Se gleich – gegen drei, daß ich 'n heut noch verladen lossen konn. Hon Se verstanden?«
»Jawoll, Herr Chef!«
Na gut, der Herr Kommis stiefelt los. Er fährt die beiden Stationen und steigt aus, verläuft sich zuerst, denn von Kaiserswaldau geht es nach Altenlom über die Felder, aber er kommt allmählich doch hin.
Um drei denkt der Herr Görlitz indessen: Nu könnt es bald kommen! – nämlich 's Telegramm. Um halb vier geht er vor die Türe, damit er den Briefträger gleich abfangen kann. Um vier, da kommt's endlich, 's Telegramm. Er macht es auf. Und was telegraphiert ihm der Mann?
»In Altenlom kein Biefstick aufzutreiben. Rückantwort wohin ich essen gehen soll.«

Das Glick beim Zuppe packe

Der Tilgner-Gustav kam mal nach Hause und hatte in der Hand ein Vogelbauer – und in dem Bauer einen Papagei.

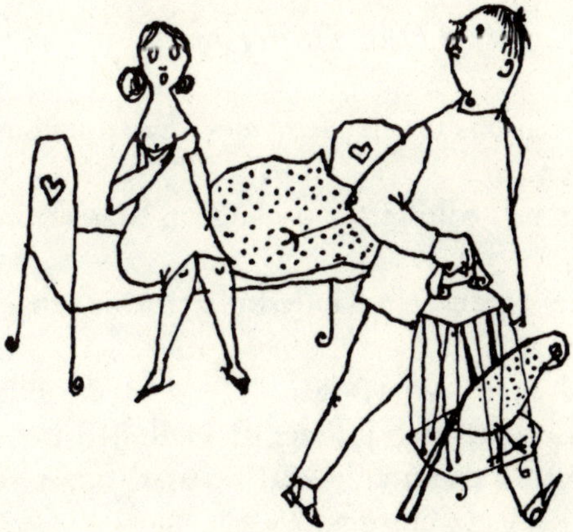

»Nee«, spricht die Mutter, als sie das sieht, und schlägt die Hände überm Kopf zusammen, »was brengst du d'n do. Was sulln das sein?«
Er meint: »Ach – nischte. Ock an Papagei.«
»Gustav, wie kimmst du d'n zu dam Papagei?«
»Ach«, spricht er, »weil ihr doch immer soit, de Fiebig-Selma, das wär ane Gude. Un doß se und mecht mich gerne sahn. Do bie ich hint Obend bei er gewast. Und Fiebigs, die worn schun schloofn gegang', mir saßen alleen, und do rickt se zu mir und sitt mich su a un spricht ieber mich: Gustav, von mir konnste hint olles hon, was de dir winscht. Das hot se gesoigt. – Do ha ich geducht: das nahm ich mer wahr und ha mer – ihrn Papagei ha ich gewunscht. – Ma muß halt sei Glick beim Zuppe packn.«

Spiel des Lebens

Da hat emol die Pauline –, das war keine gute, die hatte gar eine meschante Fresse –, die hatt' amoo' mit ihrem Mann zackermentiert. Und wie se, und ging 'naus ei a Stall, da meinte 's Jürgla, das war der Junge, der meint' über a Vater:
»Weeßte, Vater –, wie schien kennda mir beede zusomma laaba, hätt' mer de Mutter ne kenn'gelernt.«

Das Kinderbillett

Am Fahrkartenschalter erscheint eine Frau mit einem Jungen in langen Hosen.
»Eich mecht' ne Foahrkarte noach Gruß Brassel und an Kinderbillett.«
Der Beamte: »Nanu – ein Kinderbillett?! Der Junge hat ja schon lange Hosen an!«
Die Frau dahinter. »Woas – geiht's jetze uff dar Boahne noach a Husen? Doa foahr' eich joa fier de Hälfte!«
Die Großmuttel dahinter. »Nu, doas is' oaber scheen – doa foahr' eich joa ganz umsünste!!«

»Keine Gude«

Die Frauen standen zusammen und waren am »simmelieren«, wer wohl von den Mannsbildern rundum als Vater für das Kind in Betracht kommen könnte, das demnächst bei der erst 17jährigen Anna zu erwarten war. Alle erdenklichen Möglichkeiten waren schon erwogen, da wurde noch ein Name genannt, dessen Träger dann aber doch gleich wieder von allen aus irgendeinem Grunde als nicht in Betracht kommend erklärt wurde. Nur die alte A., die »keine Gude« ist, meinte: »Ah, was – der wird wohl ooch a Knechala dabei hoon.«

Die armen Kinder

Fräulein G. in der Grafschaft Glatz hatte die ganze Stube voller Kinder. Fräulein N., ein älteres reputierliches Fräulein, Sommergast aus der Stadt, die sehr wohl die Zusammenhänge kennt, wollte die gute G. ein bißchen in Verlegenheit bringen und sagte: »Ach, Gottchen, Frau G., die armen Kinder – Ihr Mann ist wohl gestorben?« Da antwortete die bloß ganz trocken: »Nee, nee, die sein olle blus asu.«

Schnauze mit Herz

Beruhigung

Einem Berliner Droschkenkutscher der guten alten Zeit ging sein Pferd durch.
Der ängstliche weibliche Fahrgast: »Um Gottes willen, lassen Sie mich raus.«
»Bleiben Se ruhig sitzen. Ick kenn' mein Pferd besser. Det is nischt als Verstellung!«

Die Bielecken

Der alten Bielecken war vor vier Wochen der Mann gestorben, und nun war sie mit ihrer Nachbarin mal wieder auf dem Friedhof gewesen. Auf dem Nachhauseweg gingen sie noch in ein Café –, und da wurde getanzt. Und die Musik war »so«. Der Witwe zuckte es in den Beinen. Dann überlegte sie. Und dann zog sie ihre Freundin in Richtung Tanzfläche: »Ach watt, Elseken, kommen Se man –, wir danzen. Langsam danzen trauert och.«

»Wat is, Frollein?«

Junge Dame am Steuer. Kreuzung, rotes Licht. Neben ihr ein Taxi. Grünes Licht. Dame würgt den Motor ab. Taxifahrer kurbelt Fenster herunter und sagt: »Wat is, Frollein? Jriener wird's nich!«

Erkenntnis

Auf dem U-Bahnhof Wittenbergplatz fragt ein Mann den anderen:

»Wissen Sie, wann der letzte Zug nach Krumme Lanke fährt?«
Antwort:
»Sie, Männeken, det erleben wir beede nich mehr.«

Kleine Soziologie

Zwei Steppkes kommen aus der Schule. Sagt der eine:
»Also denn kommste runter.«
»Nee, ick muß erst Kartoffeln aus'n Keller holen.«
»Na, denn kommste aber.«
»Nee, denn muß ick se erst schälen helfen.«
»Aber nach'm Essen.«
»Nee, denn muß ick abwaschen.«
Darauf der andere verbittert:
»Sach mal, habt ihr denn gar nich ne Oma fürs Jrobe?«

Milljöh

Vater und drei Söhne am Mittagstisch. Sagt Oskar: »Kieck ma, Justav, wie Vatern die Nudeln um die Fresse baumeln.« Gustav: »Aber Oskar, wie kannste denn zu Vaterns Schnauze Fresse sagen.«

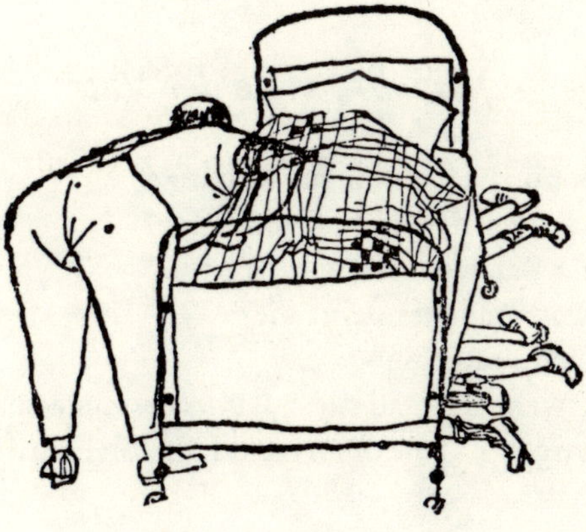

Oskar: »Na, wenn der Esel sich det jefallen läßt.«
Vater greift zum Rohrstock. Die drei Bengel springen unter die Betten. Vater stökert vergeblich und ruft schließlich den Jüngsten: »Na, Fritze, du kannst doch rauskommen, du hast doch janischt jesagt.«
Schreit Fritze zurück: »Dir Aas kenn ick!«

Lastenausgleich

Es hat Zensuren gegeben. Steppje überreicht dem Vater das Zeugnis mit den Worten: »Hauptsache, wir sind alle gesund!«

Begegnung im Café

»Also ick komme da in so'n Café, da seh ick doch mir jejenüber een Mann, also ick war direkt erschüttert. Elejante, sehnije Sportfijur. Jroß. Kühne Stirne üba klassischer Nase. Zwei wundavolle Augen, ruhich, aba doch volla Feua. En Kinn, dat Männlichkeit zeichte, aba nich brutal. Unnachahmlich die elejante Sichahait, mit der er seine Zijarette rochte... Jrade vor mir stand er. Den muß ick kennenlernen, sagte ick mir und trat uff ihn zu. Und wat mein Se? Hau ick mir doch die Schnauze in 'n Spiejel rin...«

»Quatsch«, sagte der Vater

Vater und Sohn schauen einem Seiltänzer zu.
»Vatta, wat hatten der da vor ne Stange?«
»Det ist seine Balanksierstange, Junge.«
»Vatta, zu wat brauchta denn die?«
»Da hält a sich dran fest.«
»Aba Vatta, wenn nu mal die Balanksierstange runtafällt?«
»Quatsch, wovon soll die denn runtafalln. Siehstu denn nich, dat er sie feste hält?«

Baumblüte in Werder

»Sieh mal an, der Herr Mirke, wieder zurück? Na, wie wars denn auf die Baumblüte in Werder?«
»Einfach jroßartig, sare ick Ihnen. Mir hat eener mitten Ast uffn Deetz jehaun, det ick wie besäht mit Blüten war. Direkt romantisch, sach ick Ihnen.«

Husarenleutnant Blücher

Blücher, unter Friedrich d. Großen während des Siebenjährigen Krieges Leutnant bei den Husaren, wurde verwundet, und im Lazarett säbelten die Feldchirurgen eifrig an seinem Bein herum. Nach einer Weile sagte Blücher:
»Potztausend, was soll denn nun eigentlich werden mit der Schneiderei, das Loch ist ja schon ellenlang!«
»Wir suchen die Kugel, Herr Leutnant.«
Darauf Blücher, höchst ärgerlich: »Warum haben Sie das nicht schon lange gesagt – die habe ich doch in der Tasche!«

Von der Pleiße an die Spree

Biano

Der Weimarer Hofmusikus Fischer pflegte seine Schüler über die Vortragsbezeichnungen folgendermaßen aufzuklären: »Paßt emal auf, ihr Kerle! Wenn een p (er sagte natürlich: b) dasteht, das heeßt biano, dann spielt ihr leise. Und wenn zwee p dastehen, dann spielt ihr noch leiser. Aber wenn drei p dastehen, dann spielt ihr so leise, daß mer garnischt hört; aber e bißchen muß mer doch hören.«

Leben lassen

Ein biederer Jenaer Messerschmied huldigte treu dem Wahlspruche: »Leben und leben lassen«.
Hatte einmal der Fleischer X ein Hackmesser bei ihm gekauft, so erhielt des Schmieds bessere Hälfte sofort den Auftrag: »Morchen holste dei Fleesch beim Fleischer X«, oder hatte der Löwenwirt bei ihm seine Messer schleifen lassen, ging er noch am selben Abend in den Löwen zu seinem Dämmerschoppen. – Eines Tages kam sein Sohn Franz schmunzelnd aus dem Laden in die Werkstatt und sagte: »Vadder, de Bezirkshebamme Maier hatsch die Nagelscheere schleefe lasse, willste ihr nu ooch was zukomme lasse?«

Überflüssig?

Vor der Kirmes ist Großreinemachen im Bauernhof auf dem Eichsfeld. Alle Ecken werden umgewühlt, überflüssiger Rumpel wird aussortiert. Unter anderem auch ein sehr defekter alter Regenschirm mit reichlich Löchern. Die Bäuerin stellt ihn in eine Ecke, um ihn gelegentlich dem Lumpensammler zu geben. Kommt ihr Mann und sieht das, fängt an zu räsonieren und

nimmt den Schirm wieder weg mit den Worten:
»Im Huse rümm geht he noch.« (Im Hause 'rum geht er noch.)

Regenschirme

Schadow freute sich jedesmal, wenn es einem oder dem andern geglückt war, etwas Hübsches aus den Gegenden der Havel und Spree darzustellen, und eiferte dann halb scherzhaft, halb ernsthaft gegen das ewige »Italienmalen«. »Ich bin nich so sehr for Italien«, hieß es dann wohl, »un die Bööme gefallen mir nu schon jar nich. Immer diese Pinien un diese Pappeln. Un was is es denn am Ende damit? De eenen sehn aus wie uffjeklappte Regenschirme und die andern wie zujeklappte.«

De Pelle is weg

Unter den vielen Statuetten, die in Schadows Zimmer auf Konsolen und Simsen herumstanden, befanden sich auch die Modell-Figuren zweier Grazien, die er in grüner Wachsmasse ausgeführt hatte. Es waren Arbeiten aus seiner besten Zeit, kleine Meisterwerke, die mehr als einmal die Bewunderung eintretender Künstler und Kenner erregt hatten. Durch eine Unvorsichtigkeit indes waren während des Winters 1840 beide Figuren in die Nähe des Ofens gestellt worden und hatten, weil das Wachs an der Oberfläche schmolz, eine wie mit Pickeln übersäte Haut bekommen.

Ein Tausendkünstler aus der Schadowschen Bekanntschaft erbot sich, mit Hilfe von Naphtha oder Äther die alte normale Schönheit wiederherzustellen. »Na, na«, hatte der Alte kopfschüttelnd abgewehrt, sich aber schließlich doch umstimmen lassen. Nach kaum acht Tagen kehrten die Äthergebadeten in einem Zustande merkwürdiger Schlankheit in das Schadowsche Haus zurück. Der Alte ging einen Augenblick musternd und schmunzelnd um seine Lieblingsgestalten herum und sagte dann ruhig zu dem erwartungsvoll Dastehenden: »Ja, de Pickeln sind weg, aber de Pelle ooch.«

Rang-Kommentar

Der Tenor auf der Bühne singt: »Holde, ich liebe dich.«

Dazu leiser, amüsierter Kommentar auf hohem Rang: »Dich is jut.«

Im Opernhaus

Im Opernhaus waren ernste Differenzen entbrannt zwischen dem Regisseur und den Bühnenarbeitern. Die Differenzen wurden geschlichtet. Aber es trat etwas ein, was man höflicherweise »passive Resistenz« betitelt.

Dem Spielleiter platzte die Geduld. Er stellte einen der Arbeiter zur Rede, den er längst als Rädelsführer durchschaut hatte. Der begehrte auf:

»Was wolln Se denn? Sie sehn doch – mir machen unsern Kram.«

»Aber wie?«

»Wie? Wie immer! Bloß de Intellichenz lassen mir beiseite.«

Selbst ist der Mann

Ein Zeitungsfahrer kommt um die Ecke gefegt, hoch bepackt. Ein anderer Radfahrer, auf der falschen Seite fahrend, fährt ihm in die Flanke. Beide fliegen hoch im Bogen auf den Asphalt. Schimpfend bufft der Zeitungsfahrer sein verbogenes Rad zurecht. Dann dreht er sich zu dem Übeltäter um, der in Erwartung des verdienten körperlichen Verweises ängstlich in Abwehrstellung geht. Er mustert den schmächtigen Gegner rasch von unten bis oben, schwingt sich auf sein Rad und ruft im Anfahren über die Schultern zurück: »Mensch, hau dir selber 'n paar in die Fresse! Ick hab' keene Zeit!«

Sächsisch gemütvoll

Die Hand

Der niedlichen Helga ist im Kino die Geldbörse gemopst worden. Aber man hat den Burschen erwischt, und nun steht er vor dem Richter.
Helga wird vernommen.
»Der Angeklagte saß neben Ihnen?«
»Ja.«
»Und wo hatten Sie Ihr Geld?«
»In so ner gleinen Rockdasche mit Reißverschluß.«
»Und Sie haben nicht gemerkt, daß der Mann da hineinfaßte?«
»Doch.«
»Und das haben Sie sich gefallen lassen?«
»Ich dachde, er hat solide Absichten.«

Kein Wunder

Zwiegespräch unter einem Torbogen.
Sie: Nu rähchends schone wieder.
Er: Siss ahwr auch gein Wunder bei dähn Wädder.
Sie: Zuuu häßliches Wädder...
Er: So naß.
Sie: Jahah – unn so galld drbei.
Er, abschließend: Hm! Richdich naßgalld.

Der zweite Eid

Liebold aus Dornreichenbach ist nach Wurzen aufs Gericht. Beteiligt an der Affäre sind eine Menge Bauern. Das halbe Dorf kann hineinsegeln, wenn Liebold nicht funktioniert. Es geht um die Wurscht. – Sechs Mann hoch hocken sie im Wirtshaus und warten auf den Spießgesellen. Mit dem Mittagszug ist er nicht

gekommen. Mit dem 15.16 ist er nicht gekommen. Mit dem 18.03 ist er nicht gekommen. Mit dem letzten kommt er.
»Wie wahrsch?«
»Nu!«
»Ricke nohr raus middr Schbrahche! Haßde enn Eid ablehjn missn?«
»Sogar zwee-e!«
»Gottverdanneboom!«
»Dr ärschde... dähr mochte ja noch schleichen. Ahwr dr zweede! Meine Herrn! Dähr wollde geschwohrn sinn...«

Mit großer Suite

Kronprinz Friedrich August stattete dem Kaiser Wilhelm in Berlin eine Visite ab. Das ging einigermaßen geräuschvoll vor sich. Der Kaiser begrüßte den künftigen Sachsenherrscher mit großer Suite und dito Herzlichkeit und äußerte seine Genugtuung darüber, daß Friedrich August die Strapazen der Reise Dresden – Berlin auf sich genommen habe, um sich endlich mal in der preußischen Metropole blicken zu lassen. Bescheiden wehrte der Kronprinz ab.
»'s klappte gerade so scheen mit Eurer Hunde-Ausstellung.«

Der »Geenich«

Ritt in die Umgebung von Schloß Moritzburg. Ohne Taschentuch. Aber mit Schnupfen. Die diesbezüglichen Geräusche mehren sich.
Friedrich Augusts Begleiter offeriert sein eigenes, ungebrauchtes Taschentuch. Der Monarch wehrt ab.
»Danke! Ich säährs schon erschniffeln.«

Dabei gewesen

Als sich der Kurfürst Friedrich Wilhelm von Hessen nach 1848 entschloß, seinen Landtag einzuberufen, trat auch der Dorfbürgermeister Michael aus dem Kreise Schmalkalden als Abgeordneter die beschwerliche Reise nach Kassel an.
Während seiner Abwesenheit verfolgte seine Frau zu Hause die Landtagsberichte des Wochenblattes, in der Hoffnung, den Namen ihres Mannes und das, was er gesagt, gedruckt zu finden. Aber vergeblich. Nach seiner Rückkehr erzählte sie, daß sie im Blatt seinen Namen vergeblich gesucht habe, und knüpfte daran die bange Frage: »Bas soogst du dann no?«
Darauf die Antwort: »Lees nöre genaü, boo da städd ›und es erhob sich ein allgemeines Gemurmel‹, da war ich debei.«

Fagott-Solo

Nach einem Konzert der Meininger Hofkapelle unterhielt sich eine junge Prinzessin leutselig herablassend mit Max Reger: eine Solostelle der Fagotte hatte ihr besonderen Eindruck gemacht. Wißbegierig fragte sie: »Herr Hofrat, bringen die Leute diese Töne mit dem Mund hervor?«
Reger erwiderte: »Das will ich stark hoffen, Königliche Hoheit.«

Brandstifter?

Während einer Audienz am Königlichen Hofe fielen Seiner Majestät Friedrich August von Sachsen zwei abseits stehende Herren auf. Der König zu seinem Adjutanten: »Wer sinnd'n die?« Adjutant: »Majestät, zwei Direktoren von der Feuerversicherung.« Der König (auf sie zugehend): »Na, ihr beeden Gokelfritzen?«

Sehbeschwerden

Friedrich August besichtigte eine moderne Kunstausstellung. »Sie malen aber gomisch«, sagte der König zu einem der Künstler. »Majestät, ich sehe das so«, antwortete der Maler. Der König (teilnahmsvoll): »Und da gännsä nischd gegen duhn?«

Dr Geenich krietschd

Das größte Ereignis in der Geschichte der Dresdner Hofoper war die Uraufführung des »Rosenkavalier«. Für unsern guhdn Geenich war das nichts, er verzog keine Miene. Aber anstandshalber befahl er Richard Strauss nach Schluß der Aufführung in seine Hofloge. Der König: »Bleimsä noch länger in Drähsdn, oder müssensä schon wieder heeme?« Richard Strauß: »Majestät, ich muß heute leider nach Berlin zurück.«
Der König: »Schade. Sonst häätensä sich mal ›Robert und Bertram‹ in mei'm Gomödchenhaus hier ansehn solln. Da gamm'r ferleichd krietsch'n!«

Mittwoch frieh Glawwier

Der junge Edvard Grieg hatte sich am Leipziger Konservatorium als Schüler angemeldet. Bevor er anfing, bat er den Inspektor, ihm den Stundenplan zu verraten. Die Auskunft lautete: »Mittwoch frieh gehts los. Von achte bis um neune hamm Se Glawwier. Da gomm Se am zweckmäßigsten gehjn zähne. Vorher iss doch geenr da.«

Das Jingelche

Köhlersch Karl ist von seinem Vater mit zur Beerdigung genommen worden, und da ein alter Veteran in dem Toten geehrt werden soll, feuert der Kriegerverein eine Salve übers Grab. Das

»Jingelche« fragt den Vater: »He, Vadder, fär was wärd'n etze geschosse?« Sagt der Vater: »Wenn a Kriecher begrabe werd, da werd abendr (eben) geschosse!« Das Jingelche meint: »Ä war woll noch nech ganz dud?«

Ein Kavalier

Grete hatte die Nacht auf der Eisenbahn verbracht. In Werdau benutzte sie den Aufenthalt, um rasch eine Tasse Kaffee hinunterzukippen. Kippen? Die Lorke war derartig heiß, daß Gretchen immer noch rührte, als der Schaffner zum Einsteigen aufforderte.
Ein Herr trat auf sie zu, verbeugte sich und sagte: »Darf ich mein' anbieten. Umgeschütt und geblasn isser schon.«

Im alten Weimar

Die Gräfin Marschall in der Scherfgasse im alten Weimar, eine witzige alte Dame, besaß zwei Kutschwagen, den einen für günstiges Wetter, den anderen für Regen und Dunkelheit. Falls sie nun den zweiten wünschte, weil Schlechtwetter bevorstand, pflegte sie ihrem Kutscher die Weisung zu erteilen: »Johann, das Nachtgeschirr, es trippelt schon!«

Niedersächsisch deftig

Begriffsstutzig

Im I. Hannoverschen Infanterie-Regiment 74 diente einst ein gewisser Christian Sundermann. Er gehörte zu jener Sorte von Rekruten, die in jeder nur möglichen Situation die Betreßten in Raserei versetzten.
So wurde einmal in der Instruktionsstunde das außerdienstliche Verhalten des Soldaten durchexerziert, wobei der Unteroffizier folgende These von sich gab: Was tut der Soldat, wenn er in einer Wirtschaft mit einem Zivilisten Streit bekommt? Der Soldat trinkt sein Bier aus und geht ruhig nach Hause.
»Sundermann! Also was tust du, wenn ein Zivilist bei dir am Tisch sitzt und Streit anfängt?«
Sundermann, strammstehend: »Ich trinke sein Bier aus und gehe ruhig nach Hause.«

Zeit der Diebe

Zwei Diebe stehen in Lüneburg vor den Schranken des Gerichts. Der eine ging seinem Handwerk bei Tag, der andere des Nachts nach.
»Der Herr Staatsanwalt«, plädiert der Pflichtverteidiger, »hat es meinem ersten Klienten als erschwerend angerechnet, daß er so frech war, bei hellichtem Tage zu stehlen. Und dann findet er es bei meinem zweiten Klienten erschwerend, daß der mitten in der Nacht gestohlen hat. Da frage ich nun den Herrn Staatsanwalt: Wann soll der Mensch eigentlich stehlen?«

Stiller Kummer

Des Oberforstmeisters von Hake stiller Kummer war es, daß ihm seine Frau statt der sehnlich gewünschten Buben ausnahmslos Mädchen geschenkt hatte. Auf einem Fest im Herrenhäuser Schloß nahm ihn der Landesvater, der des Waidmanns heimlichen Gram kannte, beiseite und fragte mit gut gespielter Treuherzigkeit: »Na, mein lieber Herr von Hake, was machen denn die kleinen Haken daheim?«

»Ach, Majestät«, versetzte der Oberforstmeister, »wenn's doch Haken wären! Mir sind leider nur Ösen beschieden!«

Ein Pastor in Mißkredit

Maurer Eggeling hockt im Sonnenschein auf der halbfertigen Hauswand und frühstückt behaglich über den Daumen: einmal Brot und zweimal Wurst. Da ruft eine freundliche Stimme: »Guten Appetit, Meister!« – »Schönen Dank, Fru Pastern!« – »Schlackwurst schon am frühen Morgen, das ißt noch nicht einmal mein Mann!« – »Wat se nich segget, danne is hei schöne lekkerig (wählerisch)!«

Die Probe

Die Tochter auf einem der reichen Höfe in der Gegend von Uelzen sollte Klavierspielen lernen. Der Lehrer, ein guter Organist, hatte zugesagt, das Mädchen zu unterrichten. In Hannover wurde ein Flügel gekauft und in der guten Stube aufgestellt. Der Lehrer kam, um ihn auszuprobieren, und mit ihm sein kleiner Hund. Der Schulmeister spielte, der Hund jaulte dazu. Der Bauer hörte sich das eine Weile an. In einer Pause sagt er: »Du, Scholmester, nu speel mal wat, wat din Hund noch nich kennt!«

Die Gans

»Ich werde dem Richter eine Gans schicken!« – »Tun Sie das auf keinen Fall«, warnt der Anwalt seinen Klienten, »das ist das sicherste Mittel, den Prozeß zu verlieren.«
Sie gewinnen den Prozeß, und der Klient sagt: »War es nicht gut, daß ich dem Richter die Gans geschickt habe?« – »Das haben Sie getan?«, ruft der Anwalt erstaunt. »Ja, aber ich habe die Visitenkarte unseres Gegners beigelegt.«

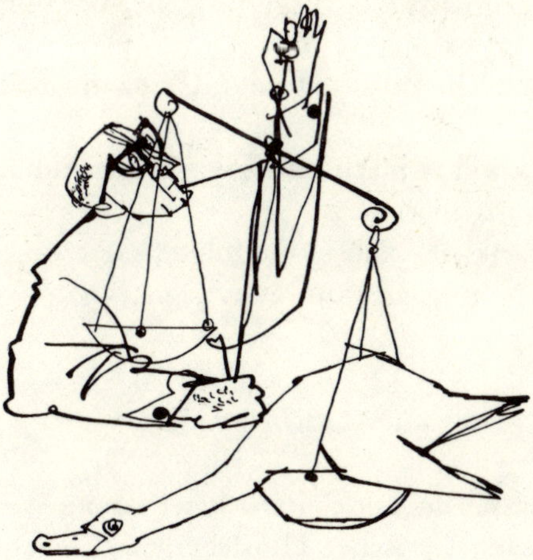

Das Jubiläum

Der Geheime Medizinalrat und Kreisphysikus Dr. N. war eine weit über Goslar hinaus bekannte Persönlichkeit. Zu seinem fünfzigjährigen Dienstjubiläum fand ein Festakt im Krankenhaus statt, bei dem die Enthüllung seiner Büste geplant war. Der Festakt wurde durch Musik und die Reden hoher staatlicher und medizinischer Autoritäten eingeleitet.
Der Jubilar, abhold jeder Feierlichkeit, soweit sie sich um seine eigene Person handelte, wandte sich endlich an die Oberschwester, die neben der verhüllten Büste stand, und sagte laut: »Na, Liebste, nun lassen Sie endlich die Hülle fallen!«

Die große Reise

Als die erste Eisenbahnstrecke nach Vienenburg gelegt war, bekam Goslar damit den Anschluß an die große Welt. Wer überhaupt mit der Eisenbahn fahren wollte, mußte über Vienenburg reisen. Weil alle Reisenden dort auf den Anschluß warten mußten, wurde das Dörfchen auch »Wartenburg« genannt.
Am Stammtisch erzählte nun ein Goslarer Bürger, daß ein junger Mediziner, der kürzlich sein Staatsexamen gemacht hatte, in den nächsten Tagen nach China reisen wolle, um dort als Arzt zu wirken.
Eine nachdenkliche Pause entstand. China, mein Gott, wie weit das war!
»Nach China will er machen?« fragte ein Stammtischbruder.
»Ja, morgen macht er weg.«
In die nachdenkliche Pause, die folgte, sagte ein anderer:
»Denn muß 'r in Vienenburg umstaagen!«

Das richtige Maß

Die engen Gassen der mittelalterlichen Festungsstadt Goslar bieten in verkehrstechnischer Hinsicht manche Schwierigkeiten.

Besonders heikel wird es, wenn Langholzfuhren mit gewaltig langen Stämmen Kurven nehmen müssen.
Saß da einmal eine Langholzfuhre an einer Straßenecke fest. Ein Sommerfremder aus Berlin sagte zu dem Fuhrmann: »Hören Se mal, Männeken, wat Sie da machen, is leicht bekloppt. Warum säjen Se die Dinga nich zweemal durch?«
»Nä, dat geit nich«, sagte der Harzer Fuhrmann, »die müssen in aanem Stücke blaaben. Daraus werden Mundharmonikas for die Berliner gemacht!«

Mondscheindialog

Ein Liebespärchen, beide nicht die jüngsten, geht im Bodetal spazieren. Über der Roßtrappe steht ein makelloser Mond. Sie reden lange kein Wort, denn sie haben einander schon alles gesagt, was man sagen kann. Endlich bricht sie das Schweigen: »Och, Haanerich, wir gehen nu all acht Jahre mitenander. Ich maane, wir sollen haaraten.«
Nach reiflicher Überlegung antwortet er: »Ja, Alwine, maanste denne, daß uns noch wer nimmt?«

Die Asozialen

Ein Bergbauer in einem der Harzdörfer fragte einmal einen Goslarer: »Segen Sei meck mal, wat sind dat aagentlich for wecke, dei Asozialen?«

»Ach, das sind Leute, die nichts Rechtes arbeiten, die überall an den Ecken herumstehen und immer den größten Mund haben«, sagte der Goslarer.
»Och so«, sagte der Bauer nach einer Pause, »da hebbet wei man blos drei von in'n Dörpe, dat is de Schaulmester, de Paster und de Schandarme!«

Ausgleichsnahrung

In einer Harzer Gaststätte. Ein blasierter junger Mann wirft einen flüchtigen Blick auf die Speisekarte und sagt grämlich zu dem wartenden Ober:
»Bei Ihnen gibt es aber auch gar nichts Besonderes.«
Der Ober entgegnet höflich: »Wir haben nahezu fünfzig Gerichte auf der Karte, mein Herr. Sie werden schon etwas finden, was Ihnen behagt.«
Der junge Mann schüttelt den Kopf.
»Ich wünschte, ich könnte bei Ihnen etwas bekommen, was ich noch nie hatte.«
Der Ober denkt einen Augenblick nach. Dann sagt er: »Wie wäre es mit Hirn, mein Herr?«

Massenausgleich

Der alte Dorfpolizist aß für sein Leben gern »Klinze un Beeren« (Klöße und Birnen). Nach seiner Pensionierung war sein Appetit zwar nicht mehr so groß, aber ein Dutzend Klöße verspeiste er noch mühelos.
Eines Tages wurde er krank. Der Arzt schickte ihn ins Bett und diktierte einen kümmerlichen Speisezettel. Drei Tage später war Kloßtag.
In der Frühe trat seine Frau an das Krankenlager.
»Farnand, et is doch hüte Klinzdaach. Sall ek deck denn ok wekke koken, oder darfst de keine jeneiten (genießen)?«
»Och, weißte wat, Trine«, entgegnete der brave Dorfpolizist,

»vor jemeineklich äte'k doch twölewe; weil ek awer krank bin, will ek man vorsichtig sien – koke deshalb bloß ellewe, make se awer en betten grötter!«

Gewohnheit

Vor einer Gerichtsverhandlung geht ein Bauer mit seinem Rechtsanwalt im Korridor auf und ab, während sie auf den Aufruf ihrer Prozeßsache warten. Der Anwalt gibt seinem Klienten für die Verhandlung letzte Anweisungen. Sie wandern den langen Flur auf und ab. Jedesmal, wenn sie kehrtmachen, ist der Bauer bemüht, den schon betagten Anwalt an der rechten Respektseite gehen zu lassen. Über soviel Schicklichkeit des einfachen Mannes ist der Herr Justizrat sichtlich gerührt.
Bei der nächsten Wendung sagt er zu dem Bauern: »Aber Herr Schulte, bleiben Sie doch ruhig auf der rechten Seite.«
Darauf entgegnet der Bauer ganz trocken: »Och, Här Justizrot, dat bün ich so gewuohnt, bei mine Ossen (Ochsen) dau ick dat immer so!«

Sünde und Schande

Seit alters liegen sich die Bewohner von Neuenkirchen und Oldendorf im Kreise Melle in den Haaren. Man haut sich nach der Kirche, bei der Kirmes, bei Taufen, Hochzeiten und Beerdigun-

gen und weiß eigentlich nicht weswegen. Aber das ist immer so gewesen und wird also auch immer so sein.
Eines Tages, erzählen die Neuenkirchener schadenfroh, trifft der liebe Gott unterwegs einen weinenden Oldendorfer.
»Was hast du denn?« fragt er gütig.
»Ich weine«, entgegnet der Mann kummervoll, »weil ich aus Oldendorf stamme.«
»Nun«, meint der Herr milde, »das ist schließlich keine Sünde, höchstens eine Schande.«

Billiger Eintritt

Keiner konnte behaupten, daß dem reichen Bauern und seiner Frau das Geld sehr lose saß. Immerhin mußten sie das Rennen ihres Pferdezuchtvereins doch wohl oder übel mitmachen, natürlich als Zuschauer. Leider lagen die Eintrittspreise ungewöhnlich hoch: drei Mark für den Sattelplatz, je zwei Mark und eine Mark für die folgenden Plätze war mehr, als man sonst auszugeben gewohnt war. Sie überlegten schon, ob man nicht doch lieber umkehren sollte, das Ergebnis stand übermorgen ja im »Kreisblatt« zu lesen, und bis dahin war wohl Zeit genug.
Lisbeth, die Frau, blickte noch einmal suchend auf der Preistafel umher. Plötzlich stieß sie ihren Mann an: »Du, da steht ein noch billigerer Platz. Er kostet nur fünfzig Pfennig für jeden. Ich glaube, das können wir ruhig riskieren!«
Der Bauer nickte, ging auf die Kasse zu und bestellte mit erleichtertem Aufatmen: »Zweimal Katalog!«

Fortschrittliche Methoden

Ein Quedlinburger Buchhändler befleißigte sich schon vor geraumer Zeit fortschrittlicher Verkaufsmethoden. Er schickte seinen Kunden Neuerscheinungen ins Haus, die er nach einer gewissen Zeit, wenn sie inzwischen nicht erworben wurden, zurückgeschickt haben wollte.

Ein alter Schmiedemeister war über diese Zumutung derart erbost, daß er überlegte, wie er dem Buchhändler einen Denkzettel verabreichen könnte. Als eines Tages wieder die Aufforderung kam, ein Bücherpaket zurückzuschicken, beauftragte er seine Lehrjungen, dem Buchhändler einen zentnerschweren Amboß in den Laden zu stellen. Der Geschäftsmann fiel aus allen Wolken, als die rußigen Gesellen, ohne sich im mindesten um seinen Protest zu kümmern, den Amboß zur Tür hereinwuchteten. Unmittelbar danach klingelte das Telephon des Schmieds.
»Sind Sie des Teufels!« schrie der Buchhändler. »Wollen Sie mir bitte erklären, was das zu bedeuten hat?«
Darauf der Schmied: »Ach, wissen Sie, ich habe Ihnen heute mal einen Amboß zur Ansicht geschickt. Sie können ihn später bezahlen. Und wenn Sie ihn nicht behalten wollen, schicken Sie ihn mir ganz einfach wieder zurück.«

Senatoren unter sich

Wenn Fastnachtsdienstag im Kalender stand, dann ging es im Braunschweiger Ratskeller hoch her, und selbst die Honoratioren des Städtchens verzichteten auf ihre sonst so gern betonte Würde und sagten vergnügt Prosit. Auch der reiche Wöhler, Senator und Mühlenbesitzer, ließ sich nicht lumpen, sobald es galt, die fröhliche Runde durch neuen Trunk zu neuem Scherz anzufeuern. Außerdem war es ihm einerlei, ob er gerade oder schief die Gaststätte verließ, sein Knecht Krischan hatte Order, den Herrn Senator um ein Uhr nachts mit Laterne und Mantel abzuholen und ihn sicher ins Bett zu bringen.
Als nun beide über den mondbeschienenen Markt nach Hause stolpern, liegt an der nächsten Straßenecke etwas Dunkles im Wege. Krischan leuchtet vorsichtig den Gegenstand ab und sagt grinsend: »Da liggt Senator Rakebrandt, hei is vull wie ne Strandhaubitze und kann nich hochkomen!«
»Krischan, stell mick an de Wand un bring dat besopene Swin nah Hus, ick bliwe hier stahn, bett du mich halst!«

Das ist – schade!

Trat der Schauspieler Oskar Fischer aus der Kulisse der Braunschweiger Bühne, schmunzelte das ganze Haus; machte er gar seine stadtbekannten »Zusätze«, lächelte selbst der wortkarge, scheue Herzog Wilhelm.

Zum Ärger von Herrn Schade, einem angesäuerten Kritiker, der dem Komiker stets etwas am Zeuge flickte. Nachdem Oskar Fischer mal wieder stürmisch bejubelt worden war, bat er unerwartet um Gehör und sagte lächelnd: »Ich danke Ihnen für den Beifall, leider ist aber einer unter Ihnen, dem ich nie gefalle, das ist – Schade!«

Der Kritiker schnappte ein und forderte eine formelle Entschuldigung. Demütig pilgerte Oskar Fischer nach Schades Wohnung, um dort das verlangte Sprüchlein zu sagen. Drinnen saß ungeduldig wartend der Gekränkte im Kreis seiner Freunde, im voraus den Anblick des Sünders genießend. Endlich das ersehnte Pochen! Fischer steckte den Kopf durch die knapp geöffnete Tür und fragte todernst:

»Ist vielleicht Herr Niemeyer hier?«

»Nein!« lautete die schneidende Antwort.

»Schade – entschuldigen Sie!«

Der Himmelsscheck

Zahlreich sind die Anekdoten, die von dem Oberlandesgerichtsrat Dr. Franz Dubois in Celle kursieren. Er war ein genial veranlagter Mensch. So scharfsinnig er als Jurist auch urteilte – im Grunde seines Wesens war er Künstler. Er hat Dramen verfaßt und sehr gute Lyrik geschrieben.

Ein Arzt, von dem man wußte, daß er so gut wie gar keine Praxis hatte, erscheint eines Abends sehr verspätet zur Tafelrunde. Dubois begrüßt ihn mit den Worten: »Kommen Sie vom Bette des unbekannten Patienten?«

*

Ordnung in steuerlichen Dingen war nicht Dubois' Stärke. Er machte keine Steuererklärungen. Einmal hatte ihn ein Kollege endlich soweit, die lange ausstehenden Kirchensteuern auf der Bank zu bezahlen. Als die beiden Herren auf dem Rückweg an der Stadtkirche vorbeikamen, fingen gerade die Glocken an zu läuten. »Hören Sie«, sagte Dubois, »soeben ist mein Scheck im Himmel angekommen.«

*

Ein Kollege von Dubois, leidenschaftlicher Sammler alter Sachen, zieht um. Eine kostbare Pendüle will er nicht den Packern überlassen und trägt sie im Arm selbst über die Straße. Dubois begegnet ihm. »Sagen Sie mal, mein Lieber, warum tragen Sie eigentlich keine Taschenuhr?«

In vorschriftsmäßiger Weise

Der Oberamtsrichter Siemens (gest. 1895 mit 88 Jahren) war vielleicht die volkstümlichste Richterpersönlichkeit, die Celle je besessen hat. Er pflegte auf plattdeutsch zu verhandeln, nur die Urteilsverkündigung ging in hochdeutsch vor sich.
Nach einer solchen Urteilsverkündigung wandte sich Siemens an die Parteien: »Wenn Ji nun mit min Urteil nich inverstanden seid, dennso gaht man nach'n Obergericht und holt Jik noch en

Arsch voll Kosten. – Herr Auditor, schreiben Sie: Nach der Urteilsverkündigung wurden die Parteien in vorschriftsmäßiger Weise gemäß der Prozeßordnung auf das Rechtsmittel der Berufung hingewiesen.«

Aufgeklärt

Nach dem Ersten Weltkrieg wurde es Mode, die jungen Leute recht früh »aufzuklären«. Man sprach darüber im Krug von Ochtmissen in der Heide.
Der städtische Lehrer war dafür. Aber er wußte nicht recht, wie er es den Bauern beibringen sollte: »Maakt en dat doch an de Burrkäfers klaar!« sagte er schließlich, wobei zu wissen ist, daß damals alle Insekten in Bausch und Bogen noch Burrkäfer genannt wurden.
Vadder merkte sich das.
Als er nach Hause kam, griff er sich den fünfzehnjährigen Jan Dattel. »Jan, hest du oll mool sehn, wenn uns Grootknecht met de lütt Deern int Holt geiht?«
»Heff ich oll sehn!« antwortete Jan.
»Sühst du, genauso maakt dat de Burrkäfers!« genügte da Vadder seinen elterlichen Verpflichtungen.

Rechtschreibung

Eine alte hannoversche Patrizierfamilie war mit vier Töchtern gesegnet; Charlotte, Georgine, Jeanette und Sophie.
»Schäöde, schäöde«, sagte eines Tages die alte Köchin, »Schalotte, Schorsine, Schanette, alle draa schraaben sich mit'm Schee, bloß das lüttje Zophiechen, das muß sich nun mit'n Cee schraaben...!«

Dichter und Professoren

Es war in der Zeit um 1880, als die historischen Romane von Georg Ebers, besonders die ägyptischen (Serapis, Die Nilbraut, Kleopatra, Uarda) viele Leser fanden und zu den Großtaten deutscher Schriftstellerei gerechnet wurden. Georg Ebers war ordentlicher Professor der Ägyptologie an der Universität Leipzig.

In Göttingen kamen zwei Professoren auf den Leipziger Kollegen und Dichter zu sprechen.

»Was sagen Sie von dem neuen Roman des Kollegen Ebers?« fragte Ihering den Kollegen Ritschl.

»Ja«, antwortete dieser, »ich habe ihn gelesen; ich denke doch, Herr Kollege, das könnten wir beide auch machen, ebensogut.«

Darauf Ihering: »Ebensogut? Noch viel schlechter, Herr Kollege, noch viel schlechter!«

Liegend und kühl

Die Schlagfertigkeit, die Klinkerfues, den berühmten Göttinger Meteorologen, auszeichnete, verließ ihn auch nicht, wenn er einmal ein Gläschen zuviel getrunken hatte, und das soll immerhin vorgekommen sein.

Eines Abends fanden ihn Freunde in diesem Zustand, wie er in dem seichten Wasser der »Kuh-Leine«, einem Nebenarm des Göttinger Flüßchens, lag.

»Aber Herr Professor!« riefen sie erschrocken, »wie kommen Sie denn hierher?«

»Wie ich hierher – hup – ins Wasser komme?« lallte Klinkerfues,

nachdem man ihm wieder auf die Beine geholfen und seine Kleider notdürftig gesäubert und geordnet hatte. »Ich habe – hup – noch eine Selter getrunken, bevor ich – hup – vom Stammtisch nach Hause gehen wollte. Und – hup – darauf stand: – Hup – liegend und kühl aufzubewahren! – Hup – und wissen Sie – hup –: Danach habe ich mich dann auch gerichtet!«

Die zweite Vorlesung

A. G. Kästner, der Göttinger Professor der Mathematik, Astronomie und Philosophie, wohnte der Antrittsvorlesung eines befreundeten Gelehrten bei, von dessen Fähigkeiten er keine übertrieben hohe Meinung besaß. Ihm war das Epigramm gewidmet:

Freund, deine Wissenschaft, dein redlich Herz zu ehren,
erkenn' ich stets für meine Pflicht.
Doch lachen über dich will ich gewißlich nicht.
Deswegen mag ich dich nicht hören!

Tatsächlich wurde das trockene Kolleg des jungen Professors, zumal er sich mehrmals dabei verhedderte, auch von den Studenten nur mit Scharren und Gelächter aufgenommen.
»Die zweite Vorlesung wird besser ausfallen«, meinte nachher der Gelehrte zu Kästner, um sich selbst zu trösten.
»Ja«, versetzte der Hofrat, »lassen wir sie besser ausfallen!«

»Sind Sie fleißig?«

Kästner, der in der »Göttinger gelehrten Garnison« von 1756 bis 1800 »seine Wachen immer ordentlich versah«, hatte zunächst seine Freude an der genialischen Dichterjugend, die sich in der »Stadt der Würste und Kartoffeln«, wie er Göttingen manchmal abschätzig bezeichnete, zum »Hain« zusammenschloß. Hölty hat er sogar in einem seiner geistvollen Epigramme laut gerühmt. Später ärgerte er sich allerdings über das »Odengeschnaube« einiger Musenjünglinge, die in Klopstocks Manier dichteten und

zuweilen »eine Prosa ohne Verstand schon für ein Gedicht« nahmen.
»Nun, sind Sie fleißig?« fragte er Johann Friedrich Hahn, ein ziemlich exzentrisches Mitglied des Bundes.
»Gewiß«, entgegnete der Poet geschmeichelt, »ich schreibe ab und zu.«
»Wie«, verwunderte sich Kästner, »auch zu?«

Lebensangst

Zu Urgroßvaters Zeiten, vielleicht sogar noch früher, tat Schönians Fritze, ein altkluger Bengel von acht Jahren, einen Ausspruch, der noch heute im Dorfe gelegentlich die Runde macht. Fritz war eine scheußliche Bangebüxe; sowie es blitzte, lief er blarrend ins Haus und verkroch sich hinter dem großen Kleiderschrank. Als einmal ein besonders heftiges Gewitter über den Elm kam, mußten die Eltern trotz ihrer begreiflichen Sorge lauthals lachen; denn aus der Schrankecke rief ihr Fritze:
»Man kummt sin Lewe nich ut der Angest herut; in'n Sömmer denne dunnert et, und in'n Winter mot en nah'r Schaule!«

Westfälisches

Meister Eickelschulte

Die Kruppwerke feierten ein Jubiläum, und die Gäste an der Tafel kamen zwei Stunden lang nur etappenweise zum Essen, weil eine Rede die andere ablöste.
Schließlich war es soweit, daß man glaubte, sich endlich dem Braten widmen zu können, als ganz unten an der Tafel nochmals jemand ans Glas klopfte.
Entrüstete Blicke wandten sich dorthin, aber es war Johannes Eickelschulte, der älteste Werkmeister der Firma, bei dem noch der alte Krupp in die Lehre gegangen war. Den mußte man natürlich auch noch sprechen lassen. Die Gäste legten also wieder Messer und Gabel beiseite.
Eickelschulte erhob sich und rief mit seiner gewaltigen Baßstimme: »Hier fehlen Kartoffeln.«

Rübenkraut? – Nein!

Zwei Krözze (Jungen) begegnen sich: »Kalle, wo geesse (gehste)?« – »Im Konsum.«
»Watt hoolze?« – »Kraut.«
»Fon watt fon?« – »Fon Rüüm (Rüben).«
»Da geh man alleine, datt mach ich nich.«

Stemmt dat?

Der Bäcker Schmitz schickte seinen Gesellen mit der Karre nach Bockum zur Mühle, neun Sack Mehl zu holen.
Wie er zurückkommt, da geht er bei der Wirtschaft Busch-Matthes herein und trinkt sich ein paar Glas Bier. »Schrief et op de Latt«, sagte der Geselle. »O näh«, sagte der Matthes, »die Latt es ald voll, ech häbb mech twie Säck Mehl van din Kar jekrei-eje (zu

kriegen). Wenn de betale kömms, dann kannste die wi-er mötnäehme.« Der Geselle grübelte, nun unterwegs, wie er aus den 7 Säcken wieder 9 machen könne, und hatte auch bald einen Plan parat. Als er zu Haus ankommt, steht der Meister an der Tür.
»No«, sagte der, »häßte och die 9 Sack Mehl?«
»Ijo«, sagte der Geselle, »tellt (zählt) mar möt, wenn ech se erendra-ere donn (hereintrage).«
Er nahm den ersten Sack und sagte: »So, dat es de ne-igende (9.).«
Und danach: »On do den twedde, so, dat es den achde.«
»An do den dredde, so, dat es den sevende.«
»An do de vierde, so, dat es de säsde. No kickt ma op te Kar, do send er noch drei drop, dat send es ne-igend.«
»Dat stemmt«, sagte der Meister.

Sie hat es gelobt

Nach Telgte ist es alle Jahre im Sommer und auch sonst ein frommes Wallfahrten aus dem ganzen Münsterland. Es soll aber wohl so sein, daß dann und wann ein Rüchlein Unfrommes hineinweht. Zogen da der Kuhkötter Tigges und sein Eheweib auch eines Tages in der Frühe los. In der Nacht hatte es gewittert, und sie trafen die Feldwege nicht eben gut an, überall Pfützen und

ausgefüllte Schlaglöcher. Es war schon nötig, daß die Sette ihre Röcke schürzte, dabei griff sie mehr, als unbedingt nötig war. Sie vergaß, sie wieder herunterzulassen. Erst als sie auf der festen Straße und nahe der Stadt eine dem gleichen Ziele zustrebende Bäuerin auf ihre Unterlassung aufmerksam machte, brachte sich die erschrockene Sette wieder in den rechten Zustand.

Sie zürnte heftig mit ihrem Tigges, daß er nicht längst den Mund aufgetan habe.

Der aber meinte: »Ich dachte, du habest es so gelobt!«

Die Arterienverkalkung

Ein junges Bauernmädchen freite einen jungen Mauersmann. Sie fühlt sich seit einiger Zeit gar nicht wohl und ging auf Anraten der Mutter zum Arzt. Der stellte an Hand der Untersuchung fest, daß sie Arterienverkalkung habe. Als sie dieses zu Hause erzählte, sagte die Mutter unter Wehleiden und Jammern: »Ick häff die all ümmer säggt, du sallst bie den Müermann wegblieben.«

Der Kuchen

Die alte Bäuerin ist plötzlich gestorben. Anschließend an die Beerdigung folgt das Totenmahl. Die Gäste werden genötigt, doch ordentlich zuzugreifen, und als Ermunterung wurde noch hinzugefügt: »Essen Sie man ordentlich, die Kuchen hat die selige Leiche selbst gebacken.«

Die gute Partie

Ein biederes Bäuerlein kam einst zum Pastor und bat um einen Taufschein für seine Tochter Luise, die »friggen« wollte.

»Jä, Herr Paschtaure, datt will ick man seggen, dat Lowise maket ne gute Partie. De Luide hawwen veer Peere, twintig Köje,

dertig Süjje, an de hunnert Schope und twäihunnert Morjen Land.«
Fragt der Pastor: »Ja, lieber Herr P., wie heißt denn Ihr Schwiegersohn?«
Sagt das Bäuerlein: »Jä, wann ick Sie datt nu sägen soll, datt weit ick nit.«

Nu chrade nich!

Auf einem ländlichen Bahnhof Westfalens rollt der Zug ein. Alle Fahrgäste nehmen Platz. Nur ein Bauersmann sucht noch umständlich sein Abteil.
»Ein-s-taigen«, ruft der Schaffner.
Darauf schaut der Bauer den Beamten herablassend an: »Hest du mi auk all wat te seggen, nu chrade nich!« Dann läßt er den Zug davonfahren.

Der halbe Magistrat

Eines Tages hat Meister Berteau in Osnabrück seinem Unwillen über die Stadtvertretung mit den zornigen Worten Luft gemacht: »Der halbe Magistrat ist verrückt!« Man lädt ihn vor, damit er widerrufen soll.

Er tut dies mit einer Geste des Bedauerns und sagt: »Der halbe Magistrat ist nicht verrückt!«

Die Durchgänger

Meister Berteau hatte in der Königsberger Schloßfreiheits-Lotterie zwei lebendige Ponys gewonnen. Er ließ sie sich gleich in bare Münze umsetzen, wobei er einige hundert Mark ausgezahlt erhielt.

Fragte man ihn später: »Karl, was hast du eigentlich mit deinen Ponys angefangen?«, dann pflegte er dem Neugierigen zu antworten:

»Das waren ein paar D-d-durchgänger, die sind mir durch die K-k-kehle gegangen!«

Slimm genug

Eine junge Osnabrückerin besucht eine Freundin im benachbarten Münster. Sie essen in einer Altbierhalle gemeinsam zu Mittag. Es ist Freitag, und die etwas ältliche behäbige Kellnerin fragt die einzelnen Gäste, ob sie Fleisch oder Fisch haben wollen, auch unsere junge Osnabrückerin. Als diese antwortet: »Nein, bringen Sie mir nur ruhig Fleisch, ich bin evangelisch«, bekommt sie von der Kellnerin mit einem halb strafenden, halb bedauernden Blick nur die zwei Worte erwidert: »Slimm genug!«

Ein klarer Fall

In der Sprechstunde eines Nervenarztes erschien eine ältere Frau, um sich bitter darüber zu beklagen, daß ihre Familie sie durchaus für verrückt erklären und in eine Heilanstalt bringen lassen wolle. »Bloß waal ich so gerne Kartoffelpuffer esse mit Staanhuder Äöl!« – »Unglaublich«, sagte der Doktor und schob lächelnd die Brille hoch, »da halte ich auch gern mit, gute Frau. Kartoffelpuffer, Steinhuder Aal und eine Gurke dazu – das ist doch ein ganz köstliches Essen!« – »Naan, äöber sowas! Nun steh ich doch nich so allaane däö! Besuchen Sie meck mäöl, Herr Doktor. Ich häöbe däövon zu Hause sechs Koffer voll!«

Aus Kohlenpütt und Sauerland

Abgeblitzt

Karl Jung ist auf einem Gemütlichen des Taubensportvereins »Gut Flug Katernberg« und lernt dabei ein Mädchen kennen. Später stellt sich heraus, daß die Maid in Stoppenberg wohnt. Und die letzte Straßenbahn ist längst dahin. Die Maid hat nichts dagegen, daß Karl Jung sie durch die Nacht nach Hause bringt, und Karl Jung ist sehr um sie bemüht. Sie erreichen das Haus der Maid. Diese bedeutet Karl Jung, er solle warten. Die Maid verschwindet im Hause, und kurz darauf wird vorsichtig ein Fenster geöffnet. »Kannze schleichen?« flüstert die Maid aus dem Fenster. – »Ja«, flüstert Karl Jung zurück. – »Dann schleich dich nach Hause.«

Schlechte Laune

Hauer Fritz Schälmann von Matthias Stinnes in Karnap kommt aus irgendeinem Grunde, der hier keine Rolle spielt, mit allerschlechtester Laune von der Schicht nach Hause. Seine Frau hat ihm auch noch »Wurzeln durcheinander« gekocht, ein Gericht, das Fritz Schälmann nun einmal nicht mag. Ein Wort gibt das andere, bis Fritz Schälmann voller Zorn die Schüssel mit den »Wurzeln durcheinander« durch das Fenster auf die Straße wirft. Seelenruhig wirft seine Frau Messer, Löffel und Gabel hinterher. Fritz Schälmann ist baff. »Watt soll datt denn?« fragt er überrascht. »Ich dacht, du wollz auffe Straße essen«, sagte seine Frau.

»Musikantenteller«

Auf der Breiten Straße in Krefeld wohnten zwei Spezereiwarenhändler nebeneinander, die sich das Licht der Augen gegenseitig nicht gönnten und sich, wo sie nur konnten, zu schaden versuchten. Hört der eine am Sonntagmittag, daß der andere mit seiner Frau in ein Gartenkonzert wollte. »Trees, träch dech schnell aan, wir jonnt och en dat Konzert.« Und wie sie in den Garten kamen, setzten sie sich an den Tisch, wo die Nachbarn schon saßen. Nachdem ein paar Stücke gespielt worden waren, kamen die Musikanten sammeln. »Däm schmeerste ens ann«, dachte der eine. »Wenn de Musikanten möt de Teller kueme, dann schmiet ech enen Dahler op dän Teller, on dann mot de angere, öm sech net tu blamiere, twie Dahler dropschmi-ete.«
Richtig, der Teller kommt, er wirft einen Taler drauf, so hart, daß der andere es hören muß. Als der Musikant nun diesem den Teller unter die Nase hält, schaut der »bennig« zu seinem Nachbarn hinüber und sagt zu dem Sammler: »Wir vier jehü-ere tusanne.«

Sicher ist sicher

Als die Krefelder Kleinbahn, »dä Schluff«, noch den Vorortverkehr vermittelte, kam eines Morgens ein Herr, der das Geheimnis dieses Krefelder Fortbewegungsmittels (spät kommt er – doch er kommt) nicht kannte, auf den Kleinbahnhof am Westwallende und wollte zum Hülserberg. Er fragte einen Gepäckträger, ob er wohl abends noch zurückfahren könne. »Och«, sagte der, »möjlech es dat all, ävel am bä-este nemmt Ihr Öch en Retourbillet, dat hält drei Dag.«

Das Gewitter

Heinrich war auf dem Boden seines Hauses am Strohumladen. In Soest ist es manchmal sehr heiß. Mittlerweile zog denn auch ein Gewitter auf. Es donnerte bereits, und der fürsorgliche Bruder Wilhelm ging zur Leiter und rief hinauf:
»Hennerich, kum herunner van'n Balken, et dunnert!« Darauf die Antwort: »Lat man, Willem, dat kann 'k hier bouben auk heiren.«

S. M. hat recht

Das Hochwasser des Jahres 1907 richtete im Lennetal große Verwüstungen an und unterwühlte auch das Gartenhaus eines Fabrikanten, das im Frühjahr bezogen werden sollte. Der Besitzer, der auswärts zu Besuch war, kam mit seiner Frau in der Kutsche herabgefahren, als das Gartenhaus um den Wixberg herum weiter ins Tal trieb.
»Siehst du, Henriette«, sagte er, »S.M. hat recht: Unsere Zukunft liegt auf dem Wasser.«

Ein Vollmeier im Himmel

Die Vollmeier sind im Lipperland die sozial oberste Stufe. Hinter ihnen rangieren die Halbmeier, Mittelmeier, Kleinmeier, Groß-, Mittel- und Kleinkötter. Stirbt Vollmeier Obermeier von Meierberg. Petrus verneigt sich fast bis auf die Nasenspitze, bleibt aber doch sitzen. Sagt Aule Herrgott, der in ganz alter Zeit noch Plattdeutsch gesprochen hat, augenzwinkernd zu seinem Pförtner: »Junge, stond up, lat Vollmeier Obermeier van Meierberg sitten gohn!«

De veelen Geburtsdage

De Krüger zu Bavenhausen feiert seinen siebzigsten Geburtstag (er hat es hernach noch auf 14 dazu gebracht). Kommt der Hohenhauser Landbriefträger mit voller Ledertasche hereingeschick-schacht, lädt den Gratulationssegen ab und wünscht dem Jubilar noch weitere zwei Jahrzehnte Gesundheit. Darauf Rieke: »Jo, jo, dat es wall seo, ober gleiw man, de veelen Geburtsdage, de sind nau mol muin Daud (mein Tod).«

In dem Teutoburger Walde

Das göttliche Getränk

Steinhagen bei Bielefeld hat weit in die Welt hinaus Ruhm als Herstellungsort eines vortrefflichen alkoholischen Getränks. Daß es auch in überirdischen Bezirken nicht unbekannt sein muß, bewies jener Pastor in dem lieblich an den buchenhellen Abhängen des Teutoburger Waldes gelegenen Dorf, der eine Grabrede also begann: »Schon wieder hat es dem Herrn gefallen, einen Steinhäger zu sich zu nehmen.«

Ein Auftrag

Ein Glaser- und Malermeister aus dem Lande Lippe pflegte seinen Bedarf an Fensterglas bei Langensiepen und Bätzel in Bielefeld zu decken. Eines Tages erhielt die Firma per Postkarte folgende Bestellung:

»Herren L. u. B. in Bielefeld! Schicken Sie mich bitte 2 Kisten Fensterglas, 2. Sorte, Größe 50x80, wie gehabt. Hochachtend

August Schmidt,
Glasermeister.

P.S. Soeben kommt mein Gehilfe und sagt, wir hätten noch 2 Kisten voll auf dem Boden zu stehen. Schicken Sie mich bitte nichts.«

Hinnerk un Wieschen

Es gibt Tage, so um die Winterzeit, da haben sie auf den Höfen nicht »so recht was um die Hand«.
Dann klüngeln sie so herum, der Bauer, der Knecht und die Magd. Ruft Bauer Hanke zur Bühne hinauf, wo er den Knecht zugange glaubt:
»Hinnerk, wor bist diu?«
»Up de Böhnen (Bühne).«
»Wat makst diu dor?«
»Och, nix besonnert.«
»Weußt diu, wor Wieschen es?«
»Jo, Wieschen es auk hürboben.«
»Wat makt Wieschen denn?«
»Wieschen? Dat helpt mui!«

Der gute Hirte

An einem schönen Sonntag weidete der alte Hirte seine Herde nahe der Kirche. Als er nun den Gesang hörte, wollte auch er der Predigt lauschen und setzte sich nahe der offenen Türe in die letzte Bank. Sein Hund würde schon Obacht geben.
Nun hatte aber der Pastor ausgerechnet heute das Thema des guten Hirten gewählt und kam auch zu der Feststellung, daß der gute Hirte seine Herde nicht verläßt. In dem Augenblicke fand sich der Hund an der Kirchentüre ein und schielte seinen Herrn an. Da erhob sich der Schäfer: »Kumm, Spitz! Hei stichelt!« Und ging.

Ruckzuck

Ein Bauer kommt zum Zahnarzt Korl Biegemann. Der hinterste untere rechte Backenzahn soll weg, weil er Tag und Nacht keine Ruhe mehr gibt.

»Setz dich mal ein bißchen dahl, hier auf den Stritten«, sagt der Arzt. »Es geht schnell. Ein Ruckzuck, dann hab ich ihn.«

Und er faßt die Zange, ruckt an. Jawoll, hat sich was mit dem Ruckzuck! Ruckt wieder an, noch einmal. Ruckt wieder an, zum drittenmal, ruckzuckt sich selbst fast bis unter die Decke, schwitzt zuletzt wie ein Schweinebraten am Sonntagvormittag, ruckt Aule Ehlenbröker fast den Kopf herunter.

Gibt schließlich auf. Sagt resigniert:

»Stond mol up, Ehlenbrökers Vadder, eck gleiwe, diu sisst up de Worchel (Wurzel).«

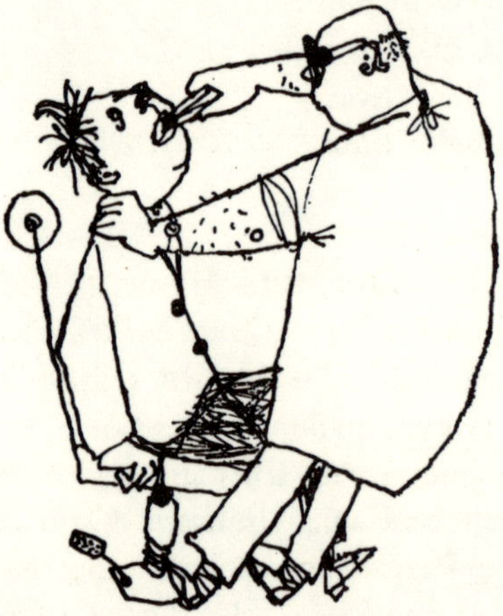

Im Hessenland

Der schlagfertige Dingelstedt

Franz Dingelstedt, der spätere Generaldirektor der beiden Wiener Hoftheater, hat in Kassel seine »Sturm- und Drangperiode« erlebt. Der erst Zweiundzwanzigjährige war 1836 als Kandidat – er selbst nannte sich ironisch einen »interimistischen Hilfslehrergehilfen« – an das Kasseler Gymnasium berufen worden. Einmal nach einer durchzechten Nacht trat er mit den Worten in die Klasse: »Eure Aufsätze waren diesmal so schlecht, daß ich sie mir gar nicht angesehen habe.«
Verbürgt ist auch, daß er bei der praktischen Prüfung auf die Frage des Schulrats: »Vor was muß sich ein junger Lehrer am meisten hüten?« kurz und bündig antwortete: »Vor unbestimmten Fragen, Herr Schulrat.«

Das kleine Kind

Vor Jahrzehnten kam der alte Dr. Collmann in Witzenhausen verspätet zu einer Essenseinladung. Er entschuldigte sich mit einer schweren Entbindung. »Das Elischen Buchhenne hat ein Kind bekommen.« Die anwesenden Damen waren entrüstet. Elischen war weder verheiratet noch verlobt und hatte bis dahin für eine ehr- und tugendsame Jungfrau gegolten.
»Aber beruhigen Sie sich doch, meine Damen«, sagte der alte Arzt schmunzelnd, »es war ja nur ein ganz kleines.«

Professor Gegenbaur

Hunderte von Kathederblüten sorgen dafür, daß das Andenken des Fuldaer Gymnasialprofessors Jakob Gegenbaur wachgehalten wird.
Einst war am Gymnasium wieder Unfug getrieben worden, und

der Täter wurde gesucht, aber nicht gefunden. Gegenbaur stellte dabei folgende Erwägung im Konferenzzimmer an:
»Ein Primaner war es nicht. Meine Primaner sind ernste, gesetzte junge Männer, die derartigen Unfug nicht treiben. Auch ein Sextaner war es nicht. Diese harmlosen kleinen Buben sind zu solchem Unsinn ganz unfähig. Folglich war es der verfluchte lange Hupfeld aus der Obertertia.«

Professor Wilhelmi

Professor Wilhelmi am Marburger Gymnasium war ein stadtbekannter, etwas zerstreuter Herr. Einen neu eingetretenen Untersekundaner fragte Wilhelmi nach seinem Namen. »Emil Hücker.«
»Ah, Hücker!« wiederholte Wilhelmi befriedigt, »da sind Sie wohl ein Bruder von dem Krücke in meiner Obertertia.«

Die Gelegenheit

Ein biederer Bauersmann kam zum Arzt in die Stadt und klagte über eine böse Erkältung, die er gar nicht loswerden könne. Der Arzt untersuchte ihn und fand, daß er's, wie die Leute sagen, »ganz arg auf der Brust hatte«.
»Ja, lieber Mann«, sagte der Arzt, »das macht das miserable Wetter. Aber was soll ich Ihnen da viel verschreiben! Da ist die animalische Wärme das beste und einfachste Mittel. Manchmal hab' ich das auch so an mir. Und wissen Sie, was ich dann tu? Ich krieche zu meiner Frau ins Bett. Und das empfehl' ich Ihnen auch!«
»Ei jo, wann baßt's dann Ährer Frö emol, Herr Doktor?«

Mondschein genügte nicht

Vor den Tagen Daimlers hatte der Schulrat des Oberlahnkreises eine langwierige Sitzung in Obertiefenbach gehabt. Die Nacht war hereingebrochen, und der Schulrat ließ anspannen. Der Fuhrmann glaubte, im Hinblick auf den Mondschein die vorschriftsmäßige Wagenlaterne unangezündet lassen zu dürfen, und fuhr los.

Auf halbem Wege an einem dustern Fleck donnerte ihm ein Halt entgegen. Natürlich der Gendarm. »Wo ist dein Licht, Michel?«

Michel machte beschwichtigende Gebärden und antwortete: »Ei, ich fahr' doch den Schulrat«, und hoffte, mit dieser Amtsperson zorndämpfend auf den Gendarm zu wirken. Aber der Schulrat vernahm die Antwort: »Ist das etwa ein Licht?«

Forstassessor Schneider

Um die Jahrhundertwende amtierte in Nidda der Oberförster Schneider. Von ihm erzählen sich die Grünröcke, die ihn noch kannten, manche Schnurre.

Als junger Forstassessor war Schneider in der technischen Abtei-

lung der Oberforstdirektion in Darmstadt beschäftigt. Dem gestrengen Herrn Oberforstdirektor kam zu Ohren, daß Schneider es mit der Pünktlichkeit nicht genau nehme und meist zu spät zum Dienst erscheine.
Als nun eines Morgens Schneider wieder reichlich spät mit einem fröhlichen »Morjen!« ins Büro eintrudelte, trat der Oberforstdirektor mit der Uhr in der Hand auf ihn zu und sagte in strengem Tone: »Herr Schneider, es ist halb zehn!«
Völlig ungerührt zog auch Schneider seine Uhr aus der Tasche, warf einen kurzen Blick darauf und meinte: »Herr Oberforstdirektor, grad so viel hab ich auch!«

Lob am rechten Platz

Im Rheingau weiß man das Gute und das Schlechte wohl zu unterscheiden – jedenfalls wenn es um den Wein geht. Das mußte auch ein Weingutsbesitzer erfahren, dem ein Preßbacher Bauer eine Fuhre Stroh zum Binden der Reben angefahren hatte. (Heute verwendet man dazu Stricke.) Als das Geschäft abgewikkelt war, sagte der Herr zu seinem Kellermeister: »Geb' dem Bauer so 'nen Rambes, der versteht doch nichts davon.« (Rambes, das kommt von Sauerampfer und bezeichnet einen minderen Wein.) Der Bauer trank, machte ein verzücktes Gesicht und lobte den Wein über die Maßen: »Das ist ein Weinchen, noch nie ist mir so eins durch die Kehle gekommen.«
Nun wollte sich der Herr einen Spaß machen und flüsterte dem Kellermeister zu, ein Glas vom besten Riesling heraufzuholen. Der Bauer kostete auch davon, kostete wieder, trank und – sagte kein einziges Wort. Der Gutsbesitzer, der ungeduldig auf eine Äußerung des Bauern wartete, fragte schließlich geradeheraus, warum er denn den ersten Wein »übers Bohnenlied« gelobt habe und diesen gar nicht.
Darauf erwiderte der schlaue Preßbacher: »Der do, der lobt sich selber. Awwer der anner, der hat's bitter, bitter notwendig.«

Die Vorstellung

Als Kaiser Wilhelm I. mal wieder in Wiesbaden weilte, wurde ihm der neue Kurdirektor Ferdinand Hey'l vorgestellt.
»Wie heißen Sie?« fragte der alte Herr.
»Hey'l, Ew. Majestät!«
»Wie Sie heißen!«
»Hey'l, Ew. Majestät!«
»Schon gut, Ihren Namen bitte!«
»Hey'l, Ew. Majestät!«
Darauf der Adjutant, Graf Lehndorff, zum Kurdirektor: »Majestät wünschen Ihren Namen zu wissen!«
»Hey'l, Ew. Majestät!«
Es ist nicht bekannt geworden, wie diese Unterhaltung geendet hat.

Die Vorübung

In manchen Gemeinden Hessens war es bis vor wenigen Jahren noch Brauch, daß der Klingelbeutel im Gottesdienst von den jungen Ehemännern herumgetragen wurde. Wenn ein junger Mann in den christlichen Ehestand trat, hatte er, sobald die Reihe an ihm war, zwei Jahre lang als »Klingelist« zu dienen. Da schritt er dann an den Ständen hin, auf den Emporen bei den Männern und unten bei den »Wiewern« und sammelte die Opferheller ein.
Nun kam der Klingelistendienst an Stumpfs Peter, der schon einige Jahre verheiratet, aber sehr befangen und schüchtern war. Er hatte nicht wenig Angst vor seinem ersten öffentlichen Auftreten. Deshalb übte er vorher das Klingelbeuteltragen zu Hause in der Scheune. Er nahm die hölzerne Schüttelgabel, mit der das Rauhfutter für das Vieh in der Tenne aufgelockert wurde, unter den Arm, stieg auf den Boden über dem Schafstall, stellte eine Reihe Strohbunde auf und ging mit der Schüttelgabel an ihnen entlang, wie er's in der Kirche zu machen hatte. Konrädchen, sein Junge, stand dabei und guckte ihm zu. Die Schwiegermutter

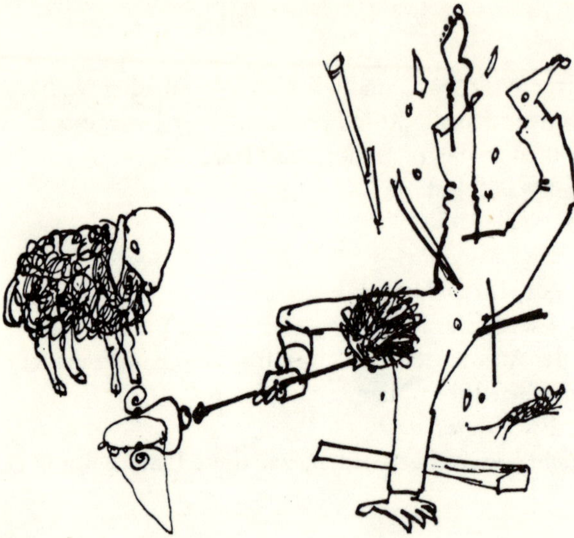

sollte auch herauskommen und sein Tun begutachten, ob es so recht christlich und schicklich sei.
Als die Schwiegermutter mit dem Kopf über der Leiter auftauchte, wollte sich der Peter rechte Mühe geben, tat aber einen Fehltritt und fiel durch die Luke in den Schafstall hinab, ohne sich auf der hohen Stallstreu weh zu tun. Nur, daß die Schafe so toll plärrten.
»Konrädchen, wo is dann dinn Voder?« fragte die Eller, die ihn im Dunkel der Scheune vergeblich suchte.
Da sagte das sachverständige Jüngelchen: »Hä is grod nobb bej de Wiewer!«

Von seinem Standpunkt aus

Der durch seine Illustrationen der Grimmschen Märchen bekannte Maler Otto Ubbelohde kam oft in das Schwälmer Malerdorf Willingshausen. Als er wieder einmal da war, um die Landschaft nach Motiven zu durchstreifen, bestellte er sich bei einem Schuhmachermeister, der zugleich auch Kleinbauer war, ein

Paar feste Gamaschen, die man so bei regnerischem Wetter auf Feldwegen braucht.
Der Mann nahm dem Künstler Maß, staunte über seine kräftigen Waden und meinte in seinem biederen Bauernverstand: »Wer so Beeng hot, der brüchcht net ze male, der kann geärweln (arbeiten)!«

Die lange Zunge

Der alte Förster Schmidt hatte seine liebe Not mit einem Wilddieb, der in seinem Revier Hasen und Rehe in Schlingen fing. Er kannte den Burschen ganz genau – es war der Hannjörg aus dem Nachbardorf. Aber dies Nachbardorf lag jenseits der nahen preußischen Grenze. Dort fühlte der Hannjörg sich sicher – er wilderte ja nur im Hessischen.
Nun wollte es der Zufall, daß der Förster den Wilderer überraschte, als dieser gerade einen Hasen aus der Schlinge genommen hatte und damit weglaufen wollte. Das »Halt!« des Forstmannes beantwortete der Hannjörg mit einem Sprung über die nahe Grenze und – dem Zitat aus Götz von Berlichingen.
Wütend schlug der alte Förster die Flinte an die Backe und pfefferte dem Wilddieb eine Ladung Schrot in den Allerwertesten. Den Aufschrei des Hannjörg beantwortete der Förster seelenruhig mit den Worten: »Gelle, du hattst doch net gedoacht, doaß ich so e lang Zung hätt!«

24 Schnitte

Ein Student wird wegen Randalierens von einem Schutzmann gestellt.
Ein Bundesbruder eilt herzu und flüstert dem »Auge des Gesetzes« ins Ohr: »Vorsicht, Vorsicht! Der Mann ist schwer verletzt, er hat 24 Schnitte (Schnitt = kleines Bier) im Bauch!«

Sprechen und Schreiben ist zweierlei

Las da Karl Diethmar, weiland Theologe und Kreisschulrat in Eschwege, folgende Anzeige im Tageblatt: »Einige Zentner Pflaumen billig abzugeben. S.M., Bürgermeister zu V.« Und weil nun die Pflaumen in jenem Jahre selten waren, setzte er sich hin und schrieb dem Bürgermeister, daß er in den nächsten Tagen nach V. komme, und sich einen halben Zentner Pflaumen mitnehmen wolle. Wenige Tage später spricht dann der Schulrat beim Bürgermeister vor, besieht sich die »Pflaumen« und stellt fest, daß die blauen Früchte, die man ihm reserviert hat, ganz gewöhnliche Zwetschgen sind.
»Aber, Herr Bürgermeister, Sie haben doch in der Zeitung ausdrücklich Pflaumen angeboten!«
Verlegen kratzt sich der grauhaarige Bürgermeister hinter den Ohren und meint: »Ja, gewiß, Herr Schulrat. – Aber schreiben Sie doch mal Quätschen...«

Der Stammbaum

Der Chronist faßte die einzelnen Familienmitglieder der Reihe nach ins Auge und fragte: »Sie sind also genaugenommen –«
»Nassauer!« sagte die fast hundertjährige Urahne stolz und zeigte auf ein vergilbtes Bild des Herzogs Adolf.
»Preußen!« sagte die würdige Großmutter kopfschüttelnd.
»Naja«, meinte lächelnd die junge Mutter, »aber jetzt, Groß-Hessen gewissermaßen.«
Da rief das Kind: »Ei, gehöre mir nit bei die Amis?!«

Ein Gespräch mit Paulus

In Weilburg hat es einmal einen Gymnasialdirektor und Geheimen Rat namens Paulus gegeben. Er besaß neben anderen guten Eigenschaften ein hohes Selbstbewußtsein und eine große

Trunkfestigkeit. Eines Nachts war er auf dem Heimweg, da prallte ihn einer an, der weniger sicher als er auf den Beinen war, ein Marburger Student auf Besuch. Der wollte sich ohne Wort vorbeidrücken, da schnarchte ihn der Geheimrat an, der ihn für einen Eingesessenen hielt: »Wissen Sie nicht, wer ich bin? Ich bin Paulus!«

»Ach«, antwortete der Student, »angenehm, angenehm! Sag mal, Paulus – hick – hast du eigentlich – hick – schon von den Galatern – hick – Antwort auf deinen Brief gekriegt?«

In und um Köln, rheinauf und rheinab

Urlaub auf der Wolke

Tünnes und Schäl sind gestorben. Der eine kommt in den Himmel, der andere in die Hölle. Eines Tages haben beide Urlaub, und sie treffen sich auf einer Wolke.
Der Schäl, der aus der Hölle kommt, erzählt: »Och, mir arbeide am Dag zwei Stund, et Quartier is anständig un et Esse manierlich.«
Der Tünnes erzählt aus dem Himmel: »Mer müsse der Dag zwölf Stunden arbeide!«
»Wie?« säht der Schäl. »Wie kütt dat dann?«
Tünnes: »Ja, mer han e su wenig Lück!« (zu wenig Leute!)

Natürlich ohne Erlaubnisschein

Der Tünnes hat am Rhein geangelt, natürlich ohne Erlaubnisschein, und ist dabei ertappt worden. Bei der Gerichtsverhandlung stellt er sich unwissend, so daß ihn der Richter fragt: »Sie wollen also sagen, daß sie bona fide gefischt haben?«
Antwortet der Tünnes: »Nä, mit Würm!«
»Sie verstehen mich nicht, ich habe Sie gefragt, ob Sie in gutem Glauben gehandelt haben?«
Da strahlt der Tünnes den Richter an: »Selbstverständlich! Im römisch-katholische!«

Reise voller Wunder

Tünnes und Schäl waren in Lourdes. Sie haben sich aber für die Rückfahrt aus Frankreich einige Flaschen Schnaps ins Gepäck getan. An der Zollkontrolle bei Aachen haben sie Pech. Sie müs-

sen den Koffer öffnen, und der Zöllner findet die Flaschen. Der Tünnes ist um eine Ausrede nicht verlegen und sagt, sie kämen von Lourdes und hätten sich geweihtes Wasser mitgebracht. Der Zöllner aber ist kein Rheinländer. Er öffnet eine der Flaschen, riecht daran und erklärt: »Das ist doch Schnaps!«
Da sieht der Tünnes den Schäl erstaunt an und sagt: »Siehste, als wieder e Wunder!«

Müde bin ich...

Tünnes trifft den Schäl an einer Baustelle. Hingerissen schaut er zu, wie gearbeitet wird. Tünnes fragt ihn:
»Wat deis de he?«
Sagt der Schäl: »Ich kann de letzte Zick (Zeit) esu schläch schlofe. Ich mache mich he jet mööd.«

Geheimzeichen XXIII

Im ersten Schuljahr fragte die Lehrerin die Jungen, wie der neue Papst hieße.
»Johannes!« Das wissen sie alle.
»Da kommt aber noch etwas dahinter«, forscht sie weiter.
»Zwei Kreuzchen und drei Striche.«
»Richtig. Was hat das zu bedeuten?«
Zur Verwunderung der Lehrerin meldet sich der Dümmste der Klasse, Sohn eines Schenkwirtes.
»Na, Peter?«
»Zwei Steinhäger und drei Kölsch.«

Briefwechsel

Abends hat der Tünnes etwas vor und geht vor Feierabend von der Baustelle weg. Da es ihm aber zu lästig ist, seine Schaufel (zu kölsch »Schöpp«) mitzunehmen, stellt er sie gut sichtbar hin und

heftet einen Zettel daran, auf den er geschrieben hat: »Leeve Schäl, bring mir de Schöpp met! Ich han se vergesse! Dinge Tünnes.«
Am nächsten Morgen steht sie noch am alten Platz. Aber der Zettel hat einen Zusatz erhalten: »Leeve Tünnes! Dat kann ich nit! Ich han se nit gesin (gesehen)! Dinge Schäl.«

Josua und das Schiff der Wüste

Der Messerschleifer Josua Trimpop kam mit dem Sonntag bei weitem nicht aus, den Staub aus seiner Kehle zu spülen. Drum nahm er den Montag hinzu – seine Kathrin mochte schimpfen, soviel sie wollte.
Kamen da eines Montags Schnorranten daher, mit einem Tanzbären, einem Äffchen und einem Kamel. Die Jugend war sofort zur Stelle; neugierig drängten die Frauen herzu. Vom Mannsvolk war nur Trimpop vertreten – die anderen waren ja bei der Arbeit. Er sah mit glasigen Augen auf das Getier. Gerade hob der Kameltreiber zu einer Ansprache die Stimme und sagte:
»Hier, meine Herrschaften, sehen Sie das Kamel oder das Schiff der Wüste. Es kann sechs Wochen arbeiten, ohne zu saufen.«

Da stemmte die Kathrin die Fäuste in die breiten Hüften und unterbrach den schönen Fluß seiner Rede:
»Dat is noch garnix, un hie is mingen Mann, dä kann seß Weeken supen, ohne te arbeiden.«

Iß lieber bei uns

Abraham und Karl Osterkotten waren Brüder und betrieben gemeinsam eine Bleicherei. Karl, der Junggeselle, kam öfters in der Woche zu Abraham, meist um die Essenszeit, und wurde dann aufgefordert, mitzuessen. Karl dankte und sagte:
»Meteeten wel eck nit, nur en betschen metpicken, eck häff alt to Hus gegeeten.«
Dabei artete das Mitpicken geradezu in eine Fresserei aus.
Als sich dieser Vorgang mehrmals wiederholt hatte, sagte schließlich Abraham zu seinem Bruder:
»Kaal, pick leewer tu Huus on eet bi us.«

Fadammich

Auf dem Bahnhof Kray-Nord wirft der Schaffner die Abteiltür zu. Einer hat die Finger dazwischen. »Fadammich«, schreit er, »mainze, datt tät nich weh?«
»Sicher tuttat weh«, sagte der Schaffner, »wenn euch datt gut tun täte, dann tätet ihr den ganzen Tach die Finger dazwischen ham.«

Der folgsame Anton

Die Sparsamkeit des alten »Ruhrbarons« August Thyssen ging so weit, daß er nicht einmal eine Bahnsteigkarte für seinen Diener Anton kaufte, wenn der ihn zum Bahnhof gebracht hatte. Er ließ sich seinen Koffer über die Sperre reichen.
Eines Tages aber reiste Thyssen mit mehr Gepäck als üblich.

Anton mußte mit auf den Bahnsteig und auch in den Zug, um die Koffer zu verstauen. In Mülheim ist den Schnellzügen jedoch nur eine knappe Haltezeit zugemessen, und so kam es, daß sich der Zug wieder in Bewegung setzte, bevor Anton ihn verlassen konnte. Und schon tauchte vor August Thyssens Auge die Fahrkarte Mülheim-Duisburg auf, die er für seinen Diener hätte lösen müssen. Einen Groschen für die Bahnsteigkarte hatte er diesmal schon geopfert; eine Fahrkarte aber zum Fenster hinauswerfen – das ging ihm zu weit.

Ehe der Diener wußte, was mit ihm geschah, hatte Thyssen die Abteiltür geöffnet, eine unmißverständliche Aufforderung: »Spring, oder ich helfe nach.«

Und Anton sprang.

Die Grabrede

In der Maschinenfabrik von Schieß in Düsseldorf geschah vor Jahren ein Unglück, dem der Werkmeister Runge und der Arbeiter Kampf zum Opfer fielen. Die beiden waren sofort tot. Als sie begraben wurden, ging auch der Geheimrat Schieß mit im Leichenzuge. Am Grabe hielt der Geistliche eine Rede, in der er die Tugenden der beiden Verunglückten pries, ihren Fleiß und ihre Plage. Seine Rede schloß er schwungvoll mit dem schönen Satze:

»Runge, du hast ausgerungen! Kampf, du hast ausgekämpft!«

Da flüsterte Geheimrat Schieß einem neben ihm stehenden Beamten seines Werkes zu:

»Anstandshalber kann ich mich von dem Manne nicht begraben lassen.«

Glückliche Witwe

In einer Allee mußten einige kranke Bäume gefällt werden. Einer der Bäume, der morscher war, als die Arbeiter geglaubt hatten, fiel plötzlich. Die Arbeiter konnten noch im letzten Augenblick

beiseite springen, bloß einem gelang es nicht, er wurde von dem stürzenden Baume erfaßt und erschlagen.
Die Witwe des Verunglückten traf nach einiger Zeit die Frau eines anderen Arbeiters. Diese fragte teilnahmsvoll:
»No, Frau Denges, wie geht et?«
»Och, wie soll et gonn«, erwiderte die Witwe und seufzte; »wie et son arm Witwe geht. Mer hät ze krabbele, dat mer dorchkömmt. Gott jo, ich dörf jo nit klage. Se sind all gekoome on hant geholfe. Von de Unfallversicherung han ich alleen fönfdausend Mark gekritt.«
»Wat?« rief die andere, »fönfdausend Mark?! On mine domme Drickes springt ob Sit?!«

Verbrannt

Der Pastor Gerst, weiland Gefängnisgeistlicher in Düsseldorf, verkehrte im Künstlerverein »Malkasten«, wo er wegen seines schlagenden Mutterwitzes ein gerngesehener Gast war. Er pflegte oft im »Malkasten« zu Mittag zu essen.
Eines Tages gab es zu Beginn der Mahlzeit eine Rindfleischsuppe, die wegen der vielen Fettaugen die Hitze zurückhielt und nicht warnend dampfte. Pastor Gerst, der argen Hunger hatte, glaubte, die Suppe sei kühl genug, um sie mit vollen Löffeln zu schlürfen. Kaum hatte er aber den ersten Löffel im Munde, da verbrannte er sich die Lippen und die Zunge. Zugleich entfuhr ihm vor Schreck ein kräftiger... Seufzer.
Die neben ihm Sitzenden sprangen beiseite und lachten. Ein junger Maler aber, der den Hochanständigen spielen wollte, machte entrüstete Augen und sagte:
»Aber, Hochwürden, wie kann Ihnen denn das passieren?!«
Gerst rieb sich die Lippen und erwiderte:
»Sid stell, jonge Här. Dat ist der einzige, der sich gerett hat. Die andern sind all verbrannt.«

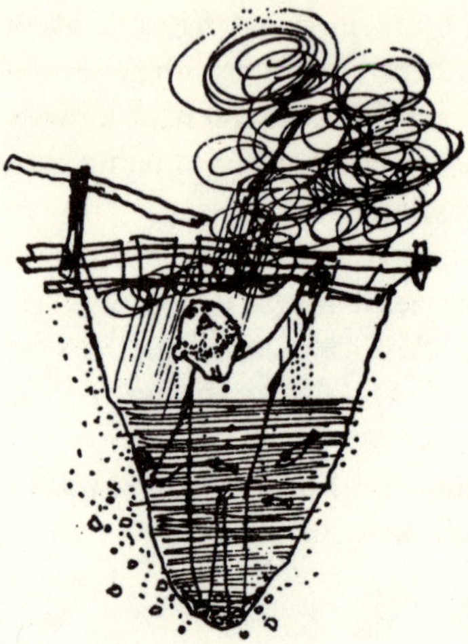

Spaßverderber

Der Klömperkamp hatte zuviel getrunken und schwankte spät in der Nacht heim. Es war stockdunkel, zudem hatte sich der Himmel mit schwarzen Wolken bezogen, und es begann zu blitzen und zu donnern. Klömperkamp kam glücklich bis an sein Haus, das am Düsselbache lag. Ein schmaler Steg führte über den Bach. Klömperkamp klammerte sich an das morsche Geländer, hatte aber keinen Mut, weiterzugehen. In seiner Not wandte er sich an den lieben Gott und betete:

»Leewe Gott, loß mich noch eemol öwer dat Bröckske koome. Ich opfer dich och en pöndige Käz.«

Er kam glücklich bis zur Mitte des Brückchens und wähnte sich schon in Sicherheit, lachte und sagte:

»Hä, jetz kannste mich d'r Puckel eroprötsche!«

In diesem Augenblick zuckte ein Blitz. Vor Schrecken klammerte Klömperkamp sich an das morsche Geländer.

Dies gab nach, und Klömperkamp fiel in den Bach.

Vorwurfsvoll blickte er hinauf zum Himmel und sagte:

»Leewe Gott, du bes mich och ene Nette! Du kanns och kee Späßke verdrage!«

Krautmaler

Zum alten Maler Andreas Achenbach kam eines Tages ein sogenannter Krautmaler und bat ihn um ein Urteil über ein großes, figurenreiches Bild, das er mitgebracht hatte. Er stellte den Schinken auf einen Stuhl, zog Achenbach in die gehörige Entfernung zurück und fragte, voll stolzer Befriedigung auf das Bild zeigend:
»No, Andrees, no sag', wat sagste?«
»Ja, Schmitz«, antwortete Achenbach, nachdem er das Bild eine Weile aufmerksam betrachtet hatte, »ja, dat will ech dich sage, dat Beld, dat deht ich verkoofe, wenn ich könnt'.«

Durst

Der Dierscheider Hannes hatte eine Frau, die ein strenges Regiment führte. Das war aber auch notwendig, denn der Hannes trank allzu gern. Eines Tages mußte der Hannes nach Manderscheid. Seine Frau gab ihm des rauhen Herbstwetters wegen ein Krüglein Wacholderschnaps mit auf den Weg. »Daß du mir aber vor Laufeld net anfängst zu trinke«, ermahnte sie ihn. Der Hannes zog los mit den besten Vorsätzen... Aber nach einem Stündchen kriegte er doch einen solchen Durst, dagegen konnte keiner an, und der Hannes erst recht nicht. Er setzte sich an den Straßengraben, zog den hübsch eingewickelten Krug heraus und machte das Papier ab. Plötzlich kriegte er einen Heidenschreck. Da war ein Zettel um den Hals des Kruges gebunden und darauf stand, von seiner Frau geschrieben: »Du Lappes, ist hier schon Laufeld?«

Der gefährliche Fahrplan

Zwei Brune (Stromer) saßen auf dem Krefelder Bahnhof im Wartesaal. Lange hatten sie auf fertige Arbeit gewartet und waren dann in Schlaf gefallen. Als sie wieder erwachten, fing der eine

an, zu husten und mit den Zähnen zu klappern. »Verdammt noch ens, ech jlö-ev, ech häbb mech verkällt (erkältet) – wie es dat blu-es möjlech, ech häbb doch dä janze Tied so wärm jesäete!«
Da sagt der andere: »Dann kie-ek dech ens ömm. Do-u häß dä janzen Tied met de Röck (Rücken) för de Wenkterfahrplan (Winterfahrplan) jelä-ege, on do wongers (wunderst) do-u dech noch?!«

St. Gertrud mit der Maus

Auf dem Altar der hl. Gertrud im Münster zu Bonn stand auch ein silbernes Mäuslein. Wenn der Küster die Fremden führte, vergaß er nicht, folgendes zu erzählen: »In alter Zeit war mal eine große Mäuseplage. In ihrer Not machten die Bauern eine Wallfahrt zu St. Gertrud und brachten ihr ein silbernes Mäuslein zum Opfer.«
Ein preußischer Offizier, der es hörte, entrüstete sich im Goldenen Stern zu Bonn über die dummen Menschen, die glaubten, durch dieses Opfer das Ungeziefer vertreiben zu können. Da sagte ein biederer Mann zu ihm: »Wären wir so abergläubisch, wie Sie meinen, dann hätten wir längst ›e goldig Prüssje‹ geopfert.«

Die beiden Hirten

Es war um die Mitte des vorigen Jahrhunderts. An einem Frühlingstag reiste der Bischof von Trier durch die Eifel, um einige Pfarreien zu besuchen.
Als die schwerfällige Kalesche des Kirchenfürsten einen steilen Berg hinauf mußte, stieg der hohe Herr aus, um seine Pferde zu schonen. Am Hang traf er einen Schäfer, der auf karger Weide zusammen mit seinem Hund eine große Schafherde hütete. Man sah ihm die Armut von weitem an. Wie ein windschiefer Baum stand er da, auf seine Schippe gelehnt.

Der Bischof, der in einen grauen Reisemantel gehüllt war, kam mit ihm in ein Gespräch, ohne daß jener merkte, wen er vor sich hatte. Der Bischof erkundigte sich nach seinen Lebensverhältnissen, nach seiner Familie und auch nach seinem Lohn. Der Schäfer nannte einen kleinen Betrag, den er als Lohn erhalte. Da sagte der Bischof, der schon einen Taler in der Hand hielt, um ihn dem Armen zu geben, er selber sei ja auch ein Hirt; aber er verdiene doch viel mehr als er. Der Eifelhirt schien eifrig zu überlegen.

Plötzlich erhellte sich sein Gesicht, und er sagte zu dem fremden Hirten: »Denn hast dann sicher de Säu met dabei!«

Der Schobbe Schabau

Der Schmitze Köbes und der Krülls Jüpp hatten wieder einmal argen Durst. Es war Sommertag, und sie hatten den ganzen Vormittag in der heißen Sonne gestanden.

»Och!« seufzte Köbes, »hädde mer doch jetzt ene Schobbe Schabau (Schoppen Schnaps)!«

»Dat sähste wol got, Köbes«, bestätigte Jüpp.

»Zwei Puddele (Flaschen) han ich, äwer kee Dröppke dren.«

»Häste nit noch eene Grosche, Jüpp?«

»Enä, Köbes. Ich hen bloß noch he die blecherne Schaumönz

mem hellige Jüpp (Joseph) drop. Do gövt ons äwer keene ne halwe Schobbe för.«
Traurig senkten beide die Köpfe, bis plötzlich Köbes rief:
»Jüpp, gev mich die Schaumönz on die zwei Puddele.«
»Wat wellste denn?«
»Schabau hole.«
Jüpp gab ihm die zwei gleich großen Flaschen, aus denen Säuglinge Milch zu trinken pflegen, die aber – die Flaschen – bei den Schnapsbrüdern beliebt sind, weil sie bequem in die Tasche gehen. Köbes ließ an einer Pferdetränke die eine Flasche voll Wasser laufen und ging dann in eine Wirtschaft und verlangte einen »Schobbe Schabau«. Der Wirt füllte die Flasche mit klarem Kornschnaps und verlangte Geld dafür.
Köbes steckte die Flasche in die linke Rocktasche, gab dem Wirt die Schaumünze und wollte gehen.
»Halt, halt!« rief der Wirt. »Wat soll ich denn met der Blechmönz? Gev richtig Geld!«
»Ich han nix andersch.«
»Dann gev de Schabau widder.«
Köbes seufzte und zog aus der rechten Rocktasche die mit Wasser gefüllte andere Flasche und gab sie dem Wirt, der sie schimpfend in die große Korbflasche entleerte.
Köbes aber ging zum Jüpp und schwenkte ihm den Schnaps entgegen.

Fleischbeschau

Baden im offenen Rhein war um die Jahrhundertwende nicht üblich. Aber in den Städten entstanden Badeanstalten: Zwischen Pontons wurden Eisenkäfige ins Wasser gehängt, in die man dann über Holzstufen hinuntersteigen konnte. Auch das Städtchen B. sollte eine Badeanstalt bekommen. Das war der Ehrgeiz eines tüchtigen Bürgers, der vielseitige Talente besaß: er war Friseur und Hühneraugenoperateur, hatte eine renommierte Musikkapelle, und ganz amtlich mußte er die Schweine auf Trichinen untersuchen.

Eines Tages stand im Heimatblättchen: »Morgen eröffne ich im Rhein meine Badeanstalt. Heinrich G., Fleischbeschauer.«

Linienführung

Mit den Vorarbeiten zum Bau der Eisenbahn war es im Dorf glatt gegangen. Nur die alte Thekla, die Haare auf den Zähnen hatte, machte Schwierigkeiten. So setzten Bürgermeister und Ingenieur sich zu ihr und erklärten ihr, daß die Bahnlinie gerade da durchgeführt werden müsse, wo jetzt ihre alte Scheune stehe. Resolut erwiderte sie: »Ennä, do sin ich nit met ennverstanne. Et kann doch niemand verlange, dat ich jeden Morjen offstohn und dat Scheuerdohr off- und zomache, wann de Zog kemmt.«

Standesbewußtsein

Der Rabbiner, Religionslehrer und Schächter Lehmann aus Simmern stand in den zwanziger Jahren als Zeuge vor Gericht. Der Amtsrichter fragte: »Sie sind also der Schächter Lehmann?«

Darauf Lehmann: »Wenn ich vor meiner Gemeinde steh, bin ich der Rabbiner Lehmann; wenn ich vor meinen Schülern steh, bin ich der Lehrer Lehmann; und wenn ich (leichte Verbeugung) vor einem Ochsen steh, bin ich der Schächter Lehmann.«

Der Kurfürst und der Bauer

Der Kurfürst-Erzbischof Joseph Clemens fuhr in einem vierspännigen Wagen von Brühl nach Bonn. Da begegnete ihm ein Bauer. Der grüßte zwar devot, dann aber wiegte er den Kopf hin und her. Der Kurfürst fragte ihn, was er denn habe? – Es wolle ihm etwas nicht in den Kopf! – »Was denn?« – »Unser Herrgott ritt auf einem Esel, und der Kurfürst fährt mit vier Pferden.« – »Ja«, sagte der Kurfürst, »der Kurfürst fährt mit vier Pferden, der Erzbischof aber nicht.« Nach einiger Zeit schüttelte das Bäuerlein wieder den Kopf. Da fragte der Kurfürst, was ihm denn jetzt fehle? – »Mir will wieder etwas nicht in den Kopf.« – »Was denn?«
Der Bauer zögerte, dann sagte er: »Wenn nun der Teufel den Kurfürsten holt, wo bleibt dann der Erzbischof?«

Träume vom Himmel

Ein Bonner Pastor und ein Lehrer zogen sich gern gegenseitig auf. Eines Tages sagte der Geistliche zu dem Lehrer: »Diese Nacht hatte ich einen merkwürdigen Traum. Ich war im Himmel. Da ging ich durch einen langen Gang. Links und rechts waren viele Zimmer. Hinter einer Tür hörte ich einen gewaltigen Krach. Da fragte ich einen Engel: »Wer ist denn in diesem Zimmer?«
»Da sind die Lehrer und spielen Skat.«
»Hm«, brummte der Lehrer.
Am anderen Tage, als sich die beiden wieder trafen, sagte der Lehrer: »In der vergangenen Nacht habe ich auch einen Traum gehabt. Ich kam in den Himmel und spazierte durch einen langen

Gang. Links und rechts waren viele Zimmer. Schließlich kam ich an eine Tür, hinter der es ganz ruhig war. Da fragte ich einen Engel: »Wer ist denn in diesem Raum?« – »Dieses Zimmer«, gab er zur Antwort, »ist für die Geistlichen bestimmt; es sitzt aber keiner drin!«

Meine Frau gefällt mer net

Die Frau vom Steff war krank. Erst wollte der Steff sie selber gesund machen; mit Kamillentee und Klatschkäsumschlägen. Aber es half nichts. Das Fieber stieg, und in der Nacht redete sie im Fieberwahn. Am Morgen packte den Steff die Angst. Es war gewiß die höchste Zeit für den Doktor, und Steff machte sich auf den Weg. Sein Nachbar Bartel stand schon auf dem Kartoffelacker, als der Steff an ihm vorüberrannte.
»Wat is los, Steff, wo rennste su flott hin?« rief Bartel. »Bei den Doktor«, gab der Steff kurz zurück, »mein Frau gefällt mer net!«
»Dann waort«, rief der Bartel und schmiß seinen Karst in die Furchen, »waort, ich laofen met, mein gefällt mer och net!«

Pettewellem on Fedrek

»Pettewellem« war ein Original im Oberbergischen. Sein Mutterwitz und seine Ruhe verließen ihn nie. Sein Eheweib, »et Fedrek« (Friederike), dagegen war »en Drellbotz« (jemand, der sehr emsig und unruhig ist). So gab sie meist den Ton an in der kleinen Landwirtschaft.
Pettewellems hatten eine Kuh, die sehr viel und sehr anhaltend brüllte. Eines Tages wurde es Fedrek zuviel: »Petterwellem, schaff mer dat Dier af; dat bälekt (blökt) mer den janzen Dag am Kopp eröm!« – »Du häß (hast) mer al (schon) dreßig Jahr am Kopp eröm jebälekt, on ech han dech desweien doch noch net afjeschafft!« war die Antwort.

Minge Broder, dinge Broder

Der Tünnes fragt der Schäl: »Sag, wor dinge Broder en Indien?«
»Ena.«
»Dann muß dä minge Broder doch kenne!«
»Woröm?«
»Da war och nit en Indien!«

Ich hann dir immer gesaht

Ein altes Ehepaar von 95 Jahren hatte großen Kummer. Der Sohn von 75 Jahren war gestorben. Sagt das alte Frauchen zu dem alten Mann: »Papa, ich hann dir immer gesaht, dat mer dat Fränzchen nit durchkrigge!«

Wie wor et?

Tünnes ist in großer Sorge, denn er hat einen Musterungsbefehl in der Tasche. Geheimnisvoll flüstern die Freunde miteinander. Nur nicht zu den Preußen! Der Schäl gibt den Rat: »Lück met schlächte Zäng kunne se nit gebruche!«
Der Tünnes geht hin und läßt sich sämtliche Zähne ausziehen. Nach vierzehn Tagen trifft er den Schäl wieder. Fragt der Schäl: »Wie wor et op der Musterung?«
Tünnes hat einen ganz zusammengefallenen Mund. Er sagt nur ein Wort: »Plattfößl!«

Wir sind doch evangelisch

Als die katholische Kirche in Unterdörnen noch im Rohbau stand, suchte an einem regnerischen Novembermorgen ein Esel mit seinem Milchwägelchen in dem Eingang der Kirche Schutz vor Wind und Regen.
Der Besitzer des Eselchens, ein Bauer von Hatzfeld, rief ihm, die Eigenmächtigkeit des Langohrs bemerkend, zu: »He! besse dann verröckt gewoarden, wir send doch evangelisch!«

»... äwer Geld haffe!«

Ein reicher Färbereibesitzer aus Wuppertal besuchte alljährlich Wiesbaden und stieg im »Schwarzen Bock« ab.
Der Portier begrüßte ihn mit: »Guten Tag, Herr Baron!«, worauf der Färbereibesitzer entgegnete: »Loten Se dat met dem Baron, förnehm sin wi nit, äwer Geld haffe!«

Sorte bei Sorte

Zu Anfang des vorigen Jahrhunderts wohnte auf der Gemarke eine Reihe der führenden Wuppertaler Kaufmannsfamilien.
Als eines Tages die Tochter des Fabrikanten F., der im Worthmannschen Viertel wohnte und mit dieser Familie versippt war, mit einem adeligen Freier aufwartete, war der alte F. absolut nicht einverstanden.

»Lisettchen, lot doch aff van dem Eindringling, man weet nie reit, wo die Fürnehmheit herkömmt. Nemm lever en Mann ut den godden Gemarker und Wupperfelder Kreisen. De Herrgott hett am leewsten Zorte bie Zorte.«

»Wollen wie ens kieken?«

Bekanntlich steht der Barmer mit der deutschen Sprache auf dem Kriegsfuß. War da einst in der guten alten Zeit, als Barmen noch eine selbständige Stadt und nicht nur ein Stadtteil Wuppertals war, ein alter Kommerzienrat, ein echter Barmer. Er schrieb eines Tages an seinen Bankier folgende Anweisung: »Senden Sie mich durch den Überbringer dieses 5000 Mark.«
Sein Prokurist wagte es, den Chef auf den Sprachfehler aufmerksam zu machen, worauf der Alte ärgerlich und polternd erwiderte:
»Schrieven Sie ens (mal): Schicken Sie mir 5000 Mark, und eck schriev: Schicken Sie mich 5000 Mark, wollen wie (wir) ens kieken, wer wat kritt (kriegt).«

Moralische Aufrüstung 1889

Meister: Prinzipal, vie möten es över de Löhne kallen (reden)!
Prinzipal: Loten Se us lever vom Jenseits spreken...

Sparflamme

Das Eifelbäuerchen Mättes Spirkel lag im Sterben. Ach Gott, das Scheiden von dieser buckligen Welt fiel ihm nicht schwer. Das Leben an der Seite seiner geizigen Frau war freudlos geblieben; es war ein einziges Placken und Schinden gewesen. Sie war so geizig wie ein abgenagter Knochen, nichts hatte sie ihm gegönnt. Jetzt saß die Frau bei ihm am Sterbebett und wartete ungeduldig auf seinen Tod. Jedoch der Tod ließ sich nicht von ihr befehlen;

die ganze Nacht zog sich sein Sterben hin, erst gegen Morgen ging es mit ihm zu Ende. Als sie es merkte, zündete sie schnell die Sterbekerze an, die schon bereitstand. Da brüllte im Stall eine Kuh. Die Frau horchte hinaus, und als dann auch die zweite Kuh ihr Muhen laut hören ließ, stand sie hastig auf und schritt hinaus, die Tiere zu melken. In der Tür wandte sie sich noch einmal um und – beinahe hätte sie es vergessen – sagte zu dem Manne, der mit den letzten Atemzügen rang: »Wat ich noch saon wollt, Mättes, vergiß et nat. Wannste dut bes, blaos de Keerz aus!«

Täglich einen Eßlöffel voll

Zu einem Arzt kommt eine schwerhörige Frau. Sie wird untersucht, und der Doktor schreibt das Rezept. Er händigt es ihr mit den Worten aus: »Dreimal täglich einen Eßlöffel voll nehmen.« – »Wie bitte?« – Der Arzt wiederholt lauter: »Dreimal täglich einen Eßlöffel voll nehmen.« Die Frau zuckt die Achsel und versteht immer noch nicht. Da schreibt der Arzt groß auf einen Zettel: »Dreimal täglich einen Eßlöffel voll nehmen.« Treuherzig meint die Patientin: »Herr Doktor, dat müssen Se mir vorlesen, ich hann mingen Brell zu Hus gelosse.«

Mainfränkisches

Gewußt warum

Im Kurpark von Bad Kissingen wird abends Haydns »Abschiedssymphonie« mit Kerzen auf den Pulten aufgeführt. Einer der Musiker nach dem anderen löscht, wie es der Komponist vorschreibt, seine Kerze aus, nimmt sein Instrument und verschwindet.

Der Hansgörg, der auf Besuch in der Stadt weilt, stößt seinen Begleiter an und lacht verschmitzt:

»Ja, ja, 's Kurwasser! Des wirkt halt!«

Ein Gemütsmensch

Eine Heufuhre schwenkt ächzend in ein mainfränkisches Dorf ein. Am ziemlich abschüssigen Kirchberg scheuen die Pferde vor einem Motorradfahrer, der wie eine wildgewordene Hornisse vorbeisaust. Das Fuhrwerk legt sich in der Kurve auf die Seite und kippt um. Der Knecht, der die Gäule führte, hilft den ge-

stürzten Tieren wieder auf die Beine und schirrt sie ab. Schrekkensbleich kauft er sich eine Halbe Bier, weil das Unglück grad vorm »Hirschen« passiert ist. Während er – noch ganz verstört – einen tiefen Zug aus dem Krüglein nimmt, meint der Wirt: »Da wirst vom Bauer keine schlechte Predigt zu hören kriegen, Bastl!«
Darauf der Knecht: »Sel glab i net. Er liegt nämlich unterm Heu, der Bauer…«

Die Treibjagd

Treibjagd in Oppersdorf. Der Flurrees will sich einige Maß Bier verdienen, deshalb reiht er sich in die Kette der Treiber ein. Der Zufall will es, daß er seinem Nachbarn ins Gehege kommt, dessen Flinte dazwischen um die Ecke schießt.
Schon sitzt auch dem Rees eine volle Schrotladung im Hintern. In seinem Schmerz stürzt er auf den Schützen los.
Doch der entgegnet gelassen: »Bleib dahaam, wennst kaan Spaß verstehst!«

Wenn ich wüßt…

Der Kunznkunz ist neun Jahr verheiratet, und in jedem Jahre hat ihm seine Bärbl ein Kind geschenkt. Als sich das zehnte anmeldet, erklärt er feierlich: »Etzat langts! Vo morng oon schloof ich drum in Budn.« (Unter dem Dach.)
Die Bärbl überlegt: »Wenn ich wärkli wüßt, daß des gut wär, legat ich mich gleich aa mit nauf.«

Handkäs mit Musi

Tragische Wahrheit

Man gab im alten Frankfurter Schauspielhaus Schillers »Don Carlos«. Marquis Posa liegt zu den Füßen der Königin Elisabeth und spricht die bekannten Worte: »O Königin, das Leben ist doch schön!« Da klingt's in die Stille von der »Offebächer Log« laut und entrüstet: »Awwer aach verdammt deuer...!«

Hochdeutsch

Der kleine Fritz soll in die Schule kommen. Die Mutter belehrt ihren Sohn vorher sehr eingehend: »Fritz, wenn de jetzt in die Schul kimmst, mußt de hochdeutsch redde. Merk der jetzt also, mer sacht net ›mer secht‹, mer secht ›mer sacht‹.«

Schon getauft

Bei einem biederen Oberräder hatte es Familienzuwachs gegeben. Nach einigen Wochen trifft den glücklichen Vater, der ohnehin schon sieben Kinder sein eigen nannte, der bekannte Pfarrer Märker. »No, habt er euer Jingstes schon daafe lasse?« fragt der Pfarrer. »Ich wart immer, daß er kommt!« – »Des is schon gedaaft, Herr Pfarrer«, versicherte der Oberräder, »in Iseborg, da kost's nur en halwe Gulde, un hie bei uns misse mer ein ganze bezahle!«
»'s werd aach dernach gedaaft sein«, meinte da der Herr Pfarrer und ging beleidigt davon.

Weiches Herz

Dem Küfermeister Quirin aus der Altegasse war die Frau gestorben, und er weinte, wie der Frankfurter Volksmund zu sagen pflegt, »Rotz und Wasser«. Der Pfarrer sucht den trauernden Witwer zu trösten, doch der schnuffelt nur: »Ach, Herr Pfarrer, ich hab' so e waach Herz, bei jeder klaane Klaanigkeit muß ich heule...«

Nur keine Aufregung

Zwei »Frühstücksmeister« gingen in ihre Stammkneipe, um dem inneren Menschen etwas zuzuführen. Der eine hatte seinen Hund dabei. Sie nahmen am Tisch Platz und bestellten einträchtig jeder ein Schnitzel. Lecker duftend wurde es mit einer »Dreckschipp« voll Geröstete auf den Tisch gestellt, und die beiden Meister machten sich ans Essen. Dabei stellte sich der eine etwas ungeschickt an, jedenfalls: das schöne Schnitzel sprang in einem kühnen Bogen unter den Tisch. »Ach Gott, Schorsch, dein Hund, mein scheen Schnitzelche...!« – »Nor kaa Uffregung, Hoiner«, brummelte der andere schmatzend in seinen Bart, »dem kann nix geschehn, ich hab schon de Fuß druff!«

Noch gutgegangen

In einer Sachsenhäuser Heckenwirtschaft bestellt sich ein Gast eine Flasche »Vilweler« und hat beim Öffnen des Mineralwassers das Pech, einen Sachsenhäuser, der mit am Tisch sitzt, naßzuspritzen. Der ungeschickte Mann entschuldigt sich vielmals, aber der »Getaufte« läßt sich nicht aus der Ruhe bringen. »Mache Se doch kaa so Gschiß«, sagt er gemütlich, »'s is mer ja nix ins Maul komme.«

Vergnüglicher Aufenthalt

Ein Gast kommt beim Wirt zu den »Drei Hasen« gerade dazu, wie dieser einen jungen Burschen nach allen Regeln der Kunst verprügelt. »No, Seppel, was mächst de dann mit dem Bub?« fragt der Gast. Darauf der Wirt: »Ach, des is nor mein Neffe, der sich e paar Dag zum Vergniege bei mer uffhält...!«

Gattenliebe

Ein Frankfurter trifft einen Freund, der mit seiner Frau droben am Lohrberg spazierengeht.
»No, wo geht er dann hin?« fragt der Freund. – »Ach, ich laß nor mein Drache e bissi steihe.«

Kreuz- und Querfahrten

Eingangsbetrachtung

Beim Bau der Christuskirche zu Mainz im Jahr 1901. Der Kirchenrat besichtigt die Baustelle. Schließlich fragt er den Polier: »Meinen Sie, daß das neue Gotteshaus groß genug ist für die künftige Gemeinde?«
Darauf antwortet der Polier:
»Wann se all enoi (hinein) gehe, gehe se net all enoi; wann se awwer net all enoi gehe, dann gehe se all enoi.«

Gnadenreflex

Auf dem Bahnhofsplatz. Ein Durchreisender vertritt einem Einheimischen den Weg:
»Ach, verzeihen Sie, ich bin fremd hier...«
Der Mainzer lächelt nachsichtig. »Ich verzeih' Ihne«, sagt er gnädig und macht sich aus dem Staub.

In der Kreide

Der Wirt vom »Hirsch« sah zum Fenster hinaus, als ein »gewesener« Stammgast vorüberging, der bei ihm noch in der Kreide stand: »Schorsch, for dich stehen noch sechs Schoppe Bier!«
»Schütt' se aus, die sin doch abgeschtanne!«

Ehrerbietung

Eine Klientin betritt hoheitsvoll das Sprechzimmer eines Mainzer Rechtsanwalts.
»Gude Tach, Madamche«, sagt dieser. »Do, nemme Se sich en Stuhl.«
Die Dame ist befremdet.

»Ich bin die Frau Direktor Schlons.«
Darauf der Anwalt:
»Ja so, no, dann nemme Se sich halt zwää Stühl!«

Landwirtschaftliche Botanik

Ein Großstädter kommt an einem Kartoffelacker vorbei und wendet sich interessiert an den dort hackenden Bauersmann:
»Entschuldigen Sie mal, warum blühen die einen Kartoffeln rosa und die andern weiß?«
Da erwidert der Pfälzer trocken: »Des isch ganz eefach – des ääne gibt die Gebredelte (Bratkartoffeln) un des annere die Gwellkrumbeere (gekochte Kartoffeln)!«

Opfermut

Große Aufregung im Dorf. Dem Herrn Pfarrer ist von der Leine weg eine neue Hose gestohlen worden.
Einige Wochen später fragt ihn der Kirchendiener nach dem Gottesdienst:
»Na, Herr Parre, habe Se Ihr Buxe wiererkrieht?«
Darauf der geistliche Herr:
»Noch nicht ganz. Aber drei Knöpfe davon hat man mir schon wieder in den Opferstock getan.«

Zeltinger Himmelreich

Aus den gesegneten Reblagen steigt die helle Weinkirche Zeltingens gleich einem gottfröhlichen Trinklied in die Bläue des Moselhimmels. Der alte Turm trägt auf jeder seiner vier Seitenwände zwei S-förmige Mauereisen, und da ihre Pfarrkirche den Erzmärtyrer Stephanus zum Patron hat, so haben die Zeltinger Winzer diesen eisernen acht S-Buchstaben an ihrem Turm eine Deutung gegeben, die sie jeden Sonntag vor sich hinmurmeln, bevor sie durchs Portal schreiten:
Sankt Stephan sät, se sollen sich satt saufe!

Zahnschliff

Als die ersten Fremden zur Erholung auf den Hunsrück kamen, war das ein großes Ereignis. Ein Mainzer Ehepaar hatte sich in einem kleinen Dorfwirtshaus angemeldet. Das Essen war schon Stunden vor seiner Ankunft fertig. Die Gäste gingen zuerst aufs Zimmer, um sich ein wenig frischzumachen. Als sie nicht so-

gleich wieder herunterkamen, schickte die Wirtsfrau die Magd, um nachzusehen, wo die Gäste so lange blieben. Die Magd guckte oben durchs Schlüsselloch – und sah etwas, das sie in ihrem Leben noch nicht gesehen hatte. Aufgeregt rannte sie die Treppe hinunter und rief:
»Sie komme gleich, sie komme gleich! Eich hon gesiehn, wie se sich schun die Ziehn (Zähne) schleife.«

Zufriedenheit

Der Herr Pfarrer geht über Land und sagt leutselig zu einem ihm begegnenden Bauern: »Na, lieber Jakob, dieses Jahr gibt es aber so viele und gute Kartoffeln, da könnt Ihr dem lieben Gott doch besonders danken und zufrieden sein.«
Der Bauer aber kratzt sich hinterm Ohr und meint: »Nä, nä, Härr Parrer, mer sei des Johr gornit zefridde. Die Krumbern sein all so grouß und gesunn. Was sölle mer denn do de Wutz (Schweinen) gäwe?«

Bibelfester Betrieb

Der Schlossermeister N. hatte es mit den Bibelsprüchen. Als eines Tages die Meisterin einen leckeren Schweinskopf auf den Tisch bringt, sagt er: »Nur wer einen passenden Spruch weiß, kriegt heut was!« Und er fängt an: »Er gab ihm einen Backenstreich!« Sprachs und löste sich ein saftiges Stück aus.
Der Geselle, auch nicht faul, fiel ein: »Da hieb Petrus dem Malchus das Ohr ab!« und schob, nachdem er sich gut bedient hatte, den Teller dem Lehrbub zu.
Der Stift grinste und rief: »Darauf verschwand er vor ihren Augen« – nahm den Schweinskopf und eilte davon.

Die Teilung

Die Glockenhoferin hielt, wenn es ans Mosttrinken ging, wacker mit. Das Fäßlein ging stets früher auf die Neige, als es dem Bauer lieb war.
»Hör zu, Annamaig«, sagte er, als er wieder ein Faß auflegte, »wir wollen uns von jetzt an ehrlich in den Most teilen! Die obere Hälfte gehört dir, die untere mir.« Und er brachte in der Mitte des Fasses einen zweiten Hahn für seine Frau an, die mit dem Handel zufrieden war.
Eines Tages fing es am oberen Hahn verdächtig zu gluckern an. Als bald darauf kein Tröpflein mehr herauskam, machte die Annamaig ein säuerliches Gesicht.
Der Glockenhofer frohlockte »Hab ich's allweil g'sagt! Jetzt kommt's auf, wer von uns zwei mehr trinkt!« Und er füllte sich seelenruhig seinen irdenen Literkrug aus dem unteren Hahn, wo der Most noch dick hervorsprudelte.

Die Bibelworte

Im Taubergrund, auf schmalem Steg, begegnen sich Lehrer und Dorfschulze. Mittags war des Schulzen Bube von der Schule

heimgekommen und hatte erzählt, wie der Lehrer die Kinder zur Bruderliebe und Duldsamkeit ermahnt habe.
»Gibt euch einer einen Backenstreich, dann reicht ihm auch die andere Wange«, hätte der Heiland gesagt. Jetzt will ich mal probieren, ob der Lehrer das Gebot selber befolgt, denkt der Schulze und haut dem Lehrer eine gesalzene Watsche auf die Backe. Aber umsonst wartet er, daß der ihm auch die andere Backe hinhält. Denn der Lehrer, nicht faul, gibt dem Schulzen das Bibelwort:
»Mit dem Maß, mit dem du missest, wird dir gemessen werden« – nimmt seinen Stecken und haut den Schulzen windelweich.
Mitten im schönsten Geraufe fährt droben auf der Landstraße der Oberamtmann vorbei. Der schickt seinen Kutscher zum Steg, zu sehen, was da los sei. Johann, der Kutscher, kommt zurück und berichtet:
»Die sind sich nicht bös; die legen sich bloß die Heilig Schrift aus.«

Schnelle Erhörung

Sechs Jahre lang sind beim Seifensieder immer nur Mädchen in der Wiege gelegen. Im siebten Jahr hofft er auf den Stammhalter, seine Frau ist stattlich wie noch nie. Endlich ist die Hebamme drin bei seiner Frau; er selbst macht sich erwartungsvoll auf dem Hofplatz zu schaffen.
Da öffnet sich klirrend das Fenster, und der Kopf der weisen Frau erscheint: »Saafnsieder, a Madla!«
»Herrgott, nuch amol«, entfährt es dem Enttäuschten, »maanetwächn nuch märra!« Ingrimmig stochert er mit der Mistgabel im Stroh herum.
Da öffnet sich klirrend das Fenster, die Hebamme erscheint zum zweitenmal: »Saafnsieder, nuch a Madla!«
Entgeistert klammert er sich an die Mistgabel und stammelt:
»O lieber Gott, sooo ernst wor des Gebättla vürhie doch gor net gemaant!«

Politisch Lied

Im »Krug« ging es wieder einmal um Politik. Der Dorfschmied, ein wortkarger Mann, hörte wie gewöhnlich schweigend zu, endlich nahm er die Pfeife aus dem Mund und erklärte:
»Politik kommt mir allemal so vor, wie wenn ich meinen Nachber unter meinem Regenschirm gehn laß – und den so halt, daß er naß wird, der Nachber...«

Das a-Moll-Konzert

Im Dorfwirtshaus ist am Sonntagnachmittag wegen der Wochenendgäste aus Nürnberg das Radio eingeschaltet. Die einheimischen Schafskopfspieler murren. Im Radio heißt es: »Sie hören von Johannes Brahms das Konzert für Violine und Cello, a-Moll.«
Brummt der Glockenhofbauer: »Is scho gut so. Stellt euch bloß vor, die täten des zwa Mol spieln!«

Interessenvergleich

Das kleine Dorf hatte seinen großen Tag: die neue Feuerwehrspritze wurde eingeholt, ein wahres Prachtstück. Die Spritze stand geschmückt auf dem Festplatz, der Gesangverein sang den »Tag des Herrn«, der Bürgermeister, der für seine originellen Ansprachen im ganzen Landkreis bekannt war, hielt eine Rede, die er mit folgenden Worten beendete:

»Und so möge denn zum Wohle unserer Gemeinde und der umliegenden Dörfer die neue Spritze es stets so halten wie unsere alten Jungfern: Von niemand gerufen – aber allzeit bereit!«

Wenn man württembergisch wird...

Viele Heilbronner blieben noch lange »reichsstädtisch« gesinnt, nachdem sie anno 1803 auf Befehl Napoleons zu Württemberg kamen. Im Jahre 1808 besuchte der neue Landesherr, König Friedrich, Heilbronn, und ihm zu Ehren marschierte auf dem Marktplatz ein Bataillon der schwarzen Jäger auf. Als aber trotz der feierlichen Stimmung einer der Soldaten wegen eines Vergehens vor allem Volk über eine Schramme gelegt und mit 25 Stockschlägen bedacht wurde, wozu die Hornisten bliesen, rief ein altreichsstädtischer »Heine« (Weingärtner), der auf der Kirchenterrasse stand:

»Gucket, so gehts aam, wammer wärdeberchisch wird!«

Wein-Säure

Daß der Magen eines Heilbronner Wengerters viel vertragen kann und sich im Laufe der Jahre auch an einen sauren Trunk gewöhnt, zeigt folgende Geschichte. Da kam einmal ein »Heine« (Weingärtner) mit einem Rezept in die Apotheke. Dem Pillendreher unterlief ein unangenehmer Irrtum, und er übergab dem Patienten statt der verlangten Mixtur eine andere. Abends entdeckte der Apotheker den Irrtum: des Weingärtners Fläschlein

stand noch da, eine Flasche Salzsäure fehlte. Dem Apotheker fuhr der Schreck so in die Glieder, daß er die nächsten Nächte kaum schlafen konnte. Heimlich schaute er in die Zeitung, ob nicht von einer Salzsäure-Vergiftung berichtet würde. Nach acht Tagen jedoch kam der Weingärtner wieder in die Apotheke und stellte die leere Flasche auf den Ladentisch. Kreidebleich fragte der Apotheker:
»Was haben Sie denn um Himmels willen mit dem Säftle gemacht?«
»Trunke hawes, un 's isch mer besser worra. Bloß brennt mers seither immer a Loch in de Hos', wenn i oin fahre laß.«

Das Meß

Der Bachbauer war Kirchengemeinderat. Ihm mißfiel, daß sein Pfarrer die Predigten zu lange ausdehnte, denn in Hohenlohe heißt das alte Sprichwort »Korze Preddich und lange Vesper häwe d' Bauern am gärnste!« Als auf seine wiederholte Intervention der Pfarrer die Predigten nicht kürzte, rief er eines Tages die Pfarrmagd, sie möge mit ihrem Eimer zu seinem Hof kommen, der am Kocher lag.
Der Pfarrer nun hatte zwei Söhne, die auswärts etwas Tüchtiges geworden waren; sie waren eben zu Besuch nach Hause gekommen.
Also – der Bachbauer ging zu seinem Aalkasten, nahm den Eimer der Pfarrmagd und begabte ihn mit einem armdicken Prachtaal: »Der ist für den ältesten Pfarrsbub, weil er ein so gutes Examen gemacht hat.« Ein weiterer, ähnlicher Aal folgte:
»Und der ist für den zweiten, weil er auch was Rechtes geworden ist.«
Und dann folgte ein Aal in Blindschleichengröße:
»Und den bringst dem Pfarr und sagst, den soll er als Meß (Maß) für sa Preddich nehme!«

Ourewäller (Odenwälder) Diätkur

»Herr Dokter, woas soll ich blouß mache? Noch dem erschte Schoppe Eppelwei (Apfelwein) grieg ich als ä sou ä gaschdich (garstiges) Gefiehl, wie wann's oam imbringe megt.«
»Ha, Andres, jetzert äwer gure uffgäbaßt, was ich dir for en gure Root vorschloa (guten Rat vorschlagen) will: Den erschte Schoppe Eppelwei gar net drunke un glei mit dem zweite oufange – gälle! Hoascht de schuncht (sonst) veel werer Dorscht ze klage?«
»Ha noa, weil liewe Dokter, dodadriwer freu ich mich als ...«

Der Kavalier

Kärwe ist ein Freudenfest. Abends beim Tanz herrscht ungezwungenste Fröhlichkeit. Als sich unter die »Madlich« des Dorfes beim »Kärwetanz« eine hübsche und vornehme junge Dame aus anderen Breitengraden verirrt hatte, gefiel sie einem schon etwas betagteren, waschechten Hohenloher so gut, daß er ihr folgende Liebeserklärung machte: »O Madle, i, wenn no jünger wär, i tät studiere, bis i e Professor wär und die heire könnt!«

Hohenlohes Schilda

Tiefer Schnee zwingt die Rüblinger, auf der Straße Bahn zu schäufeln, um den Fuhrwerken den Weg freizumachen. Schneeschanzen türmen sich an den Seiten wie Festungswälle. Plötzlich fährt einer der Schaufelnden auf:
»Dunnernei, jetz isch jo d Ei'fahrt in mei Wiese zug'schäufelt; do kou i den Sommer gor net mit ma'm Haawoocha (Heuwagen) rausfohrn.«

Bergsträßer Weinbilanz

Ein alter Weinbeißer und ein Weinbauer erörterten die Preisbildung des »Bergsträßers«.
»Ehr Winzer seid als gure dro (immer gut daran), ehr Groußvadiener«, sagt der Konsument, »gibt's wenig Wei, vakaaft ehr'n deier, is är äwer wolfel (wohlfeil) un billich, hät ehr veel dodäfu ze verkaafe un kennt veel drou vadiene.«
»Noa, ganz im Gäijedaal (Gegenteil)«, pariert der Winzer, »is där Wei deier, häwe meer net veel dodäfun, häwe meer äwer veel ze vakaafe, dann griegt meer nix däfeer!«

Ein Justizirrtum

Der Hänner, ein listiger Korbflicker, steht vor Gericht, und nach Verlesen der Anklage fragt ihn der Vorsitzende: »Haben Sie dazu etwas zu bemerken?«
»Un ob«, meint Hänner, »ihr kenne mich alli...«
Die Gerichtsherren fahren von ihren Sitzen in die Höhe.
»Numme rühwi (nun gemach)«, beschwichtigt Hänner, »net alli mitenander – aaner noch'm andere.«

Fahnen-Kenntnis

In Kleeburg liegt eine alte Frau im Sterben. Der Herr Pfarrer, ein Freund des Weines, beugt sich mit tröstenden Worten über sie.
Sie macht ihm ein Zeichen, sich ihr mehr zu nähern. Der Pfarrer spricht. Da fliegt ein seliges Lächeln über ihre Züge, und sie haucht: »S'isch Tokayer.«
Und stirbt.

Wer hätte das gedacht?

Madame meint zu Monsieur: »Ja, wo warst du denn? Dein Patron (Direktor) war hier, und ich habe dich in allen Wynkächele (Weinstuben) der Umgebung gesucht.«
Er: »Ich war doch im Bureau.«
Sie: »Na, wer konnte denn auch so etwas ahnen.«

Saarland, Elsaß, Luxemburg

Der Dienstmann

Edewad (Eduard) Sens, Dienstmann, war ein Neunkircher Original. Sein treuer, rackiger Köter hieß Bello. Edewad stieg mit ihm in die Straßenbahn. Darin saß nur eine entsetzlich hagere, magere Madam. Bello schnupperte an ihr herum, bis sie wütend aufschrie: »Nehmen Sie den Hund da weg!« Edewad nahm seinen Bello auf den Arm, indem er sagte: »Bello, dô gehschde her, dehemm kriehschde e annere Knoche.«

Versprechen

In Saarluis. Der Vater zu seinem kleinen Jeanle:
»Haschde mer net voschbroch, brav se senn, Jeanle?«
»Mä jô, Pappa.«
»Haschde dein Voschbrechen gehall?«
»Nä, Pappa.«
»Hann eich dir net voschbroch, wann de net brav wärscht, gäng ich dir den Närsch vasolen?«
»Jô, Pappa. Awwer wann eich mei Voschbrechen net gehall hann, dann brauchscht dau deinet jô ach net zu hallen.«

Pflichterfüllung

Fleiß und vorschriftentreue Pflichterfüllung der Saarländer sind berühmt. Ein Eisenbahner ging nach über fünfzigjähriger Dienstzeit in Pension. »Was wünschen Sie sich denn noch extra zu Ihrem Abschied?« fragte der Direktor.
»Ei, Herr Tirekter, wann's meechlich wär, äner vun denne alte, ausrangierte D-Zug-Wään, wo dô doch verroschde. Ich han hinner mei'm Haus so e dot Gleis am Garde, do kinnt ich 'ne unnerbringe.«

Die Bitte wurde erfüllt.

Der Direktor besuchte eines Tages den alten Eisenbahner. Es regnete. Der brave Pensionär saß auf dem Trittbrett, hielt einen Schirm über sich und rauchte seine Pfeife.

»Aber warum setzen Sie sich denn nicht rein bei dem Wetter?«

»Ja, die Vôrschrifde, Herr Tirekter, Sie ham mir jô e *Nichtraucher*-Waan geschickt.«

C'est juste

Zu der Zeit, als Elsaß-Lothringen Reichsland war, meinten viele Damen der hohen Beamten und Militärs, mit den Ansässigen französisch sprechen zu müssen, worüber diese sich begreiflicherweise lustig machten. Eines Tages kam eine solche Dame mit ihrem elsässischen Dienstmädchen, das ein wenig Französisch sprach, auf den Straßburger Wochenmarkt. Es war grimmiger Winter, und die Marktweiber hockten auf niederen Schemeln und steckten ihre Füße in strohgefüllte Kisten.

Das Mädchen erklärte in prächtigem Elsaßdytsch einer der Hökerinnen, was ihre »Madam« wünsche, und übersetzte dann das in Erfahrung Gebrachte in recht fragwürdiges Französisch. Endlich erklärte mit kapriziös gespitzten Lippen die Hochgestochene: »C'est juste«, worauf die Marktfrau treuherzig meinte: »Nai, se schyßt nit, sie wormt sich numme die Füeß.«

Krumme Knochen

Der Elsässer ist derb und gibt nicht viel auf geschniegelte Höflichkeit. Der Milli (Emil) sitzt bei einem Glase Wein. Er streckt seine Füße so intensiv von sich, daß sein Gegenüber, ein Ortsfremder, nicht weiß, wo er mit seinen Beinen bleiben soll. Er sagt höflich:
»Pardon, sinn Sie so frindlich un namme Ihre Fiaß zruck, daß ich oi Platz bekumme.« Der Milli reagiert nicht.
»Monsieur, Sie mian (müssen) Ihre Fiaß zrucknamme, ich kann so nit sitze.« Milli tut, als ob es ihn nichts anginge.
»Wenn Ihr begott Eure krumme Knoche nit zrucknamme, so knall ich Euch mi Humpe an dr Schadel!«
Da nimmt Milli seine Füße zurück und sagt ruhig: »Wurum sagen Ihr das nit gleich also vernimftig?«

Fortschritt

Gemeindevertreter aus verschiedenen Orten der Bergstraße streiten über ihre Fortschrittlichkeit.
»Meer häwe kärzlich ä ouschdenniche (anständige) nei Schul eingeweiht«, erklärt ein Borjemoaschder (Bürgermeister).
»Un meer häwe als noch koa Schdadthall«, äußert sich ein anderer bescheiden, »äwer dodefoa häwe meer do hinn net blouß ä neii Wasserleiding, meer häwe dodäzu än Danzklubb.«
»Un meer«, quittiert bissig sein Nachbar, »meer häwe aach Schulde.«

Das kleinere Übel

Zur Zeit des Dreißigjährigen Krieges konnte nach altem Brauch eine Frau einen Verbrecher vom Galgen lösen, wenn sie erklärte, ihn heiraten zu wollen.
Einem solchen Delinquenten wurden einmal mehrere Weiber vorgeführt, die wie er so manches auf dem Kerbholz hatten. Sie waren allesamt bereit, ihn zu heiraten.
Er guckte, schritt ihre »Front« ab, guckte nochmals, wandte sich dann resigniert und sagte nur müde zu dem begleitenden Büttel: »Nix wie enuff!«

Straßburger Chinesisch

Zeit: 1900, während des Boxeraufstandes in China. Das Expeditionskorps hat Biwak bezogen. Außer den europäischen Idiomen, die fast alle vollständig vertreten sind, hat das deutsche Marinekorps fast alle Heimatdialekte in seinen Reihen.
Eines Morgens wird folgendes Gespräch zwischen zwei Straßburgern vernommen: »Jerry schinnt d'Sunn schun?« (Georg scheint die Sonne schon?)

Die Antwort folgte wie nachstehend: »Schang, gang uffi, d'Sunn schinnt schun lang.« (Jean, steh auf, die Sonne scheint schon lange.)
Darob großes Staunen der in der Nähe liegenden Kulis (Matrosen). Ein echter Berliner macht sich endlich Luft mit den Worten: »Det sind helle Kerls, die lernen in een paar Wochen Schinesisch, wat ick nich im Leben lerne.«

Vorstadtgespräch

Die Luxemburger Mupa und Jauka, beheimatet im Häusergewirr der Vorstadt Pfaffenthal, lehnten gelangweilt am Brückengeländer über der Alzette und spuckten in weitem Bogen auf die Wasserfläche, sahen interessiert das Gekringel unten entstehen und zergehen und waren doch ihres Lebens nicht recht froh.
»Mupa«, meinte Jauka, »ech wellt ech giw (ich würde) eng Millioun an der Lotterie gewannen.«
»Ma so emol (aber sag mal), du Kapitalist, da kënst de mir awer e Groen (einen grauen Tausendfrankenschein) zoukomme lossen.«
»Liddregen Hond, kannst de net welwer (selber) wënschen?«

Doktor Alesch

Um die Jahrhundertwende lebte in Luxemburg ein Arzt namens Alesch, der wegen seines Könnens, seiner Schlagfertigkeit und seines guten Herzens bis heute unvergessen ist.
Ein alter Freund suchte Doktor Alesch auf und klagte über schreckliche Beinschmerzen. Nach gründlicher Untersuchung gab der Arzt folgende Diagnose bekannt: »In den Zehen, das ist Zipperlein. In den Knien, das ist Gicht. Halte deine Beine nur immer schön warm und gerade gestreckt!«
»Aha! Und was kostet das?«
»Das kostet nichts – es nutzt aber auch nichts!«

Schlechte Akustik

In einem Öslinger Dorf, der Heimat eines braven Bauernabgeordneten, fand eine Wahlversammlung statt. Auch der Herr Minister war mit von der Partie. Er saß im verräucherten Saal neben unserm Deputierten und flüsterte ihm, während ein anderer Kandidat sich mit der Wahlrede abplagte, ins Ohr: »Mir scheint, die Akustik ist nicht zum allerbesten hier im Saal!« – »Jo, Här Minister«, entgegnete der Öslinger, »ech hun et och schon geroch.«

Von Heidelberg zur Weinstraße

Auf der Lokalbahn

»Nach Heidelberg, alles ei'steige!« ruft der Schaffner.
»Abfahre!« ertönt die Amtsstimme des Zugführers.
Im letzten Augenblick kommt noch eine Frau.
»Halt, nemme Sie mich noch mit!«
»Halt!« schreit der Zugführer. »Die Fraa kann noch mit! Steige Se ei'!«
»Halt, halt, mei Diichle!« schreit die Frau.
»Halt, dere Fraa ihr Diichle!« schreien einige Mitreisende.
»Halt!« ruft der Zugführer. »Was is denn mit sellere Fraa ihrm Diichle?«
Jetzt mischt der Stationsvorsteher sich ein: »Sapperment! Was is denn mit sellere Fraa –?«
Die Frau weint.
Der Schaffner redet ihr begütigend zu:
»Fraa, wo hawwe Se denn Ihr Diichle?«
»Wo hat Se denn Ihr Diichle, Fraa?« stürmen auch noch die Reisenden auf sie ein.
»In der Reschdoration licht's, hinnerm Oofe! Ach, mei neues, scheens Diichle!«
»Sellere Fraa ihr Diichle licht hinnerm Oofe«, tönen die Reisenden wider.
Der Schaffner ruft dem Zugführer zu: »In der Reschdoration licht's hinnerm Oofe.«
Darauf der Zugführer: »Das Diichle muß noch in der Reschdoration sei.«
Stationsvorsteher zum Gepäckträger: »Sehe Se mol noch, ob sellere Fraa ihr Diichle in der Reschdoration hinnerm Oofe licht!«
Der Gepäckträger: »Do licht's ja!«
Er bringt es herbei, die Frau sieht es: »Er hot's, er hot's! Mei Diichle! Mei lieb Diichle!«
»Er hot's, er hot's, sellere Fraa ihr Diichle!« rufen die Reisenden.

Der Gepäckträger gibt das Diichle dem Stationsvorsteher. Der Stationsvorsteher zum Schaffner:
»Gewwe Se sellere Fraa ihr Diichle!«
»Da hawwe Se Ihr Diichle!« sagt der Schaffner.
»Ach, mei Diichle, mei Diichle!« jubelt die Frau.
Der Schaffner: »Fertig!«
Der Zugführer pfeift.
Stationsvorsteher: »Abfahre!«

Der Lebensretter

Eine Frau will sich im Neckar ertränken, in der Nähe von Nekkarelz; aber ein Schutzmann, der mit seinem Patrouillenrad unterwegs ist, kommt noch gerade recht, um sie an ihrem tödlichen Sprung zu hindern und sie zu beruhigen.
»Machet Se doch kei so domms Zeug!« sagt er sanft und hält sie am Arm fest.
»Lasset Se mi los, i geh ins Wasser, i halts nimmer aus!« faucht ihn die Frau an, aber der Polizist läßt sie nicht gehen – »na versauf i mi morge oder wann i Se net seh un Sie mi net!«
Darauf der Polizist: »Dees isch mir na wurscht, aber dees sag i Ihne: net so lang i Dienscht hab!«

Galant

Eine Dame fährt nachts auf ruhiger Straße von Eberbach kommend nach Heidelberg. In einem Außenbezirk der Stadt trudelt ein betrunkener Student vor ihr Auto. Obwohl sie sofort bremst, kriegt der Student mit dem Kühler einen Rempler und fällt hin. Die Dame springt aus dem Auto, beugt sich über den Betrunkenen und meint: »Es tut mir sehr leid, aber ich kann wirklich nichts dafür. Sind Sie verletzt?« Da blinzelt der angeheiterte Sohn der Alma mater mit einem Auge und sagt: »Aber nä, Schätzle, i wär sowieso grad umg'falle.«

Kerwe

Die Handschuhsheimer Kerwe (Kirchweih) hat es in sich. Zum Beispiel können die Autofahrer davon ein Lied singen, wenn wegen der Karussells, Schießbuden und Süßwarenstände die Straßen rings um die Tiefburg gesperrt sind... Aber auch sonst hat sie es in sich. Eine sechzehnjährige Schöne aus der Oberbadgasse sucht den Dr. R. am Kornmarkt auf, weil sie sich nicht wohl fühlt. Der Arzt untersucht sie. Als er ihr hüstelnd mitteilt, daß sie ein Kind erwarte, meint sie ganz verblüfft: »Waaas? Vun dem bissel uff de Hendessemer Kerwe?«

Vorsorglich

Bei scheußlichem Nebelwetter stand ein Fremder auf dem Karlsplatz vor dem Haus, in dem einst die Brüder Boisserée gewohnt hatten. Er suchte vergeblich das Schloß. Schließlich fragte er einen alten Heidelberger, der gerade aus dem »Seppl« (einem historischen Studentenlokal) gekommen war: »Verzeihen Sie, wo ist denn hier das Schloß?« Der Einheimische blickte hinauf zu dem nebelverhangenen Berg und sagte: »Des hawe se heit reigenomme, damit's bei dem Sauwetter nit beschädigt wird.«

Schloßfestspiele

Max Pallenberg spielte in Gerhart Hauptmanns Schelmenkomödie »Schluck und Jau«. Während einer Probe auf dem Schloßhof sagte seine Frau, die unvergessene Fritzi Massary: »Wie wäre es, Max, wenn wir nachher neckaraufwärts fahren und in der ›Rainbach‹ essen würden? Unter den Kastanien im Garten ist es bestimmt schattig.«
Max Pallenberg machte seine erstaunten runden Augen: »Im Freien essen? Ich? Wenn du das wirklich wolltest, hättest du den Zuckmayer heiraten müssen!«

Das Hausmädchen

In Heidelberg lebte nach dem Zweiten Weltkrieg in einer kleinen, äußerst bescheidenen Wohnung ein Bücher- und Artikelschreiber. Professor war er obendrein. Eines Tages, er klopfte grade im Garten Teppiche, kam ein Besucher. Er ging sofort auf sein Ziel los und fragte, ob der Herr Professor, wenn man damit an ihn heranträte, den Posten des württembergischen Kultusministers übernehmen würde. Theodor Heuss: »Ja, wenn se mir e Mädle gebe.«

Gepfeffert

Auf einem Fußballplatz nahe Speyer steht ein Originalpfälzer. Sein Vordermann versperrt ihm die Aussicht aufs Spielfeld. Ihm gilt denn auch folgende gepfefferte Rede: »Setz dich, du Zuchtruß, sunscht schmeiß ich dich in Speyer in de Rhei(n) un loß dich zawwle bis Bonn!«

Doppelkopf

Im Winzerverein saß der Hansjakob beim »Neuen«. Egon, der siebenjährige Sohn, der ihn diesmal begleiten durfte, zupfte ihn am Ärmel: »Du, Babbe! Wie is dann des, wenn mer vollgsoffe is?« – »Des will ich dir ganz genau saage, mei Liewer! Guck dort niwwer, dort hocken zwä Männer am Disch. Wann du mänscht, die zwä Männer wären viere, dann bischt vollgsoffe.« – »Babbe!« sagte Egon, »dort hockt doch bloß eener!«

Schlechte Zeiten

In einer Winzergenossenschaft an der Weinstraße verlangt ein Gast ein Achtel Wein. Lina, die Bedienung, seufzt resigniert: »'S is nimmeh schee uff dere Welt, die Leit kenne ken Wei meh verdrage. Frieher hen se mehr verschitt wie se heutzudog trinke.«

Finderlohn

Auf einer Revierwache in Worms erscheint eine junge Dame: »Herr Wachtmeister, ich hab da e klein Bübche gefunna.« – »Schö, schö, wenn sich innerhalb eines Monats keener meldet, gehört's Ihne.«

Jo, pfeife, Herr Richter!

Der Radies'l, ein Speyrer Brezelverkäufer, der eigentlich Franz hieß, bekam seinen Spitznamen auf folgende Art: Wie so oft stand er wieder einmal vor dem Richter. Der Vorsitzende verliest die Anklage und wirft ihm vor, Rettiche gestohlen zu haben. Darauf der Franz prompt: »Jo, pfeife, Herr Richter, Radies'l warens!«

Muschterländle, Schwabeländle

Entschuldigung

Fritzle kommt eines Tages nicht zur Schule. Nach dem Unterricht trifft ihn der Lehrer auf der Straße und fragt ihn:
»Du, Fritzle, worom bischt heut net in d'Schual komma?«
Fritzle: »I hau dei Hos im Gatta (Garten) hanga sea, nau (nachher) hau i' gmoint (gemeint), du bischt au' et (auch nicht) en d'r Schual.«

In stilistischer Hinsicht

Als der Dichter Wilhelm Hauff seinen Roman »Liechtenstein« vollendet hatte, sah er sich nach einem geeigneten Verleger um. Seine Wahl fiel auf den jungen, damals noch wenig bekannten Stuttgarter Verleger Franckh, dem er das Manuskript zum Abdruck übergab. Dieser war über das unerwartete Geschäft so erfreut, daß er gleich eine Anweisung auf 1000 Gulden in einen Brief steckte, den er dem Dichter übersandte. Darin hatte er unter anderem bemerkt, der Dichter möge es nicht übelnehmen, wenn der Brief in stilistischer Hinsicht etwas zu wünschen übrigließe.
Wilhelm Hauff wußte die Besorgnis seines Verlegers auf elegante Art zu zerstreuen. »Lieber Freund«, hieß es in dem Antwortschreiben, »ein Brief, der 1000 Gulden enthält, ist immer in einem schönen Stil geschrieben.«

Kombinationen

Der Bürgermeister eines oberschwäbischen Dorfes feierte Hochzeit. Die drei Dutzend Amtskollegen des Kreises ließen es sich nicht nehmen, ihm zu seinem Ehrentag ein Geschenk zu überreichen – sie hatten je eine Deutsche Mark ausgeworfen; das

reichte für einen praktischen Haushaltungsgegenstand. Der Rechner unter ihnen war ein schwäbisch bhäber (etwas knauseriger) Herr, und so hatte er nichts dagegen, daß sogar noch 4,76 DM übrigblieben.
Hochbefriedigt und gemütvoll sagte er zu den anderen Bürgermeistern: »So – des langt grad o'gfähr für'n Kranz, wenn dr nächscht von ons stirbt!«

Heimatsprache

Vater und Sohn sind im Freibad. Der Vater ist Lehrer und hält auf gutes Deutsch. Es entspinnt sich folgendes Gespräch:
Vater: »Jaköble, hast du deinen Kopf schon untergetaucht?«
Sohn: »Waas, Vatterle?«
Vater: »Ob du deinen Kopf schon untergetaucht hast?«
Sohn: »Was, Vatterle, waas???«
Vater (ungehalten): »Ob du dei Kopf scho nadunkt häbscht???«
Sohn: »Waaas???«
Vater: »Ob du dei saudommes Ribbelskopf scho nadunkt häbscht?«
Sohn: »Jo, Vatterle!«

Der Lorbeerkranz

In den Schwarzwald-Kurorten erwarten den Gast während der Saison gesellige und künstlerische Veranstaltungen. Besonders beliebt ist natürlich das Kurtheater. Sogar bei den großen Schauspielern und Sängern, die in der Sommerpause gern einmal an einer kleinen Bühne gastieren.
So ein Großer aus der Welt der Oper hatte sein Gastspiel beendet. Ehe die Kleinbahn ihn in die große Stadt zurückbrachte, hatte ihm eine begeisterte Verehrerin noch einen kleinen Lorbeerkranz ins Abteil gereicht, den er nun behutsam im Arm hielt.

Unterwegs stieg ein altes Fraule ein und setzte sich dem Künstler gegenüber. Unverwandt blickte es auf den stillen Mann – und den Lorbeerkranz.
»Gelle Se«, meinte es endlich mit einem bedeutsamen Blick auf das bescheidene Lorbeerkränzle, »'s isch numme e' kleine Leich'?«

Postamtliches

Am 13. September 1960 klebte an einem postamtlichen Briefkasten zu Stuttgart-West ein Zettel mit folgendem Hilferuf: »Blauer Wellensittich entflogen am 12.9.1960. Telephon...«
Am Morgen des 14. September hing ein zweiter Zettel darunter, und auf diesem stand: »Im Kasten war er nicht. Der Leerer.«

Fasse dich kurz

In einer Schwarzwald-Dorfschule ließ der Lehrer einen Aufsatz schreiben. Thema: »Die Bienen.«
Bald neigten sich alle über ihr Heft, nur dem Berger-Jockele schien nichts einzufallen, er nahm nicht einmal den Federhalter zur Hand.
»Was ist denn los, warum schreibst du nicht?«
»Weil i nit weiß, was Biene sind, Herr Lehrer.«

Sogleich erscholl ein Gebrüll aus sämtlichen Bänken: »Imme!«, und da hatte er's begriffen. Nun machte also auch der Jockele sich an das schwierige Werk einer Schilderung, war allerdings so rasch damit fertig, daß sich der skeptische Lehrer das Heft geben ließ. Und darin waren nun diese einprägsamen Sätze zu lesen: »Der Imb ist ein Vogel. Er sticht mit dem Fiedle (Hinterteil).«

Das Jugendbild

Ein Bauer von der Uracher Alb kommt nach Urach, wo ein hoher Beamter von ihm die Kartoffeln bezieht. Nachdem er die »Grombire« abgeladen hat, wird er von der Frau des Hauses zum Empfang des Geldes ins Wohnzimmer gebeten. Dort sieht er ein Mädchenbild, das ihm gefällt. Auf seine Frage erklärt die Hausfrau, das sei ein Jugendbild von ihr, aber jetzt sehe sie natürlich ein bissel anders aus.

»Jo«, meint der Bauer und vergleicht das Bild mit der Wirklichkeit, »aber was emol a schöner Hafe (Topf) gewese isch, dös sieht mer au no am Scherbe!«

Aus deinem Fäßle

Er war schon ein sehr leutseliger und lebensfroher Herr, der vorletzte Komtur des Deutschritterordens auf der Insel Mainau. Eigentlich hieß er Franziskus Fidelis Reichserbtruchseß von Waldburg, Graf von Zeil und Wurzach, das Volk aber nannte ihn nur »Graf Fidele«. An Schlagfertigkeit fehlte es dem hohen Herrn nicht.

Als er einmal in den großen Landkomturkeller auf der Mainau kam und der Kellermeister fragte, was Ihro Gnaden für einen Wein zu kosten wünschten, antwortete augenzwinkernd der Graf:

»Aus deinem Fäßle.«

Ein Forellen-Quintett

Der Klassiker der Schwarzwaldmaler, Hans Thoma, verbrachte seine Ferien gewöhnlich in seinem Geburtsort Bernau, am Feldberg. Dort umgaben ihn seine Meisterschüler, die ihn auch auf seinen Streifen durch die Hochmatten begleiteten. Einmal, über das Geländer eines Bachbrückles gebeugt, fiel einem von ihnen eine erstaunliche Ansammlung von Forellen auf. Was die da vorhätten, fragte der Schüler den Meister.

»Ha«, meinte Hans Thoma, »was werde sie wohl im Sinn' habe, sie werde halt auch eine Hans-Thoma-Feier veranstalte wolle!«

An de schwäbsche Eisebahne

Der Schultheiß trat zurück

Als die Bahn Schelklingen–Reutlingen eingeweiht wurde, fuhr im ersten, bekränzten Zug sehr offiziell auch Ministerpräsident Weizsäcker über die Alb. An jeder Station Fahnen und Schultheiß, Gemeinderäte und Ehrenjungfrauen und Ansprachen. So auch in Gomadingen.

Der Zug schnaufte herein, man ordnete sich, die Mädchen erröteten, der Schultes trat gewichtig vor, setzte die Brille mit Würde auf, holte aus seiner Tasche das Manuskript, und am Coupéfenster stand der Ministerpräsident, und sagen wollte er wohl etwas und sagte deshalb: »So, Herr Schultheiß, wöllet Sie eine Rede halte?«

Der Schultes schaute auf, antwortete: »Ja«, fügte hinzu: »I kanns aber au bleibe lasse«, faltete sein Papier wieder zusammen und trat zurück.

Darum

Ein Versicherungsvertreter besuchte einen Bauern, der eben einen Hof übernommen hatte. Es fiel ihm nicht allzu schwer, den jungen Besitzer zu überzeugen, daß es geradezu sträflicher Leichtsinn wäre, auf den Abschluß einer Feuerversicherung zu verzichten. Aber alle seine Bemühungen, ihn auch für die Hagelversicherung zu gewinnen, schlugen fehl. Stumm ließ der Bauer den Wortschwall des Agenten, der die elementare Zusammengehörigkeit von Feuer und Hagel unterstrich, über sich ergehen, um schließlich nur lakonisch zu antworten: »Hagla lau (lassen) ka' i et!«

Ruhige Gewißheit

War da der Vertreter einer Sterbekasse. Immer wieder hatte er beim Mühlenbauer in Ixwangen vorgesprochen, um ihn zum Beitritt zu bewegen, doch immer war er bisher abgewiesen worden. Nun setzte er eines Tages zum Generalangriff an, malte seinem Zuhörer alle Schrecknisse des Sterbens aus, dem ja auch kein Bauer entgehe, und trumpfte schließlich auf: »Stellt Euch vor, Ihr send tot – ond no (dann) ischt vielleicht noch a schlechta Ernt', et amol's Geld em Haus, daß mr'n Sarg kaufa ond Euch vergraba ka'!«

Da sagte der Mühlenbauer seelenruhig: »I verlaß mi uff da Gstank!«

Der Neger

Zwei Gogen fahren im Zuge von Tübingen nach Horb.

Unterwegs steigt in Rottenburg ein Neger in den Zug und setzt sich den beiden Gogen gegenüber.

Der eine Gog zum andern: »Duu – däär isch au et von hia!«

Das Auge des Gesetzes

Studenten pokulieren und lärmen im Hades bis zur frühen Morgenstunde. Der Schutzmann mahnt von 12 Uhr ab stündlich vergebens zur Ruhe. Endlich wird's ihm um 4 Uhr zu bunt, und er erklärt dem ärgsten Schreier: »So, Herr Hunolt, jetzt muß i aber um Ihren Namen bitten.«

Neugierig

Nach elf Uhr kam er heim, ging durch den Stall, dann in die Stube.

Die Bäuerin brachte das Essen, und sie aßen.

Die Bäuerin war, wie eine rechte Frau das sein muß, neugierig, wo der Mann gewesen und was er erlebt. Und es entspann sich diese Unterhaltung:
»Mô, bist au' gwea?«
»Furt.«
»Bist im Feld gwea?«
»Noa.«
»Bist bei dr Ahne gwea?«
»Noa.«
»Bist am End gar en dr Kirch gwea?«
»Jo.«
»Wie, sag au', was isch gwea?«
»Mr hat gsunge.«
»Ha, Narr, des moan i net! Verzähl vom Pfarrer!«
»Der hat predigt.«
»Des kann i mir denke! Von was hat r-s ghett?«
»Von dr Sünde.«
»So? Was hat r gsait von dr Sünde?«
»r ist net drfür.«

Einzige Möglichkeit

Es ist erst wenige Jahre her, als der Lehrer im bezaubernden Baden-Badener Vorort Lichtental einen Abc-Schützen fragte, warum wohl der liebe Gott dem Adam im Paradiesgarten verboten habe, von den Äpfeln zu essen.
»Ha«, meinte der Kleine, er stammte aus der ältesten Nagel-

schmiede des Ortes, wo man noch nach altem Stil lebte, »'s Herrgott 's hen halt welle moschte!«

Naturverbunden

Viele einsame Forsthäuser gibt es im Schwarzwald. Die Kinder wachsen in diesen Häusern sehr naturverbunden auf.
So hatte ein Förstersbub es öfters erlebt, daß sein Vater bei einem Wurf junger Hunde nur die bestgeratenen behielt. Eines schönen Tages nun brachte der Storch fast zuviel des Glücks ins Försterhaus. Drillinge lagen in der Wiege.

Als der Fünfjährige zum erstenmal von seinem Vater an der Hand genommen wurde und die kleinen Geschwister besichtigen durfte, schaute er lange in die Wiege, deutete dann plötzlich auf den mittleren der Drillinge und sagte: »Vadder, de Raute (den Roten) ziehe mr auf.«

Angeborene Beherrschung

In einem vornehmen Konstanzer Hause war die Wasserleitung zugefroren. Man verständigte die städtischen Werke, sie mögen einen Handwerker schicken, der die Sache in Ordnung bringt.
Einige Tage später kam aus dem gleichen Hause eine Beschwerde an die städtischen Werke: die bei der Instandsetzung beschäftig-

ten Arbeiter hätten häßliche, unanständige und anstößige Worte gebraucht. Die Betreffenden wurden vorgenommen, um sich zu dieser Beschwerde zu äußern.
Der Gießer Franz erklärte hierzu: »Des isch also so zuegange: Min Kolleg hor mit de Lötlampe die i'g'rfrore Wasserleitung a de Decke vum Badzimmer a'kitzlet, dewil i am Bode au's glich probiert hon. Do isch denn an e me Verbindungsstuck wohrschinli 's Zinn g'schmolze und mir usg'rechnet in mi Hemedkrägli innitropfet. Kennet'r denke, wie des Zig brennt hot. Daß er mr do saumäßig g'stunke hot, isch begrieflich, aber in der mir angeborenen Beherrschung hon i nu zu min Kolleg ganz freundlich g'seet: ›Du, Ferdi, wärisch viellicht so guet und dät'sch mit deinere Funzel eweng ufpasse!‹ I glaub, des isch alles gsi.«

No lang nit vom Beschte

Die Klosterinsel Reichenau trug einst Rebgarten an Rebgarten. Heute sind die »Wingerten« fast alle dem Gemüsebau gewichen. Um die Jahrhundertwende aber waren die Reichenauer noch stolz auf ihren guten Tropfen.
Als man einmal dem alten Großherzog auf der Insel einen Ehrentrunk kredenzte und der gütige Monarch den Wein lobte, entgegnete stolz der Bürgermeister: »s'isch no lang nit vom Beschte.«

Die Bremse

Auf dem Wege über Land wird ein alter Wandersmann von einem Autofahrer eingeladen, bis zur nächsten Station mitzufahren. Als sie zusammen schon eine gute Strecke unterwegs waren, versagte plötzlich die Steuerung, und der Wagen sauste mit voller Wucht gegen ein kleines Bäumchen.
In hohem Bogen wurden die beiden Insassen in die Wiese hineingeschleudert, sie kamen aber beide mit dem Schrecken davon.

Der Wanderer hatte sich gleich wieder erholt, bedankte sich bei seinem Wohltäter herzlich für die schöne Fahrt. »Ebis mont Sie m'r aber no verrote«, meinte er beim Abschiednehmen: »Wie hätte m'r etz g'halte, wenn der Bomm it do g'stande wär?«

Schweigen ist Gold?

Der Vater als gestrenges Familienoberhaupt ermahnte die Kinder des öfteren, daß während des Essens nicht gesprochen werden dürfe.

Eben gerade wollte der Seppli wieder etwas sagen, als ihn der Vater anherrschte: »I hon dr's etz scho e paar mol gseet, daß de bim Esse 's Mul halte sollsch!«

Still und in sich gekehrt löffelte der Seppli weiter.

Nach einer Weile schickt der Vater ihn in den Keller, einen Krug Most zu holen.

Bald darauf rennt der Kleine wieder in die Stube und ruft: »Vatter!«

»'s Mul sollsch halte, hon i gseet«, unterbricht ihn der Gestrenge.

Nach dem Essen: »So, etz kasch mr sage, wa de uf'm Herze hosch.«

Darauf der Seppli mit fast männlichem Zorn:

»De Moschthahn hon i nime zue brocht.«

Aber eweng dalli!

Der Dampfer »Zähringen« brachte eine teils leichtere, teils schwerere Fracht froher Zecher von einer Suserfahrt in den Konstanzer Hafen ein.

Einer der Biederen schwankte zum nächsten Taxi und rief dem Besitzer entgegen: »Fahr mi – hup – in Königsbau ufi – hup – aber eweng dalli.«

Der Fahrer reißt den Schlag auf und wälzt die schwerfällige Masse in den Wagen.

Offenbar muß die Tür gegenüber nicht gut geschlossen haben. Der Fahrgast lag im nächsten Augenblick schon wieder auf der Straße.
Als man ihn wieder auf die Beine gestellt hatte, klopfte er seinem Helfer auf die Schulter: »Des isch etz aber g'schwind gange – hup – wa koscht's?«

Trost

Die Frau eines Konstanzer Bürgers ist gestorben, und die Nachbarschaft hat sich zahlreich zur Beerdigung eingefunden. Während der Witwer in seiner Trauer noch Haltung wahrt, ist der langjährige Hausfreund ganz heulendes Elend. Schließlich wird es sogar dem Ehemann zuviel, er flüstert ihm begütigend zu: »Etzt nimm di doch au vor de Leut e weng zamme, Karle, schau, i heirot jo wieder.«

Die Fehlentscheidung

In einem Dorf auf dem Bodanrück, der Landzunge zwischen Überlinger und Radolfzeller See, stand ein Gemeinderat vor der Wahl, eine bestimmte Summe im Etat entweder zur Anschaffung einer Feuerwehrspritze oder als Beisteuer zu einer neuen Orgel in der Dorfkirche zu verwenden.
Gegen den Widerspruch des Bürgermeisters entschied sich der Gemeinderat schließlich für die Orgel. Prompt bricht auch einige Wochen später ein Feuer aus. Kommentar des Bürgermeisters, als er nachts aus dem Bett geholt wird und am Brandplatz erscheint: »So, etzt orglet!«

Alemannische Wirtschaft

Schillerfeier

Als man 1905 überall in Deutschland des hundertsten Todestages Friedrich Schillers gedachte, hatte auch der Stadtschultheiß von Murrhardt das Thema »Schillerfeier« auf die Tagesordnung der Gemeinderatssitzung gesetzt. Da meldete sich ein Ratsmitglied: »I ben net d'rfür«, meinte er. »Worum au für so ebbes Geld ausgeba? Ja was isch denn dös Bsonders? Rechts a Frauazemmer em Arm, lenks a Frauazemmer em Arm ond vor mir a Flasch Wei, ha no ka i au dichta.«

Viel gelernt

In Schwäbisch Gmünd gibt's ein Frauengefängnis, das »Gotteszell« heißt. Die Insassen müssen arbeiten, auch wenn sie dies bisher nicht getan haben. Sie werden bei den Bauern in der Umgebung zu Erntearbeiten eingesetzt und machen diese Arbeit gerne, denn wenn sie fleißig sind, dann bekommen sie auch ein gutes Essen. Beim Abschied sagte eine zum Bauern: »Nächstes Jahr komme ich dann wieder, es reicht gerade noch.«

Unnötig Sach'

In einer Schule in Mainhardt fragt der Lehrer den Hans, der am Tag nach dem »freudigen Ereignis« zu Hause wieder erscheint: »Na, Hans, wie gefällt dir dein neues Brüderlein?« – »Ha no, ganz guet, aber es gibt doch viel Sach', wo mr nötiger braucht hätte.«

Selbstbewußt

Auf dem Heimweg erblickte der Stadtpfarrer schon von weitem den Baumwart, im Dorf Kuckuck genannt, bei der Arbeit. Im Vorbeigehen rief er hinauf: »Grüß Gott, Herr Kuckuck!« Aus dem Baum kam zurück: »Grüß Gott, Herr Stadtpfarrer! Aber

Moment mol, warta Se gschwend, i komm glei na, i muaß Ihne nämlich ebbas sage.« Der Pfarrer wartete, und gemächlich stieg der Mann vom Baum. Unten angelangt, meinte er: »Bloß, daß Se's wissa, Herr Stadtpfarrer – s' Lompapack secht zu mir Gugug, dia rechte Leit abr saga Herr Veitinger zu mir.«

Gastwirte müssen auch leben

Das Nationalgetränk im Schwäbischen ist der »Moscht«. Aber auch ein gutes Viertele Wein schätzt man, besonders wenn es kaum zu haben ist, wie vor der Währungsreform. Einem Wirt war es gelungen, ein Fäßle Wein aufzutreiben. Seine Wirtschaft erlebte dadurch einen ungeahnten Zuspruch. Um den wirtschaftlichen Erfolg zu verlängern, schenkte er halb Wein, halb Most aus. Eines Abends ging es in der Gaststube schon ganz lustig zu. Als seine Frau wieder in den Keller ging, rief er ihr nach: »Bring schiera (reinen) Moscht, se singet!«

Exzellenzen und Illusionen

In den Inflationsjahren begegneten sich zwei altgewordene Karlsruher Exzellenzen auf dem Kaiserplatz. Beide hatten ihr

Vermögen verloren. Voller Teilnahme fragt der eine: »Wie lebst du denn jetzt, alter Freund?« – »Nun, um neun Uhr früh wach' ich auf und klingl' nach dem Kammerdiener…« – »So«, wundert sich der zweite, »du hast also noch deinen Diener?« – »Sell net, aber die Klingel…«

Nachtwächterlogik

Als einer der ersten Carolsruher Nachtwächter Anno 1728 gefragt wurde, warum er in seinem Stundenruf immer nur die Herren anrede und nicht die Frauen, meinte er: »'s wär unnödich. Denn erschtens wolle se nix höre, un zweitens lasse se sich nix sage…!«

Gespräch im Graben

Die Karlsruher von heute halten es gern mit dem Radfahren. Besonders wenn sie der fatalen Mischung von Alkohol und Benzin aus dem Weg gehen wollen, wie jene beiden Briganten, die, tief in der Nacht und nicht mehr besonders nüchtern, von der Neureuter Kirchweih in die Stadt zurückradelten. Irgendwie kollidierten sie, stürzten und fielen selbander und samt ihren Stahlrössern in den Graben, wo sie benommen liegenblieben. Endlich tastete der eine zum anderen hinüber, geriet an dessen Glatze und gluckste vergnügt: »Mensch, du hasch awwer dei' Hose net schlecht verrisse.«

Blütenlehre

Ein bekannter Freiburger Professor, kein Unmensch, prüft einen Kandidaten. Aber er bemüht sich vergebens, auf Wissen zu stoßen. Da kommt dem Professor der Einfall, den Studenten zu fragen, in welchem Fach ihm sonst noch eine Prüfung bevorstehe. »In der Botanik«, lautet die Antwort. »Nun, dann werden Sie

mir doch wenigstens sagen können, wie der Baum heißt, der hier vor dem Fenster steht?« – »Das ist eine Kastanie.«
Darauf der Professor: »Es erscheint ratsam, Herr Kandidat, daß Sie mit der Fortsetzung Ihres Examens ein halbes Jahr warten, bis vor dem Fenster die Linde blüht.«

Wurst am Freitag

In einem Metzgerladen der Freiburger Altstadt verlangt ein Schulmädchen ein Kilo Rindfleisch zum Einlegen für Sauerbraten. Die Meisterin schneidet es zu, packt es ein und legt als Zugabe ein Rädle Fleischwurst obenauf. Wie sie dem Kind das Päckchen über die Theke reicht, fällt ihr ein, daß Freitag ist, Fasttag für Katholiken. Sie schickt sich an, die Zugabe mit einer Entschuldigung wieder zurückzunehmen. Doch das Kind packt blitzschnell das Stückchen Wurst und ruft: »Her mit dem Rädle, ich kann's ja beichte!«

Logik

Ein Lehrer wollte seinen Schulkindern zeigen, daß Alkohol ein Gift ist. Er sucht im Schulgarten zwei Regenwürmer, den einen legt er in Wasser, den anderen in Alkohol. Der letztere geht zugrunde, der andere lebt munter weiter. »Was sieht man daraus?« fragt der Lehrer die Kinder und bekommt zur Antwort: »Daß mr Schnaps trinke mueß, wenn mr Würmer het!«

Erblehre

Die Mutter sprach zu ihrem »Frichtle«: »Schämschd dich denn nit, Fritzle, der Seppele, wo mit dir in d' Schul komme isch, isch scho a Klass' höher wie du! Wodra liggt denn sel?« – »Hä, weisch, Muddi«, erwidert darauf prompt das schlagfertige Frichtle, »i glaub, seller het halt gscheitere Äldere (Eltern).«

Taubergrund und Nürnberger Schneegans

Strafarbeit

1806, als Napoleon die Landkarte umfärbte und hohenlohisches Gebiet unter die Regierung des Königs von Württemberg kam, wurde dem Pfarrer eines Dorfes bei Weikersheim das Gebot erteilt, bei Gottesdiensten künftig den württembergischen Regenten in die Fürbitte einzuschließen. Der wackere Pfarrer zögerte lange, ehe er sich eines Sonntags zu folgenden Worten entschloß:
»Liebe Gemeinde! Sintemalen wir württembergisch geworden sind, was wir bei unseren schweren Sünden nicht besser verdient haben, schließen wir denn halt auch das Königshaus mit in unser Gebet ein...«

Maßtreter

Im Gegensatz zu seinem Vorgänger pflegte der neue Organist einer kleinen Gemeinde im Taubertal das Predigtlied »Komm, reiner Geist« mit vollem Werk zu spielen. Zeit seines Lebens hatte der alte Kalkant Sebastian für dieses Lied genau zwei Dutzend »Treter« am Blasebalg benötigt.
Als nun der neue Organist das Werk aufrauschen ließ, war das Lied beim vierundzwanzigsten »Treter« erst bis zur Hälfte gediehen. Dann ging den Orgelpfeifen der Atem aus. »Luft«, zischte der Organist. »Luft? – Nix da!« rief der Sebastian, »zwa Dutzend Treter braucht der Heilig Geist, und damit basta.«

Etz waß i ans

Eines Tages steht ein etwas schüchterner Student neben dem Stand einer Higlerin, wie die Marktfrauen auf dem Hauptmarkt genannt werden, und bittet sie mit gezücktem Notizbuch, ihm

für eine wissenschaftliche Arbeit an der Universität einige echt Nürnberger Scheltwörter zu nennen.
»Dou waß i kane«, fertigt ihn die Befragte zunächst unwirsch ab. Inzwischen ist ein Ehepaar an den Stand getreten. Die junge Frau prüft – zur besonderen Freude der Marktfrau – tastend die ausgelegten Blumenkohlköpfe. Beherrscht freundliche Frage der Higlerin: »Wolln S' an Keskil, Frala?« Die Käuferin bittet bei jedem Exemplar ihren Mann, seine Meinung zu sagen. Auf einmal wird es der Alten zu dumm; sie schlurft zu dem noch wartenden Studenten hin und sagt mit unterdrückter Stimme und vorgehaltenem Handrücken: »Etz waß i ans: Schnäigons.«

Is Kichngbiffé

Eine Nürnberger Familie mit vollbepacktem Campingwagen an der jugoslawischen Grenze. Sagt das Familienoberhaupt plötzlich: »Die Kinder sen dou, der Wong is dou, is Zelt is dou, die Bettn sen dou, der Kocher is dou, blouß is Kichngbiffé is net dou.« Fragt die liebe Gattin, was denn das solle, das mit dem Küchenbüfett. Die Antwort: »Dou ling die Päss' draf!«

Des schad nix

Zu Füßen des bekannten Nürnberger Ochsen auf der Fleischbrücke stand jahrelang ein Bäckerjunge und verkaufte knusperige Brezen. Sie kosteten vor dem Zweiten Weltkrieg a Zehnerla. Täglich kaufte Justizrat X. auf seinem Weg in die Kanzlei eine rösche Breze. Zwischen dem alten Herrn und dem aufgeweckten Bürschchen hatte sich ein nettes Plauderverhältnis entwickelt. Eines Tages meinte der Rechtsgelehrte, den Betrübten spielend: »So, heute kann ich dir leider keine Breze abkaufen; ich habe mein Portemonnaie vergessen.« – »Des schad doch nix, Herr Justizrot, nehma S' es ner, däi zohln S' halt morng miet!« – Darauf der alte Herr schmunzelnd: »Ja, wenn ich aber heute nacht sterbe?« – »No ja, nou is aa net vil hie.«

Bayrische »Gschichtln«

Preisbindung

»Wie ich als blutjunger Hupfer 's erstemal auf'm Land heraußen Beicht gsessen bin«, so pflegt der alte Zwieseler Stadtpfarrer Franz Xaver Neun manchmal mit todernstem Gesicht Leuten zu erzählen, die ihn nicht näher kennen, »is so a Bursch dahergekommen und hat gebeichtet, daß er ein Reh gwuidlt (gewildert) hat. Auf alles bin i gfaßt gwesen, aber net auf dees. Ich hab mir wirklich net zu helfen gwußt, muß ich ihm jetzt eine hohe Buß aufgeben, oder gilt 's Wuidln da herum als a kloane Sünd.
Bin i also schnell zum alten Pfarrer nüber in' andern Beichtstuhl.
›Herr Pfarrer‹, hab i gsagt, ›da hat einer a Reh gwuidlt, was soll i denn dem geben?‹
›Net mehr als a Mark fürs Pfund‹, hat der Pfarrer gsagt, ›mehra gib i auch net.‹«

Stolz

Da war unverhofft einem kleinen Bauern die Bürgermeisterwürde zugefallen, weil er sich als gar gewandt und schreibkundig erwies. Der neuen Frau Bürgermeisterin fuhr der Stolz so jäh in den Busen, daß sie ihn in eine rotseidene Bluse hüllte. Wie sie sich am Sonntag nach der Bürgermeisterwahl zum Kirchgang rüstet, hat man schon lang zum Hochamt zusammengeläutet. So schnauft sie bei der Kirchentür herein, als der Ministrant gerade das Meßbuch auf die Evangelienseite trägt, und sieht, wie deshalb jeder ehrfürchtig aufsteht. Da nickt sie freudig überrascht und stolz und sagt lauthals: »Aber Leute, bleibts nur sitzen!« Der neue Bürgermeister konnte sich seine Amtszeit lang in kein Wirtshaus mehr getrauen.

Ortskenntnis

Hinten zwischen Ringelai und Perlesreut hatte sich ein Reisender mit dem Auto verfahren. Wie er so überlegt, ob er weiterfahren oder umkehren soll, sieht er ein Blöcherfuhrwerk (Holzfuhre) um die nächste Reiben (Wegbiegung) daherkommen. Er steigt also aus und fragt den Klachel (vierschrötiger Kerl), der die

Roß mit »hott« und »wüsta« antreibt, ob er da noch im Landkreis Wolfstein oder schon im benachbarten Kreis Grafenau ist. Der Fuhrmann sinniert einen Augenblick, dann schüttelt er den Kopf: »Sell woaß i net, eigspiad (eingesperrt) werma halt z' Passau.«

Reine Liebe

Hansl von den Gilgenhöfen ging gern zur Dorfschule, war recht fleißig und »liebte« seinen Lehrer geradezu. Nur einen Haken hatte diese Zuneigung: er duzte den Lehrer! Dessen gütliches Zureden, ihn mit »Sie« anzusprechen, half nichts. So kam es zur Strafarbeit: fünfzigmal in Schönschrift »Ich muß zu meinem Lehrer Sie sagen!«
Am nächsten Tag zeigt Hansl sein Heft vor. »Aber warum«, fragt der Lehrer, »hast du es hundertmal geschrieben?« Der Hansl: »A woaßt, weilst as du bist!«

Der durstige Tote

Dominik Szap gehörte im »Nachfolge-Christi-Spiel« zu den Räubern, die bei der Gefangennahme getötet wurden. Um die Bühne freizubekommen, gab der Hauptmann der Soldaten, Anton Raul, den Befehl: »Schafft mir die Toten fort!« Auch Szap wurde hinausgetragen, vergaß aber nie, den übrigen »Gefangenen«, die noch eine gute halbe Stunde, praktisch als Statisten, auszuharren hatten, zuzuflüstern: »Servus, Kinder! Viel Spaß! Ich geh jetzt auf ein kühles Bier.«
Man sann auf Rache. Raul fand schließlich die Lösung. Beim nächsten Mal befahl er: »Schafft mir die Toten fort!« Und auf Szap weisend: »Aber den da, den laßt mir liegen!«

Der Mord

Karl Sladek stand früher mit vielen Prominenten auf der Bühne. In »Unterwegs« hatte er Raoul Aslan zu erstechen. Aslan bat, ihm den Dolch nur flach gegen die Brust zu drücken. Sladek drückte dann in der Rage des Spiels etwas zu heftig. Anstatt nun wortlos niederzufallen, sagte Aslan fassungslos: »Au, du bringst mich ja um!« Sladek mußte sich nun auf ihn stürzen, ihn würgen und hervorsprudeln: »Erzähl, erzähl!«
Das Sprudeln kam ziemlich »flüssig«. Worauf der »Sterbende« angewidert sagte: »Du Schwein! Erst erschlägst du mich, dann spuckst du mich auch noch zu Tode.«

Mitgefühl

Einer der originellsten Direktoren aus der »Privatzeit« des Regensburger Stadttheaters (bis 1933 wirtschaftete der Direktor auf eigenes Risiko, Magistrat und Fürstenhaus gaben einen Zuschuß) war Max Linbrunner, der bei fast geschlossenen Lippen aus dem linken Mundwinkel zu sprechen pflegte. Von Haus aus begütert, verdiente er zudem nicht schlecht, doch für die Künstler sah es damals nicht gerade rosig aus. Als der Schauspieler Karl Sladek ihm einmal seine finanzielle Misere klagte, kam es aus Linbrunners Mundwinkel: »Gut, Herr Sladek. Kommen S' um vier zu mir!« Und weiter: »Dann hängen wir uns miteinander auf.«

Die Einladung

In einem Anfall von Großmut lud der Direktor den Sladek zum Kaffee ein. Linbrunner kam im Nachthemd an die Tür: »Was willst denn?« Sladek: »Sie haben mich doch zum Kaffee eingeladen.« Linbrunner: »Must mich deshalb im Schlaf stören?« Aber er ließ den Gast ein, setzte sich in die Sofaecke und zischte aus dem Mundwinkel: »Draußen in der Kuchl steht a Thermosflasch'n mit Kaffee drin. Die holst dir. Paar trockene Kipfln daneben holst dir a. Mir san s' zu hart.« Und sofort schlief er wieder ein. Nach einstündigem Schnarchen wachte er auf: »War 'n netter Nachmittag. Pfüat di, Sladek.«

Quasi durch die Blume

Prinz Luitpold von Bayern war seit seiner Kindheit eng befreundet mit dem Großherzog von Toskana. Nun geschah es, daß den Großherzog wie ein Blitz aus heiterem Himmel der Herzschlag traf. Niemand getraute sich, dem damals schon bejahrten Prinzregenten die traurige Nachricht zu übermitteln. Endlich kam ein kluger Mann im Hofstaat auf den Einfall, dem Leibjäger Toni aufzutragen, die Todesbotschaft Seiner Hoheit im richtigen Augenblick und schonend zu übermitteln. »Jawohl«, sagte der Toni, »i versteh – so quasi durch die Blume. Is scho recht.« Sie sitzen beide im Schachenwald auf einer Felsnase, vor ihnen ein Gamswechsel. Endlich erscheint das ersehnte Wild. »Der dritte is richtig«, sagt der Toni, und auf den abgezirkelten Hochblattschuß des Meisterschützen Luitpold rumpelt der Gamsbock mausetot bergab. »Fixlaudon!« juchzt der Toni, »den hat's aber hinghaut – akkurat wia den Großherzog von Toskana!« – »Was – wie? ... was hast gsagt?!« stottert Seine Hoheit. »No ja – tot is er, der Großherzog, akkurat wia der Gamsbock – übermorgen is Begröbnis – Waidmannsheil, Königliche Hoheit!«

Die Verlobung

»Babba, was isch eigentlich a Verlobung?« Der Vater wählt einen Vergleich: »Sepple, dös isch ungefähr dasselbe, wia wenn du vom Chrischtkindla a Fahrrädle kriagsch – aber erscht auf Oaschtra damit fahra derfsch.« – »Aha«, sagt der Sepple, und nach einer Weile: »Aber Babba, gell, klingla derf ma doch scho glei?«

Dankbarkeit auf Lebenszeit

Ein älterer, ärmlich gekleideter Herr betritt eine Metzgerei in der Nähe des Klinkertors in Augsburg und verlangt für 60 Pfennig Hackfleisch. Beim Anblick des Kunden stutzt der Metzgermeister, wiegt ihm dann ein Pfund Hackfleisch ab, wickelt zwei Mettwürste dazu und packt ihm schließlich noch ein großes

Stück Preßsack ein – und dies alles für 60 Pfennig. – Kaum ist der erstaunte Kunde gegangen, stürzt die Meisterin auf ihren Mann zu: »Ja bisch denn du ganz weg, Ma?« Darauf der Metzgermeister: »Laß no guat sei, Weible, dös war mei Klaßlehrer, wenn der mi net in der sechste Klaß Gymnasium hätt' sitze lau, wär i Akademiker.«

An der Kette

In der Spitalkirche zu Augsburg, nahe dem Perlach, predigte ein Missionspater mit flammenden Worten wider die Sündhaftigkeit der Welt. Dabei gestikulierte er wuchtig, und im Eifer des göttlichen Wortes riß er versehentlich den Strick entzwei, den er um seine Kuttentaille geschlungen hatte. Da flüsterte ein Büble, das ganz eingeschüchtert neben seiner Mutter in der Bank saß: »Komm, Muatterle, gang g'schwind fort, jetzt hot er sich scho von dr Kett' g'rissa.«

Zwietracht

Die Garmischer und die Partenkirchener waren sich seit jeher sehr herzhaft abgeneigt; daran änderte sich nichts, als im Jahre 1935 die beiden Dörfer »zwangsweise« zusammengefügt wurden, im Gegenteil. Nach elf Jahren gemeinsamen Schicksals, 1946, wurde im Gemeinderat diskutiert, ob man nicht nun endlich die vielen verbliebenen Doppeleinrichtungen vereinigen sollte, schon aus rationellen Gründen, unter anderem auch die Garmischer und die Partenkirchener Stierhaltung. Sagte darob der Bauer Pfefferle aus Partenkirchen: »So speziell san mir Partenkirchener mit de Garmischer no net!«

Bareither Daitsch

Zur Festspielzeit. Eine Dame, die zu den Festspielen nach Bayreuth gekommen ist, kauft bei einem Obststand zwei große Tafelbirnen, die ihr ohne Verpackung überreicht werden. Deshalb fragt sie die Händlerin: »Kann ich nicht auch so 'ne Tüte da erhalten?«

Gegenfrage: »Wos maana Sa?« (Was meinen Sie?)

Die Dame wiederholt ihre Bitte.

Die Verkäuferin – Obstschatulln nennt sie der Volksmund: »Sonetüteda? Ich waaß fei wärkli neet, was Sa vo mir wölln!«

Da deutet die Fremde auf den Stoß Papiertüten neben der Waage. Nun läuft ein verstehendes Schmunzeln über das breite Gesicht der Obstschatulln:

»A Guckern maana Sa? Redn Sa halt daitsch!«

Teufelsspuk

Ein Handwerksbursche hatte in einem Hammerwerk der Oberpfalz seine Bleibe für die Nacht gefunden. Die Tagesstreife war bergig und almosenkarg, der Abend aber noch zu guter Letzt fröhlich gewesen. Denn der Hammerwerksbesitzer hatte ihm in

der Schenke etliche Knepperlein Schnaps bezahlt. So duselte er auf seiner harten Lagerstatt dennoch heiterbeschwert durch die Nacht in den Morgen hinein.
Er schlief noch, als die Arbeit des Werkes begann, und erwachte erst, als schon die Feuer brausten, im Raum ihre flammenden Blitze versprühten, dunkle Gestalten mit mächtigen Zangen hin und her huschten. Es war ein Rasseln und Qualmen, ein Dröhnen und Drohen, ein rechter Höllenspuk.
Da sprang auch schon ein Geselle mit einer glühroten Stange zum Eckwinkel des halbwachen Burschen. Der wähnte wirklich, in der Hölle gelandet zu sein, sank vor dem Geschwärzten in die Knie und bat flehentlich:
»Herr Obataifl, loß mi bluß nu aamoll raus, ich bi in mein Rausch gschtorm!«

Familienzuwachs

Am Odeonsplatz steigt eine Dame, die sichtlich Familienzuwachs entgegensieht, in die Straßenbahn ein – zufällig gleichzeitig mit einer anderen, der es genauso geht. Der Wagen ist voll, und beide müssen stehen. Der Schaffner bemüht sich mit Erfolg, der einen der beiden Damen einen Sitzplatz zu verschaffen.
Als er jedoch die andere anscheinend nicht bemerkt und weiter das Geld kassiert, meint diese erstaunt und vorwurfsvoll:
»Na, und ich? Meinen's, mich hat a Weps (Wespe) gestochen?«

Das Siegestor in München

Ein alter waldlerischer Landsmann kommt, zum erstenmal in seinem Leben, nach München und läßt sich von einem Verwandten die wichtigsten Sehenswürdigkeiten der Landeshauptstadt zeigen. Sie kommen in die Ludwigstraße. Der alte Waldler gewahrt das Siegestor und fragt seinen Begleiter: »Was ist denn das für eine seltsame Gebäulichkeit?«

»Das hier ist das Siegestor.«
Der Alte schmunzelt: »So, das Siegestor! Gelt, das haben wir aber auch nicht oft braucht!«

Gott sei Dank

Während der Sonntagspredigt bemerkte der Pfarrer unter seinen Schäflein auch den Sepp, einen mehrfach wegen Diebstahls vorbestraften Sünder, der ihm bisher noch nie durch eifrigen Kirchenbesuch aufgefallen war. Kaum hatte der Seelsorger das »Ite missa est« gesungen, sah man ihn schon am Kirchenportal seine Gläubigen begrüßen. Er hatte es natürlich vor allem auf den Sepp abgesehen. »Na, Sepp«, sagte er, »es freut mich sehr, dich hier wieder einmal zu sehen.«
Und leiser, damit es die anderen nicht hörten, fügte er hinzu: »Du scheinst dich wirklich gebessert zu haben. Hast du auch sicher diese Woche keine Henne gestohlen?«
»Na, Herr Pfarrer!«
»Auch keine Gans? Weißt schon, Martini ist bald da!«
»Na, gwiß net, Herr Pfarrer, wia könne S'sowas bloß denka!«
Der Pfarrer war nun ganz überzeugt von der Unschuld seines leicht defekten Pfarrkindes und drückte ihm kräftig die Hand.
Auf dem Heimweg aber sagte der Sepp zu seinem Freund, dem Nazl: »Gott sei Dank, daß er net no nach de Antn gefragt hat!«

Alles beinand

Das Kitzinger Lenerl steht vor der Hochzeit. Die alte Kitzingerin hat ihre Nachbarin eingeladen, das Heiratsgut anzuschauen. Die Nachbarin sieht all die Herrlichkeiten, das Tischzeug, die Bettwäsch, den Staubsauger und das Silberbesteck.
»Schö hat's Lenerl ihr Sach beinand«, sagt sie, »da is leicht heiratn mit einer solchenen Aussteuer – und sogar an Buam hat's scho zum Bierholn!«

Wenn Sie uns kommandiert hätten...

Als einmal Kronprinz Friedrich von Preußen bald nach 1871 im bayerischen Oberland weilte, bestieg er mit einem einheimischen Bergführer die Kampenwand. Der Bergführer war von der Frische und Beweglichkeit des Prinzen so begeistert, daß er plötzlich ausrief:
»Saxenhausen, Hoheit, wenn Sie uns Bayern Anno 66 kommandiert hätten, da hätten mir die Preußen durch Sonn und Mond gschlagn!«

Unzureichender Nachrichtendienst

Im Allgäu gibt es noch einige Gegenden, die, wie man sagt, hinter Gottes Angesicht liegen. Solch eine Gegend ist das Kreuztal, das zu Beginn des 18. Jahrhunderts noch Urwald war.

Dort war ein Weible so krank, daß es Besuch vom Herrn Pfarrer bekam. Der wollte das Weible unter Hinweis auf die großen Leiden unseres lieben Herrn trösten.
Als der Herr Pfarrer den ersten Teil der Leidensgeschichte erzählt hatte, sagte das Weible: »Ja, was isch doch dees!« Und bei der Geschichte der Kreuzigung tat das Weible ganz erstaunt: »Ja, was Ihr it saget!«
Und als nun das Verwundern am Herrn Pfarrer war und er das Kreuztaler Weible fragte, ob es denn die Leidensgeschichte unseres Herrn nicht kenne, da sagte jenes:
»Woher soll i die kenne? Bei uns im Kreuztal wird ma ja nix inne.«

Die hartnäckige Endsilbe

Zu den auffallendsten Eigenheiten des Berchtesgadener Dialektes gehört die häufige Verwendung der Endsilbe »ei« als Verkleinerungsform für Dinge und Namen. Da sie noch dazu sehr hell gesprochen wird, gibt es Leute, die sich nur ungern mit diesem akustischen Schnörkel an ihrem Namen abfinden. So auch die Frau eines in die Schönau zugezogenen Kunstmalers. Als sie mit einem Knäblein niedergekommen war und die Taufe bevorstand, suchte sie emsig im Kalender nach einem Namen, der sich nicht für die Ei-Endung eignet. Mit Eugen schien sie tatsächlich das Richtige gefunden zu haben, denn »Eugenei« ist klanglich nicht tragbar.
Als nach etlichen Tagen ein Weiblein aus der Nachbarschaft die Wöchnerin besuchte und mit Rahm und Butter beschenkte, bat es, den kleinen Weltbürger besichtigen zu dürfen. Dabei erkundigte es sich natürlich auch nach dem Namen des Knäbleins. Triumphierend gab ihn die Mutter kund, worauf sich das Weiblein liebevoll über die Wiege beugte und zärtlich zwitscherte: »So, so, du kloans Mandei, der Eigei bist du!«

Die Wahlrede

Auch Schneckerloh in der Oberpfalz rüstete für die Landtagswahl. Der Wahlausschuß berief eine Versammlung ein und erteilte seinem Kandidaten das Wort.
Es war der Geekelshanni, ein Mannsbild wie ein Pfund Wurst. Nur widerwillig nahm er die Kandidatur an; er fürchtete und haßte vor allem die Wahlrede.
So erhob er sich erst nach mehrfacher Aufforderung und erklärte dann: »Lait, do bin i. Wer mich net wähln will, konn mich am...!«

Vom Wildern

Eine wißbegierige Sommerfrischlerin fragt einen Holzhauer von der böhmischen Grenze: »Wie stellen Sie das eigentlich an, wenn Sie wildern?«
Antwortet der Schalk: »Wie, dös is einfach. Da wird bei der Nacht a Latern an Grenzstein gstellt und auf den Stein a Schnupfla Tabak gelegt.

Nachher laufen die Hasen zum Licht, schnuppern am Tabak, müssen niesen, hauts ihren Kopf um den Grenzstein rum, san aa scho mauskrabbalatot. Za Früh heem mir's auf. – Mei, dös Wildern, dös is ganz einfach.«

Der Beweis

Den lieben, gütigen Pfarrherrn Regermann bestürmte die alte Kunznkättl immer wieder mit der Frage: »Kimm i aa gwießwohr in Himml nei?«

Als sie den Neujahrsmorgen mit der gleichen Frage begann, befahl er schalkhaft: »Mache einmal deinen Mund auf!«

Sperrangelweit öffnete daraufhin die Kättl ihr Maul. Darin gähnte eine öde Leere, denn auch der letzte Storren war schon in die Ewigkeit vorangegangen.

So erklärt der Pfarrherr überzeugend: »Du kommst bestimmt in den Himmel!«

Allein die Kättl wollte auch noch den Grund erfahren.

Antwort: »Unser Herrgott hat verkündet, in der Hölle wird sein Heulen und Zähneklappern. Das kann niemand von dir verlangen.«

A Kompramiß

Sofort nach Schluß der Passionszeit wollte der Staudnpeter heiraten. Er ging deshalb zum Pfarramt und bestellte vordringlich das Aufgebot. Die Hast weckte den Argwohn des Geistlichen: »Weshalb eilt es denn so sehr?« Als der Peter verlegen mit der Achsel zuckte, wurde er aufgefordert, wahrheitsgemäß die Keuschheitslage anzugeben. Denn danach richte sich das Geläute. Bei völlig Unbescholtenen werde die große, bei Belasteten die kleine Glocke angeschlagen.

Peter suchte einen Ausweg: »Mir hamm duch nu a mittlara Glockn, Herr Pfarrer!«

Jedoch der Geistliche lehnte ab. Die mittlere gehöre den Sterbenden, nicht den Hochzeitern. Also entweder die große oder die kleine.

Da vermittelte Peter: »Herr Pfarrer, ich schloog vor, mir schließn alla zwee a Kompramiß. Sie loßn die gruß laitn und zwischnnei bimblt-bamblt a wengala die klaa. Su werds grod recht saa.«

Das gute Bier

Der Hohentannenschuster wohnte in einem Weiler zwischen zwei Kirchdörfern. Er ging nun meistens in die Kirche des fremden Pfarrsprengels, und das kränkte den Pfarrer der eigenen Kirchengemeinde. Er fragte deshalb den Schuster, ob vielleicht im anderen Dorfe die Predigt besser wäre. Darauf der Schuster: »Ach nein, Herr Pfarrer! Mit der Predigt ist das gehupft wie gesprungen, aber das Bier ist halt drüben besser.«

Trost

Pfarrer Lämmermann (er hieß wirklich so) in Oppersdorf rührte mit seinen Predigten die Frauen der Gemeinde wie kein Pfarrer zuvor und wohl keiner mehr nachher.
Da geschah es denn manchmal, daß von den Weiberstühlen drunten ein Schluchzen herauf zur Kanzel drang.
Nun konnte der gute Pfarrherr keine Träne sehen, er lenkte deshalb sofort ein und tröstete: »Nichts für ungut, Leutla, die Geschichte ist schon alt, wer weiß denn, ob sie wirklich wahr ist.«

Die Begrüßungsansprache

In einem Walddorfe, nennen wir es Tettenberg, steht der Besuch des Herrn Bischofs bevor. Da soll nun auch der Bürgermeister, der keineswegs ein Meister des Wortes ist und auch nicht über die notwendige Schneid verfügt, eine Begrüßungsrede halten. In seiner Not wendet er sich an den Pfarrherrn mit der Bitte, ihm doch eine schöne Ansprache aufsetzen zu wollen. Gerne kommt der gütige Seelsorger der Bitte des geängstigten Dorfoberhauptes nach und überreicht ihm am nächsten Tag eine wohlgefeilte Rede.
Der Bürgermeister liest sie durch und erklärt, daß sie viel zu lang sei. Der Herr Pfarrer möchte doch die Güte haben, die Rede zu kürzen. Dann würde es in Gottes Namen schon gehen.

Der Herr Pfarrer schreibt nun eine viel kürzere Rede nieder, aber auch dies glaubt der Bürgermeister nicht bewältigen zu können. Da sagt der Herr Pfarrer: »Gut! Der Hochwürdigste Herr Bischof wird froh sein, wenn Sie nur eine kurze Rede halten. So hohe Herren müssen ohnehin allzu lange Reden genug anhören!« Und er rät dem Manne, den Herrn Bischof nur mit wenigen Worten zu begrüßen und vielleicht bloß zu sagen: »Exzellenz, ich begrüße Sie herzlichst und stelle mich vor: ich bin der Bürgermeister von Tettenberg.«

Damit ist der Bürgermeister sehr zufrieden.

Der Herr Bischof trifft in Tettenberg ein und wird aufs feierlichste empfangen. Das Glockengeläute verstummt, die Blaskapelle hat ihren strammen Marsch beendet, das Wirtstöchterl seinen Prolog gesprochen.

Da tritt der Bürgermeister vor, zitternd und käsweiß im Gesicht, dreht verlegen den alten Zylinder, verneigt sich linkisch und stottert:

»Exzellenz, ich begrüße Sie herzlichst! Stellen Sie sich vor: ich bin der Bürgermeister von Tettenberg.«

Höhere Bildung

Der Binder Xaverl ist schon ein paar Monate in der schönen Stadt Passau als Handwerksgeselle tätig. An einem totenstillen Sonntagnachmittag, an dem er sonst nichts anzufangen weiß, macht er einen Spaziergang durch die engen Gassen der Altstadt, die dem Kundigen eine südliche Welt vorzaubern. Davon spürt aber der junge Waldler nichts. Er bemerkt jedoch, wie aus dem Fenster des großen Mädchenpensionates von Niedernburg die hübsche junge Wirtstochter seines Heimatdörfls gelangweilt herausschaut.

Der Xaverl, erfreut über diese heimatliche Begegnung, grüßt hinauf und fragt: »So, Kathl, du bist auch herin in der Stadt! Sicher zum Kochenlernen?«

Darauf die Kathl, ein wenig beleidigt: »Einen Dreck! Ich lern da herin Anstand und höhere Bildung!«

Bierdialog

Sie reden nicht viel, wenn sie am Biertisch zusammenkommen, der Söldner und der Kohlpaintner. Sie trinken und schnupfen und schnupfen und trinken, rucken den Hut und kratzen sich hinter den Ohren. Für was lang reden, das Maul mag auch einmal rasten!

Da macht der Söldner einen langen Zug aus dem Maßkrug und sagt dann: »Jetzt ist halt der Boxleitner auch gestorben!«

Dann ist es wieder eine lange Weile ganz still im Wirtshaus. Nach einer kleinen Viertelstund macht der Kohlpaintner auch einen langen Zug und fragt dann: »Was hat ihm denn gefehlt?«

Bei den Männern geht's nicht wie bei den Weibern, wo eine Red' die andere und die Frage die Antwort hetzt. Drum dauerts wieder eine Zeit, bis sich der Söldner zu einer Antwort aufschwingt. Indes er sich mit Andacht langsam eine Prise auf die rechte Hand haut, gibt er kurz Bescheid: »Gesoffen hat er halt zuviel!«

Dann trinken sie beide aus. Und wie die frische Maß kommt, prostet der Kohlpaintner seinen Spezi an: »Recht hat er gehabt!«– – –

A Maß

Ein Münchner läßt im Hofbräuhaus seinen Sprößling in kräftigen Zügen aus dem Maßkrug trinken.
Regt sich ein Norddeutscher auf: »Aber Mann, wie können Sie dem Jungen eine ganze Maß geben!«
»Mei«, sagt der Münchner, »was woaß denn der Bua scho, wieviel a Maß is!«

Mineralwasser

Ein Wiesbadener besucht eine alte, verräucherte Bierwirtschaft und bestellt sich ein Mineralwasser und eine Zeitung dazu. Die Bedienung glaubt nicht recht zu hören und vergewissert sich durch eine Rückfrage.
»Ja, ein Mineralwasser, ein Soda, ein Apollinaris, oder was Sie halt haben«, bekräftigte der trinkfeste Gast mit erhöhter Lautstärke.
Da schleicht die Bedienung stirnrunzelnd zur Wirtsstubentür hinaus.
Nach einer Weile kommt sie wieder, stellt einen Sprudel vor den Wiesbadener, legt daneben eine Zeitung, fein säuberlich in handliche Blätter zerschnitten, und obendrauf einen großen Schlüssel. »Die letzte Tür hint is's«, sagt sie giftig.

Höflichkeit

Beim Wiesenbauer im dörflichen Münchner Stadtteil Feldmoching ist seit Jahren der Zaun so kaputt, daß sich die Passanten die Kleider daran aufreißen. – Eines Tages kommt der Revierpolizist zum Wiesenbauer und sagt: »Herr Wiesenbauer, ich habe Sie zu fragen, lassen Sie Ihren schadhaften Zaun freiwillig in Ordnung bringen oder wollen Sie, daß man Sie zwingt?«
»Wann's Ihnen nix ausmacht, dann tun S' mich bitte zwingen!«

Vor der Tür

In der Volksschule hatten wir einen Steinklopfersohn namens Beck Michl als Mitschüler. Dieser urwüchsige Knabe pflegte sich keinerlei körperliche Hemmungen aufzuerlegen, ließ vielmehr der Natur, wo sie hinauswollte, freien Lauf. Wer ein einigermaßen empfindliches Geruchsorgan hatte, war froh, nicht in des Beck Michls Nähe hinten in der letzten Bankreihe gesetzt zu werden.
Eines Morgens betrat unser Lehrer, Herr Kleinhuber, das Zimmer mit den Worten: »Brrr! Wie's da herin wieder stinkt!«, und da er keinen Zweifel über den Urheber hatte, fuhr er befehlend fort: »Beck Michl, stell dich sofort vor die Tür hinaus!«
Der Beck Michl folgte widerspruchslos und gern. Während er nun auf dem Gang vor der Tür stand, kam der Pfarrer vorbei, der zur gleichen Zeit in den oberen Klassen Religionsunterricht gab. Er sprach den Michl an:
»Warum stehst du vor der Tür?«
Und der Beck Michl antwortete: »Weil's da drin so stinkt.«

Hosn und Nosn

Am unteren Inn, dort wo Ober- und Niederbayern zusammenstoßen, kann der Fremde manche Überraschungen erleben, wenn er den Dialekt nicht beherrscht. Dort werden »Hosn« geschossen, und die Nase wird zur »Nosn«.
Kommt da eines Tags ein Bauer an den Fahrkartenschalter in Simbach und verlangt eine Karte nach Passau. »Bloß hin?« fragt der Beamte und meint, ob er nicht gleich eine Rückfahrkarte ausstellen soll.
Der Angeredete schaut einen Augenblick verdutzt drein; dann sagt er unsicher: »Wo soll i denn hinblosn (hinblasen)?«

Beruhigende Auskunft

Der Gelegenheitsbergsteiger, der vor Zeiten, lange bevor die Zugspitzbahnen gebaut wurden, am kurzgehaltenen Seil des seinerzeit besten Wettersteinführers, des alten Reindl, »Spadill« genannt, auf Deutschlands höchsten Gipfel geleitet wurde, hatte trotz häufigen Stolperns und Fehltretens viel zu fragen. Sei es, um nach dem langen Anmarsch Schnaufpausen auf dem etwas unheimlichen Felsgrat, der zur erstrebten Gipfelhöhe emporführte, zu gewinnen, sei es, um den leisen Schauer des jähen Ausgesetztseins zu verbergen.

Der gute Spadill, der gleich seinem Vater durch Jahrzehnte hindurch ungezählte Touristen auf die Wettersteinberge geleitet und von ihnen gelernt hatte, wie sie zu behandeln sind, gab, gut beschlagen und auch ein wenig verschlagen, geduldig die Auskünfte: »Ja, Herr, da heroben is jetz für alles gsorgt und jede Sach bedacht, und wann S' zum Beispiel da rechts abifalln, schaugn S', na wern S' in Partenkirchen eingraben, wann S' aber links abikugeln, na is der Ehrwalder Totengräber zuständig!«

Die Hetzjagd

Der Gendarm Müller, ein ziemlich beleibter Herr, verfolgt einen Landstreicher, den er beim Stehlen erwischt hat.

Die Hetzjagd geht eine Viertelstunde lang bis zum nächsten Wald. Dort setzt sich der völlig erschöpfte Gendarm auf einen Baumstamm, um sich zu verschnaufen.
Der Landstreicher tut in respektvoller Entfernung dasselbe. Als ungefähr zehn Minuten vorüber sind, ruft er höflich zum Gendarm herüber: »Was is's, Herr Wachtmeister, pack ma's wieder?«

Konsultation

Der Landarzt Dr. A. hat es nicht gern, wenn die Bauern ihn auf der Straße in ein Gespräch ziehen und dabei eine unentgeltliche Konsultation herausschlagen möchten.
Eines Tages hält ihn aber doch wieder ein Bauer an. »Sie, Herr Dokta«, beginnt er, »weil i' Eahna iatzt grad triff, was is iatzt dees: bal i' da her druck', nacha tuat's mir allaweil weh?«
»Rindviech, nacha druckst halt net hi'!« sagt Dr. A. und geht ruhig weiter.

Der andere Ton

Ein fremder Herr kommt sehr erhitzt in eine Bierwirtschaft: »Ja, mei' Herr«, sagte teilnehmend der Wirt, »Sie müaß'n ja g'rennt sei' wia-r-a g'stutzter Hund!«
»Was erlauben Sie sich«, sagt entrüstet der fremde Herr, »ich bitte mir einen andern Ton aus!«
»No entschuldigen S' nur«, begütigte der Wirt, »i' hab halt g'moant, weil S' schwitz'n wia-r-a Sau!«

Bei den Nachbarn im Norden

Hut und Kopf

Der dänische Komödiendichter Ludvig Freiherr von Holberg legte keinen Wert auf Äußerlichkeiten. So trug er einen schäbigen Hut, von dem er sich unter keinen Umständen trennen wollte.

Eines Tages begegnete er in Nyhavn einem angetrunkenen Studenten, der ihn anpöbelte: »Was – das Ding da auf Ihrem Kopf nennen Sie Hut?«

Holberg: »Was – das Ding da unter Ihrem Hut nennen Sie Kopf?«

Bild und Rahmen

Ein junger Maler schenkte dem Bildhauer Thorvaldsen ein prachtvoll gerahmtes, aber künstlerisch wertloses Bild. Vor Freunden prahlte er, sein Werk habe dem berühmten Bildhauer sehr gut gefallen.

Thorvaldsen hörte davon und beschloß, dem jungen Mann einen Denkzettel zu verpassen.

Auf einer Gesellschaft traf er ihn: »Wissen Sie schon, daß man bei mir eingebrochen hat?« – »Nein, verehrter Meister! Haben Sie Wertvolles eingebüßt?« – »Wie man's nimmt. Die Diebe schienen es auf Ihr Bild abgesehen zu haben.« – »Nicht möglich«, rief der Maler freudig erregt, »was werden die Zeitungen dazu sagen?« – »Die sind bereits informiert«, schmunzelte Thorvaldsen, »daß die Einbrecher den Rahmen mitgehen und die Leinwand liegenließen.«

Erfahrungssache

Ob in Bergen viel über das Wetter gesprochen wird? Nun, zumindest den Fremden fällt auf, daß es hier gelegentlich nicht ganz trocken ist.
Ein Besucher geht eines Tages durch die Straßen Bergens. Es gießt in Strömen, und als er einige Kinder unbekümmert spielen sieht, fragt er einen kleinen Jungen: »Sag mal, mein Junge, regnet es denn immer so in Bergen?« – »Wie soll ich das wissen!« ist die Antwort. »Ich bin doch erst acht Jahre alt.«

Unter Verwandten

Ein Seemann aus Bergen, während eines Ausflugs von Le Havre nach Paris am Montmartre gestrandet, läßt sich bei Baron Rothschild als »Schwager Gottes« anmelden.
»Wie ich höre, haben Sie die besten Empfehlungen«, sagte der Baron. – »Ja«, antwortete der Bergenser, »und daher möchte ich Herrn Baron in einer momentanen Geldnot um Hilfe bitten.« – »Ich wußte gar nicht, daß der Herrgott einen Schwager hat«, antwortete der Baron milde. »Vielleicht können Sie mir das näher erklären?« – »Gern, Herr Baron«, sagte der Bergenser. »Es gab zwei Schwestern. Die eine nahm ich zu mir, und die andere hat der Herrgott zu sich genommen.«

Zwischenruf

Henrik Ameln, ein bekannter Bergenser Jurist und Politiker, wetzte seine Zunge besonders gern an dem klassischen Gegensatz zwischen Oslo und Bergen.
Während der feierlichen Grundsteinlegung zu einem öffentlichen Gebäude in Bergen äußerte der Repräsentant aus Oslo in seiner Ansprache: »Das erste Gebäude dieser Art hier kostete 400000 Kronen; ebensoviel kostete das zweite. Dieses, zu dem wir heute den Grundstein legen, kostet vier Millionen. Na, ein paar Nullen mehr oder weniger spielen keine Rolle...«
Darauf Ameln laut und vernehmlich: »Ihr in Oslo habt ja genug davon.«

Schlagfertig

Die Bewohner der finnischen Provinz Savo sind für ihre Schlagfertigkeit bekannt. Der Fahrgast einer Kutsche stellte einmal dem Fuhrmann einen ganzen Batzen Fragen. Schließlich die allerletzte: »Warum wird man wohl diesen Weg so kurvenreich gebaut haben?« Der Fuhrmann überlegte nicht lange: »Na, schauen Sie mal, das war nun so: Als man diesen Weg anlegte, da wurde er zu lang, und deswegen mußte man ihn in Windungen legen, sonst hätte er nicht reingepaßt.«

Beim Friseur

Ein Einarmiger nimmt Platz, und der Lehrjunge macht sich eifrig ans Einseifen. Es ist viel zu tun, so daß der Lehrjunge auch das Rasieren übernehmen muß. Ungeübt, wie er ist, schneidet er den Mann mehrmals, und das Blut strömt. Um die Aufmerksamkeit davon abzulenken, will der Junge den geduldigen Kunden unterhalten. »Sind Sie schon öfter bei uns gewesen?« fragt er. »Nein«, antwortete der Mann, »den Arm habe ich schon im Kriege verloren...«

Raucherlogik

Propst Brofeldt aus Savo war ein eingefleischter Raucher. Unter seinen Gemeindemitgliedern befanden sich Anhänger einer religiösen Richtung, die das Rauchen für Sünde hielten. Besonders ein Bauer, der sich als Nähmaschinenagent betätigte, kritisierte den Propst scharf: »Hören Sie mal, Herr Propst«, sagte er eines Tages, »Christus hat aber nicht geraucht.« – »So«, blitzte ihn der Propst an, »der hat auch keine Nähmaschinen verkauft.« Und damit paffte er dem Bauern eine dicke Rauchwolke ins Gesicht.

Vor-Stellung

Nach der Einweihung der Kirche in Karlskrona im Jahre 1912 nahm auch die Frau des Lokomotivführers Pettersson an dem Festbankett teil. Sie war bekannt für ihre Hoffart.
Bischof Olof Bergdahl aus Kristianstad ging im Festsaal umher und machte sich mit den Teilnehmern bekannt. So kam er auch zu Frau Pettersson, die mit einer leichten Verbeugung sagte: »Frau Pettersson, Landvogtstochter aus Kalmar.«
Darauf der Bischof: »Bergdahl, Bauernjunge aus Schonen.«

Offene Hand

König Friedrich von Schweden, aus dem Hause Hessen-Kassel, ward einst auf einer Reise nach Schonen feierlich von einer Dorfgemeinde empfangen, mit ihrem Prediger an der Spitze. Dieser hatte ein Lobgedicht auf den König verfertigt und sang es mit lauter Stimme vor.

Überrascht von dem ungewöhnlichen Empfang, hörte der Monarch sehr gnädig zu, und da er die Verse gut fand, sagte er am Schlusse des Gesanges: »Bis!« (noch einmal). Der Dichter gehorchte, und der König gab ihm darauf fünfzig Dukaten.

Sich demütig verneigend, sagte der Dichter beim Empfang ebenfalls: »Bis!«, und König Friedrich fand diesen Einfall so drollig, daß er wirklich das Geschenk verdoppelte.

Ein vermaledeiter Kerl

Carl Michael Bellman, der schwedische Dichter, war am Hofe seines Königs nicht nur als Künstler geschätzt, sondern auch als Hofsekretär. Durch eine vorlaute Antwort war er bei Hofe in Ungnade gefallen.

Trotzdem beauftragte ihn Gustav III. weiterhin mit Aufgaben, da sie keiner so gut durchzuführen verstand.

Nun war dem Dichter zu Ohren gekommen, daß der König mit seinem Gefolge eines Tages zur festgelegten Stunde durch seine Straße reiten würde. Als es soweit war, bot sich dem König ein seltsamer Anblick. Der Dichter lehnte aus seinem Fenster und wurde gerade von seinem Barbier auf die umständlichste Weise eingeseift, indem dieser sich eine Leiter an das Fenster gestellt hatte.

Der König war erstaunt und ließ fragen, was dieses sonderbare Benehmen zu bedeuten habe. Bellman antwortete mit schalkhaftem Augenblinzeln: »Majestät, mein Barbier befindet sich bei mir in Ungnade, und darum habe ich ihm mein Haus verboten. Ich kann aber diesen vermaledeiten Kerl nicht entbehren.« Von diesem Tage an durfte Bellman wieder bei Hofe erscheinen.

Skeptisch

Lars Peter ist ein Mann der Vorsicht; er betrachtet alles mit einer gesunden Skepsis. Als er eines Tages mit dem landwirtschaftlichen Berater in der Eisenbahn fuhr, war dieser wie immer voller Optimismus und versuchte, Lars Peter mitzureißen.

Lars Peter aber war ein »schwerer Fall«. Er hütete sich, der Weissagung des Beraters bezüglich einer guten Ernte Glauben zu

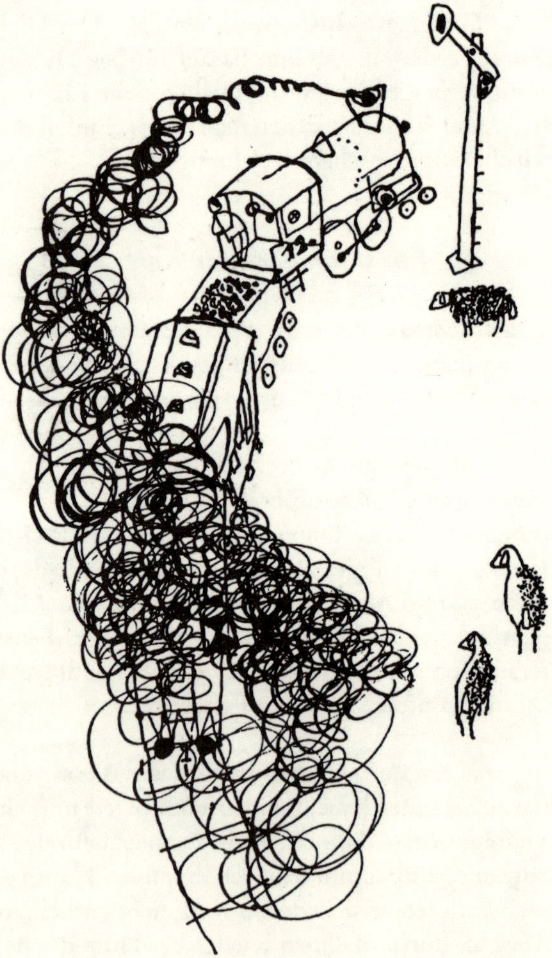

schenken, und auch als der andere ihm für die kommende Woche bessere Schweinefleischpreise in Aussicht stellte, blieb er mißtrauisch.

»Nein, sieh mal einer an«, rief der Landwirtschaftsberater plötzlich und zeigte durch das Abteilfenster hinaus in die Landschaft, »hier haben sie tatsächlich schon die Schafe geschoren.«

»Jaa«, gab Lars Peter widerstrebend zu, »jedenfalls auf der Seite, die wir sehen können.«

... und keiner sonst

Die Schweden stehen im Ruf, große Esser zu sein. Als Bernadotte bei der Krönung den Namen Karl Johann annahm, sprach der Bischof, der ihn krönte, die traditionellen Worte:

»Heute ist Karl XIV. Johann König und keiner sonst!«

Der Krönung folgte ein Festmahl, doch schon nach einer halben Stunde machte der König Miene, aufzustehn. Da herrschte tiefe Stille der Unzufriedenheit, und eine Stimme ließ sich vernehmen:

»Heute ist Karl XIV. Johann satt und keiner sonst!«

Immer noch besser

Das schwedische Nobelpreis-Komitee, das unter anderem auch den Literaturpreis zu vergeben hat, irrte auf diesem Gebiet mehr als einmal.

So vergab es zum Beispiel im Jahre 1910 den Nobelpreis an den deutschen Dichter Paul Heyse, von dem heute nicht allzuviel mehr bekannt ist, während seine berühmtesten und größten Zeitgenossen, der Schwede August Strindberg und der Norweger Henrik Ibsen, den Preis nie bekommen haben.

Damals saß Strindberg mit mehreren Freunden zusammen, und man unterhielt sich darüber, daß Paul Heyse mit dem Literatur-Nobelpreis ausgezeichnet worden sei. Die Freunde bedauerten, daß man nicht Strindberg gewählt habe.

Da meinte der Dichter: »Ach, wißt ihr, es ist immer noch besser, wenn die Leute sagen: ›Warum hat er den Nobelpreis nicht erhalten?‹, als wenn sie fragen: ›Warum in aller Welt bekommt er ihn?‹«

»Mehr links, Majestät!«

Der im Jahre 1950 verstorbene König Gustav von Schweden war ein ausgezeichneter Tennisspieler und hat als solcher unter dem Namen »Mr. G.« auf vielen Turnieren gespielt. Eines Tages spielte er mit dem deutschen Tennisbaron Gottfried von Cramm ein Herrendoppel gegen die beiden Franzosen Cochet und Brugnon. Der König lief im Eifer des Gefechts mehrfach zu weit zur Mitte und ließ die ihm überlassene linke Hälfte des Platzes zu sehr offen.
»Mehr links, Majestät!« rief ihm deshalb von Cramm zu.
»Ja, ja«, meinte der König, »das sagt mir mein Ministerpräsident Staaffe auch immer.«

In der Fremde

Ein Jüte, der einen Handel nicht mit Vorteil abschließen kann, ist kein richtiger Jüte.
In einem Gasthof auf Seeland wird ein Reisender von einem Hofknecht empfangen, dessen jütländischer Dialekt nicht zu überhören ist.
»Du bist doch Jütländer«, fragt der Fremde. »Wie lange bist du schon hier im Gasthof?«
»Dreizehn Jahre«, erklärt der Knecht.
»Dreizehn Jahre«, ruft der Reisende erstaunt, »und dann bist du noch nicht Besitzer?«
»Nein«, antwortet der Jüte resigniert. »Der Wirt stammt aus Aalborg.«

Perspektiven

Vor einigen Jahren wurde in einem der Heidegebiete Jütlands ein Film gedreht. Während einer Drehpause begegnete einer der Schauspieler einem echten Heidebauern. Die beiden Männer kamen ins Gespräch, und im Laufe der Unterhaltung meinte der Schauspieler, es müsse doch langweilig sein, so einsam zu wohnen und so weit weg.
Der Bauer schaute den Großstädter nur an und sagte: »Wovon weit weg?«

Jütische Höflichkeit

Es ist guter jütischer Brauch, sich nicht mit Fremden in ein Gespräch einzulassen, ehe die Formalitäten der Höflichkeit geregelt sind. Anton sitzt im Zug einem Unbekannten gegenüber, der genüßlich seine Shagpfeife raucht. Nach einer Weile steckt er die Pfeife in die Jackentasche, und Anton sieht bald eine dünne Rauchsäule aufsteigen.
»Wie heißt denn der Mann?« fragt Anton sein Gegenüber.
»Ich heiße Andersen.«
»Und was hast du für einen Beruf?«
»Schlachter.«
»So«, fährt Anton fort. »Höre mal, Schlachter Andersen, in deiner Jacke brennt's.«

Offenherziges Gespräch

Im Vorraum eines Restaurants musterte ein sehr aufgeräumter Handelsreisender aus der Provinz einen eingeborenen Stockholmer eingehend von Kopf bis Fuß, um dann offenherzig zu äußern:

»Einen schicken Anzug haben Sie da an, mein Herr, Sie müssen einen ausgezeichneten Schneider haben. Und wie tadellos er ihn gewendet hat!«

»Ja«, erwiderte der Stockholmer gemütlich, »den Rock habe ich sogar zweimal wenden lassen; ich wollte die Brusttasche wieder an der Stelle haben, wo ich sie von Kind an gewohnt bin.«

Der Krebs-Major

Die Krebse haben in Schweden bis zum 8. August Schonzeit. Dann aber lebt man auch im Zeichen des Krebses.

Ein wahrer Krebskenner war der alte Major Donner bei einem Stockholmer Garderegiment. Wie kein anderer verstand er es, sich beim Liebesmahl die Weibchen herauszufischen, zum Ärger seiner Regimentskameraden, die einen niedrigeren Dienstgrad innehatten und sich meistens mit den weniger delikaten Männchen begnügen mußten.

Nach Rache dürstend, ersannen sie eine List: Sie ließen – gegen die Landessitte – die Krebse mit den Köpfen nach außen servieren.

Aber Major Donner erwischte dennoch die Weibchen mit sicherem Griff.

Seine Kameraden saßen da und staunten.

Der Major klärte sie auf:

»Nur ein Schlappschwanz erkennt die Weibchen nicht an ihrem sanften Blick.«

Die Zetterström-Anekdote

Der bekannte humoristische Plauderer Hasse Zetterström war kein Witzbold, und so ist auch nur eine einzige Anekdote von ihm überliefert. Sie stammt von dem Maler Rikard Lindström, der wieder einmal bei Hasse Zetterström in dessen Stockholmer Heim zu einem ausführlicheren Abendessen eingeladen worden war.

Nach getaner Arbeit legten sich die Herren hin, um sich ein Viertelstündchen auszuruhen. Unvermittelt bemerkte Zetterström:

»Über mir wohnt ein Großkaufmann, der ist ein Trinker.«

»Bedauerlich, höchst bedauerlich«, entgegnete Lindström und legte sich aufs andere Ohr. Nach einer Weile begann Zetterström wieder:

»Vor ein paar Tagen rief er mich an und wollte eine Flasche Schwedenpunsch leihen.«

»Hast du sie zurückbekommen?«

»Nein.«

»So ein schäbiger Kerl!« murmelte Lindström und legte sich wieder auf die andere Seite.

Wieder eine Pause. Dann erklärte Zetterström monoton: »Ich habe sie ihm nie geliehen.«

Rechts und links vom Kanal

Der fanatische Schachspieler

In den überdachten Galerien Saint Hubert zu Brüssel gab es einen älteren aber flotten Kaufmann, damals 95 Jahre alt, der ein fanatischer Schachspieler war.
Er besaß einen Laden mit Raritäten und Antiquitäten, von denen er selbst eigentlich eine der ältesten war. Im Hinterstübchen spielte er eines Tages wieder einmal mit einem guten Bekannten das Spiel der Könige. Plötzlich ging die Klingel der Ladentür. Der Alte rührte sich nicht.
»Warum gehst du denn nicht hinaus?« fragte der Freund.
»Pst! Rühre dich nicht!« sagte der Ladeninhaber. »Vielleicht gewinnt er den Eindruck, es wäre niemand da, und geht wieder.«

Vorsicht – ein Schrank!

Ein altes Brüsseler Original war auffällig klein und rundlich und trug meist einen Mantel, der ihm viel zu groß und breit war. Eines Tages rief ein Gassenjunge ihm zu: »Du siehst ja aus wie ein Schrank! Bist du der Vater von Manneken Pis?«

Das Männchen legte seine Arme auf der Brust zusammen und stolzierte weiter. Der Bube ging, den zusammengelegten Armen trauend, in geringer Entfernung grinsend an ihm vorbei. Da aber schnellte das Original blitzschnell seinen Arm nach links heraus und deponierte auf der Backe des Jungen eine kräftige Ohrfeige.
»Siehst du«, sagte er dabei, »eine Schublade ist aufgegangen.«

Es läßt sich tragen

Ein Brüsseler kann entmutigend realistisch sein. Er führt alles auf unmittelbare und konkrete Ursachen zurück und hat vor nichts Respekt.
1834 schenkte Leopold I., König der Belgier und Herzog von Sachsen-Coburg, dem großen Gesangverein in Brüssel eine gold- und silbergestickte Fahne. Der Fahnenträger war jedoch sehr klein und zart, so daß der König ihn mitleidig fragte:
»Ist sie nicht etwas schwer für Sie, mein Herr?«
Aber der nicht auf den Mund gefallene Brüsseler erwiderte:
»Ach, Sire, was Eure Majestät schenken, läßt sich immer tragen.«

Zurück zu den Argumenten

Der Brüsseler Schauspieler De Jong war dafür bekannt, außerhalb der Bühne nur selten in Aufregung zu geraten. – In einem eleganten Restaurant der Rue de la Senne disputierte er eines Tages mit einem älteren Studenten, der unfähig war, sein Temperament im Zügel zu halten. Auf dem Höhepunkt der sehr angeregten Unterhaltung bekam der Student einen Kurzschluß und schüttete dem andern zornwütig ein Glas Wein ins Gesicht.
De Jong zog ruhig sein Taschentuch aus der Tasche heraus, wischte sich das Gesicht ab und sagte kühl: »Das, mein Herr, war eine Abschweifung. Nun zurück zu den Argumenten!«

Geld oder das Leben!

In Antwerpen pflegen die Priester Kindern, die sie auf der Straße treffen, Heiligenbildchen zu schenken. – Eines Tages gehen zwei Taschendiebe durch eine verlassene Straße im Hafenviertel und lauern auf eine Beute. Plötzlich hören sie Schritte und verstecken sich in einer Toreinfahrt. Als die Schritte nahe herangekommen sind, springt der eine hervor und ruft: »Geld oder das Leben!« Er erschrickt, als er einen Pastor vor sich sieht, findet aber nicht mehr die Zeit, sich zu entschuldigen, denn der kräftige Pastor hat

ihm bereits einen tüchtigen Kinnhaken versetzt, so daß er in den Rinnstein rollt.
Da schaut der andere Dieb hervor. Der Pastor erblickt ihn und ruft ihm zu: »Und was willst du, Kerl?«
»Ein Bildchen vom heiligen Joseph, Herr Pastor!«

Ein Seebär außer Dienst

Der flämische Dichter Karel van de Woestijne lebte nach dem Ersten Weltkrieg einige Jahre in Ostende. Täglich schlenderte er einmal den Fischerkai entlang und hielt sich manchmal vor dem meteorologischen Signalposten in der Nähe des Hafens auf, wo alte Fischer und Lotsen schwatzend und priemend herumstanden.
»Eines Morgens«, so erzählte van de Woestijne, »betrachtete ich den unbeständigen Himmel über der Nordsee und stellte in aller Gemütsruhe einem alten Seebären die Frage: ›Mein Freund, was kriegen wir heute für Wetter?‹ ›Ich weiß es nicht, mein Herr‹, lautete die Antwort, ›ich bin pensioniert‹.«

Gewissens-Frage

Mit Recht berühmt ist der Amsterdamsche Straßenbahnschaffner wegen des Humors, der ihn nie verläßt. In den ersten Jahren nach dem Kriege waren die Straßenbahnen so überfüllt, daß es kaum noch möglich war, zu kontrollieren, ob alle Passagiere auch einen Fahrschein hatten. Viele Leute machten sich einen Sport daraus, unentgeltlich zu fahren, und auch die hohen Bußen, mit denen die Stadtverwaltung drohte, konnten nichts dagegen ausrichten.
In dieser Zeit zwängten sich die Straßenbahnschaffner durch die vollgepfropften Bahnen und riefen:
»Noch jemand mit schlechtem Gewissen?«

Vernichtende Kritik

Unter den holländischen Dichtern des 17. Jahrhunderts steht der Dramatiker Joost van den Vondel, der in der »Nieuwe Kerk« zu Amsterdam begraben liegt, auch heute noch in hohen Ehren.
Einer Aufführung von Vondels »Joseph in Dothan« im Amsterdamer Stadttheater ließ der Kritiker J. C. Schröder die vielleicht vernichtendste Theaterkritik folgen, die sich nur denken läßt. Er schrieb: Das XYZ-Ensemble hat gestern abend in der ›Stadsschouwburg‹ Vondels ›Joseph in Dothan‹ aufgeführt. Heute früh hat der Küster in der Nieuwe Kerk Vondel wieder herumgedreht.«

Moßie wird Polizist

Tausend und eine Geschichte erzählt der Amsterdamer von seinem Moßie, der mit Sarah in der Jodenbuurt wohnte, die jetzt verödet ist.
Moßie wird Polizist und kommt am ersten Tag mit dreiundsiebzig Protokollen aufs Amt.
Sein Vorgesetzter ist wütend: »Aber Moßie, du darfst doch nicht jeden gleich aufschreiben! Du mußt die Leute erst warnen.«
»Gut, Mynheer«, sagte Moßie.
Am nächsten Tag patrouilliert er durch die Kalverstraat, die enge Geschäftsstraße Amsterdams, und sieht eine schwangere Frau.
Er geht auf sie zu und sagt: »Wissen Sie nicht, daß in der Kalverstraße Fahrzeuge verboten sind, auch Kinderwagen?«
»Aber ich habe doch gar keinen Kinderwagen«, sagt die Frau verdattert. Moßie hebt streng den Zeigefinger: »Sie sind gewarnt!«

Ungewöhnlicher Nebel

Bei Gelegenheit des ungewöhnlich starken Nebeleinbruchs vor einigen Jahren schrieb eine Londoner Mittagszeitung: »Ungewöhnlich dichter Nebel über dem Kanal. Festland isoliert.«

Strenge Sitten

Damen sind in den vornehmen Londoner Klubs nicht »klubfähig«. Ihre Existenz wird sozusagen ignoriert.
Eines Tages ruft eine junge Dame aus der besten Gesellschaft im Klub ihres Mannes – es ist einer der exklusivsten – an: »Sagen Sie, Portier, ich muß dringend meinen Mann sprechen...«
Sie ist perplex über die prompte Antwort: »Gnädige Frau, der Herr Gemahl ist nicht im Klub.«
Kurze Pause. »Aber Portier, ich habe Ihnen ja noch gar nicht meinen Namen gesagt. Wie können Sie denn wissen, ob mein Mann im Klub ist? Ich bin Lady Soundso.«
Die Antwort kommt wieder prompt: »Pardon, Mylady, Klubregel ist, daß der Herr Gemahl keiner Dame jemals im Klub anwesend ist, wenn er von seiner Frau am Telephon verlangt wird.«

Neun prächtige Söhne

Ein Ire rühmte sich seiner großen Familie.
»Neun prächtige Söhne hab' ich großgezogen«, sagte er, »und keiner von ihnen hat mir die leiseste Mühe gemacht.«
»Na, na«, sagte einer der Zuhörer, »sie werden dir doch irgendwelche Mühe gemacht haben.«
»Nicht die geringste!«
»Willst du etwa behaupten, du hättest keinen von ihnen je bestrafen müssen?«
»Allerdings«, sagte der Ire. »Nie hab' ich gegen einen meine Hand erhoben – außer in Notwehr!«

Ein vernünftiger Mann

Ein englischer Tourist, der in einem kleinen irischen Hotel abgestiegen war, bat den Besitzer, ihm ein Porterhouse Steak zuzubereiten.
»Wie macht man das?« fragte der Ire.
»Zunächst kauft man ein schönes Steak, ungefähr halb so dick wie der kleine Finger lang ist«, sagte der Engländer. »Dann brät man es langsam, indem man es von Zeit zu Zeit wendet.«

»So, so«, sagte der Ire.
»Dann braucht man dazu eingelegte Zwiebeln, einige zarte Champignons und eine besondere Sauce, die ich Ihnen nun beschreiben werde.«
Der Engländer gab umständliche Erklärungen, und als er schließlich damit fertig war, fragte er: »Werden Sie mir jetzt ein Porterhouse Steak zubereiten?«
»Keinesfalls.«
»Und warum nicht, wenn ich fragen darf?«
»Nun«, sagte der Ire, »wenn ich mir soviel Mühe um ein Steak gäbe, würde ich es selbst essen!«

Familiensorgen

Auf einem Bankett wurde dem Herzog von Edinburgh ein Ehepaar als »Herr und Doktor Robinson« vorgestellt. Als der Herzog ein etwas erstauntes Gesicht machte, meinte Mister Robinson lachend: »Ich bin ein ganz normaler einfacher Bürger mit Namen Robinson, aber meine Frau hat den Dr. phil. gemacht, ist also wichtiger als ich.«
Da lachte der Herzog noch mehr:
»Beruhigen Sie sich, Mister Robinson, mit den gleichen Familiensorgen habe auch ich zu kämpfen.«

Rule Britannia!

Ein Wiener hat in London zu tun und sitzt, Apfelstrudel und Wiener Schnitzel schmerzlich entbehrend, vor dem echt britischen Lunch: Peas, Potatoes, Mince-Pie mit Ketchup.
Schließlich wirft er wütend die Serviette weg und ruft:
»... aber die Meere beherrschen!!«

Der weise Chesterfield

Chesterfield hörte, daß man am Hofe Georgs II. von dem Plane sprach, den St. James Park zu französieren und dem Volke zu verschließen. Gefragt, wieviel das Ganze etwa kosten könne, gab er zur Antwort:
»Nicht mehr als eine Krone.«

Kariertes

Ein Schotte sieht, wie ein Räuber mit der Pistole in die Bierstube eintritt.
»Hier sind die zehn Pfund zurück, die ich dir schulde«, sagt er zu seinem englischen Nachbarn.

*

Der geizigste Mann Schottlands: MacDonald, der, wenn er seine Pyjamas in die Wäscherei schickt, immer ein Paar Socken in die Taschen steckt.

*

Zwei Aberdeener badeten im Meer und beschlossen, um einen Sixpence zu wetten, wer von ihnen länger unter Wasser bleiben könnte.
Bisher wurden die Leichen noch nicht gefunden.

Leserbrief: »Sehr geehrter Herr Schriftleiter!
Wenn Sie weiter Witze abdrucken, in denen wir Schotten verhöhnt werden, muß ich leider darauf verzichten, mir künftig Ihre geschätzte Zeitschrift auszuleihen.«

*

Telegramm eines Aberdeener Vertreters aus England an seine Firma: »Geschäfte unmöglich wegen Sturm und Überschwemmung, erwarte Instruktionen.«
Die prompte Antwort: »Nehmen Sie Urlaub, Beginn gestern.«

Der fünfte Mann

Der Inspektor einer irischen Bank ist beauftragt worden, in den entfernten Marktflecken das Funktionieren von Zweigstellen nachzuprüfen, die nach Auffassung der Zentraldirektion keinen ausreichenden Geschäftsverkehr haben. Als der Inspektor bei einer dieser Filialen eintrifft, steht die Tür weit offen. Er tritt ein, wandelt ein wenig im Gebäude umher und findet schließlich in einem kleinen Büroraum den Zweigstellenleiter beim Kartenspiel, zusammen mit der Sekretärin, dem Kassierer und einem Angestellten. Da er ihnen eine Lektion erteilen will, tritt er auf das Pedal, das die Alarmvorrichtung auslöst. Das fürchterliche Heulen der Sirene zerreißt den Frieden des kleinen Dorfes, und sogar der Inspektor ist etwas erschrocken. Als die Sirene verstummt, sieht er, zu seinem Erstaunen, wie der Kellner der benachbarten Wirtschaft herbeieilt und auf einem Tablett weitere vier Flaschen Bier bringt.

Nichts gegen Micky

Ein Irländer kam eines Abends am frühen Morgen heim. Er hatte ein blaugeschlagenes Auge, eine geschwollene Lippe und eine Beule auf der Stirn. Entsetzt rief seine Frau: »Um Himmels willen, wer hat dich denn so zugerichtet?«

»Micky Doolan war's«, murmelte der verletzte Mann.

»Was, Micky Doolan, dieser Rotzjunge, diese freche Schnauze, dieser... Ihn soll doch...«

»Still, Mary! Von den Toten soll man nur Gutes sagen!«

Murphys Vergnügen

Die Iren haben ständig Durst. Niemals ist er gelöscht, und die riesigen Mengen Alkohol, die zu vertilgen sie fähig sind, entzükken sie ganz besonders. Sie vergöttern die Trunkenheit und lachen leidenschaftlich gern über diesen Zustand.

In einem kleinen Dorfe begegnet der Pfarrherr, unterwegs sein Brevier lesend, Murphy, für den selbst die Hauptstraße des Dor-

fes noch nicht breit genug ist. »Wieder mal besoffen!« sagt der Pfarrer in vorwurfsvollem Tone. Über Murphys betrunkenes Vollmondgesicht zieht sich ein strahlendes Lächeln. »Ich auch«, antwortet er.

Kurz und bündig

»Sehr angenehm, Sie endlich kennenzulernen. Ich hab schon viel von Ihnen gehört. Aber ich glaube kein Wort davon!«

*

»Spiel nicht mit Streichhölzern!« – »Nein, ich hab ja mein Feuerzeug!«

*

Mann und Frau suchen etwas grundsätzlich Verschiedenes: Die Frau will einen Mann, und der Mann will eine Frau.

*

Es hat noch nie jemandem geschadet, wenn er hinter einem Girl herläuft. Die Tragödie beginnt erst, wenn er es einfängt.

*

Ständig rufen die Frauen: Wir lassen uns nichts diktieren, und am nächsten Morgen bewerben sie sich als Stenotypistinnen.

*

»Du, wir nähern uns endlich London.« – »Woran merkst du's denn?« – »Weil du immer mehr Menschen überfährst.«

*

Richter: »Was bringt Sie her?« – »Zwei Bobbies.« – »Ich nehme an: wegen Betrunkenheit?« – »Yes, beide!«

*

Zwei Schiffbrüchige schwimmen im Ärmelkanal; nach Stunden fragt der eine: »Pardon, wenn ich mit Ihnen rede, ohne Ihnen vorgestellt zu sein: Ist das der rechte Weg nach London?«

*

»Ich hab' im Hotel neben dem Striptease-Club gewohnt. Furchtbar gefährlich. Bin dreimal aus dem Fenster gefallen.«

*

»Herr Doktor, meine Frau hat sich die Kinnlade ausgerenkt.« – »Ich schick' Ihnen den Unfallwagen.« – »Aber bitte erst in vierzehn Tagen!«

*

»Toll, wie gut du küßt!« »Es ist das erstemal. Ich schwör's!« – »Dann mußt du brieflichen Unterricht genommen haben.«

*

»In deinem Alter war Churchill der Erste in der Klasse!« – »Und in deinem war er Ministerpräsident.«

*

Einer betritt mit einem lebenden Hummer das Theater. »Warum nehmen Sie denn das Biest nicht zum Abendessen heim?« – »Hat schon gegessen. Jetzt soll er mal ordentlich lachen.«

*

Frage an Scotland-Yard-Aspiranten im Examen: »Eine Bande verfolgt Ihr Auto im 60-Meilen-Tempo. Sie sind allein. Was tun Sie?« Antwort: »Fahre 90.«

*

»Mein Hund darf beim Pokern nicht kiebitzen. Bei jeder guten Karte wackelt er mit dem Schwanz.«

Tour de France

Gute Manieren

Als das Hochwasser der Seine auf das Landhaus des Grafen X bei Caudebec in der Normandie zuströmte, gelang es dem Diener, noch vor der ersten Woge das Zimmer zu erreichen, in dem die erlauchte Familie beisammensaß. Obwohl seine Füße naß waren und seine Knie zitterten, öffnete der Diener die Tür, um dem eindringenden Wasserschwall Raum zu geben, und meldete in tadelloser Haltung: »Die Seine!«

Hohe Geistlichkeit

Der Wagen eines Bischofs wurde auf dem Weg von Bayeux nach Caen vom Karren eines Bauern, der nicht ausweichen wollte, aufgehalten. Es kam zu einer wüsten Schimpferei zwischen dem Bauern und dem bischöflichen Kutscher. Endlich griff auch der ungeduldige Bischof ein und rief dem Bauern, einer großen, kräftigen Gestalt, zu: »Deine Ernährung, mein Sohn, scheint besser gewesen zu sein als deine Bildung!«
»Das ist kein Wunder«, entgegnete der Bauer, »denn wir ernähren uns selber, gebildet aber werden wir von euch.«

In Unkosten gestürzt

Sprichwörtlich sind die salomonischen Urteile des heiligen Yves aus Tréguier. Verklagte da eines Tages ein wohlhabender Bürger einen armen Hungerleider auf Schadenersatz, weil dieser täglich von seiner Küche den Geruch des Essens einatme.
»Der Speiseduft ist eine Nahrung«, sagte der Kläger. »Ich stürze mich in Unkosten, um ihn zu erzeugen. Wer ihn schnuppert, muß auch zahlen!« – »Richtig«, meinte Saint-Yves, »ich werde die Entschädigung festsetzen.« Er nahm eine Goldmünze, ließ sie am Ohr des Reichen klingen und sagte dann: »Der Klang zahlt den Geruch. Er hat dir Wind genommen, ich gebe dir Wind zurück.«

Immer »zuvorkommend«

Ein vollendeter Kavalier war der 1657 in Rouen geborene Dichter Bernard le Bovier de Fontenelle, ein Neffe des großen Corneille. Weder mit großer schöpferischer Phantasie noch mit hervorragendem Verstand begabt, schrieb er viele Werke, die man wegen ihres eleganten, glatten Stils allgemein bewunderte. Einst ließ er sich zu früher Morgenstunde bei einer Schauspielerin melden. Eilig kleidete diese sich an und empfing ihn mit den Worten: »Sie sehen, man steht eigens auf für Sie!« – »Wenn man das Gegenteil täte, Mademoiselle«, erwiderte Fontenelle mit charmantem Lächeln, »wäre das noch schmeichelhafter für mich.«

*

Fontenelle war achtzig Jahre alt, als er einmal einer schönen jungen Dame den Fächer aufhob. Sie war ungezogen genug, seine Höflichkeit verächtlich aufzunehmen, weshalb Fontenelle zu ihr sagte: »Gnädigste, Sie verschwenden Ihre Kälte!«

Almosen

Jeanne Jugan, deren Mildtätigkeit im ganzen Land bekannt war, läutete bei einem hartherzigen Mann; der verabreichte ihr statt des Almosens eine kräftige Maulschelle.
»Mein guter Herr, die Ohrfeige war für mich, und ich danke Euch«, sagte sie. »Aber meinen Armen, was gebt Ihr denen?«

Generale und Gastronomie

Curnonsky, der gastrosophische Autor und »Prinz der Feinschmecker«, erklärte kürzlich: »Unsere Generale interessieren sich nicht mehr für die Küche. Wie unrecht haben sie! Wenn früher ein Marschall eine Schlacht verlor, erfand er ein Gericht, und ihm wurde vergeben. Durch die Côtelettes Soubise ist Roßbach vergessen, und das puré Crécy ist ein französischer Sieg.«

Metamorphosen

Der französische Dichter Edmond de Goncourt prägte einst den Satz – der übrigens nicht nur für Frankreich Geltung hat: »Frankreich ist ein unglaublich fruchtbares Land. Man sät ein paar Staatsbeamte – es dauert nicht lange, und man erntet neue Steuern.«

Gebissen

Der Schauspieler Laferrière spielte noch im hohen Alter große Rollen in Paris. Das Gebiß, das er auf der Bühne trug, steckte er allerdings nach der Vorstellung in die Hintertasche seiner Hose. Einmal nach dem Theater ging er mit einigen Kollegen in ein Restaurant. Man setzte sich, doch Laferrière sprang sofort wieder auf.

»Was haben Sie denn?« fragte ein Kollege.

Laferrière hatte sich unterdessen wieder gefaßt und sagte: »Ach, nichts – ich habe mich nur ein wenig gebissen!«

Tierliebe

Tristan Bernard flüchtet während des zweiten Aktes eines besonders langweiligen Stückes. Im Foyer sieht er eine Tafel: »Es ist verboten, Hunde ins Theater mitzubringen!«

Da zieht Tristan Bernard einen Bleistift und schreibt darunter: »Auf Veranlassung des Tierschutzvereins.«

Viktorianisch

Sarah Bernhardt spielte zur Zeit der alten Queen in London die Kleopatra. Sie war auf der Höhe, zog das ganze Register ihres Könnens, war von wilder Leidenschaft durchtobt. Als der Vorhang unter donnerndem Beifall niederrauschte, da sagte eine alte Dame im Zuschaueraum zu ihrer Nachbarin:
»Das unterscheidet sich doch sehr von dem Familienleben unserer lieben Königin!«

Ärztliches Bulletin

Madame de Sévigné hatte eine deutsche Freundin, eine Prinzessin, die mit sämtlichen Fürstenhöfen verwandt war. Da immer irgend jemand in einer dieser Familien starb, trug die Prinzessin beständig Trauer. Als sie nun einmal in einem hellen Kleid erschien, sagte Madame de Sévigné: »Ich freue mich, zu sehen, daß ganz Europa bei bester Gesundheit ist.«

Gespräch aus dem Jenseits

Der Komponist Paul Durant liest in einer Pariser Zeitung die betrübliche Nachricht von seinem allzu frühen Tod.
Er ruft seinen Verleger Beuscher an: »Hast du das gelesen?!«
»Natürlich habe ich's gelesen«, erwiderte Beuscher. »Und woher telephonierst du eigentlich?«

Selbsterkenntnis?

Als Auber Direktor der Pariser Oper war, fehlte eine Sängerin bei einer Probe, ohne sich entschuldigen zu lassen. Die Probe war beinahe beendet, als ein Bote erschien und meldete:
»Mademoiselle S. bedauert sehr, aber sie kann nicht singen.«
»Hat sie das endlich auch bemerkt?« meinte Auber.

Genies unter sich

Der Schriftsteller Denis Diderot, von Goethe als »ein ursprüngliches und unnachahmliches Genie« gepriesen, besuchte den nicht weniger genialen Jean-Jacques Rousseau in Montmorency, einem kleinen Ort an der Straße von Paris nach Chantilly, und sie gingen an einem Teich vorbei.
»Sehen Sie diesen Teich«, sagte Rousseau. »Zwanzigmal habe ich daran gedacht, mich hineinzustürzen und meinem unglückseligen Leben ein Ende zu machen.«
»Und warum haben Sie es nicht getan?« fragte Diderot gelassen.
»Ich habe einen Fuß hineingesteckt«, erklärte Rousseau, »und das Wasser war zu kalt.«

Zureichender Grund

Der Direktor der Galerie hat ein Buch aufgelegt, darein die Besucher ihren Namen, ihr Urteil und den Grund ihres Besuchs schreiben sollen.
Die zehnte Eintragung lautet: Namen: Adrien Dupont, Urteil: nichts verstanden, Grund des Besuchs: Wolkenbruch.

Prophylaxe

Ludwig XIV. trug bei der Jagd auch im kältesten Winter nicht den damals üblichen Muff. Zwei Bauern begegneten ihm, und der eine staunte darüber, daß der König seine Hände nicht besser gegen den Frost schützte.
»Dem erfrieren die Hände nicht«, sagte der andere Bauer, »er hat sie ja in unsern Taschen!«

Das Plädoyer

In einem Prozeß hatte sich die eine Partei einen der berühmtesten Rechtsanwälte aus Paris kommen lassen. Sein Gegner, Anwalt aus einer kleinen Stadt der Touraine, begann sein Plädoyer folgendermaßen:
»Meine Herren, wenn ein Kind leicht krank ist, holt man sich einfach beim Apotheker Rat; wenn es eine ernste Krankheit hat, schickt man zum Arzt; wenn aber der Zustand des Kranken hoffnungslos ist, läßt man eine Berühmtheit aus Paris kommen.«

Feder-Kraft

Ein würdiger Notar ging bei Versailles auf die Jagd. Ein Rebhuhn entweicht ihm zwischen den Beinen, das Gewehr des Notars geht los. Das Rebhuhn schwingt sich gelassen über eine Hecke, kaum daß es ein paar Federn verloren hat. Der Notar springt ihm nach, aber vom Rebhuhn keine Spur. Er fragt einen Bauern:
»Haben Sie nicht ein Rebhuhn fallen gesehen?«
»Nein«, erwiderte der Bauer.
»Merkwürdig, ich habe doch gesehen, wie die Federn geflogen sind!«
»Ja, die Federn habe ich fliegen gesehen«, sagte der Bauer. »Sie sind sogar so gut geflogen, daß sie den ganzen Vogel mitgenommen haben.«

Morgenstund hat Gold im Mund

Dominique, genannt Dummé, und Pasquale sind ein korsisches Freundespaar, wie die Marseiller Marius und Olive.
Es ist 11 Uhr morgens, und Dummé liegt noch immer im Bett. Seine Mutter kommt, ihn zu wecken.
»Oh, Dummé! Es ist jetzt endlich Zeit, Kaffee zu trinken... Während du schläfst, wissen andere Leute sehr wohl ihre Zeit zu nützen. So habe ich heute in aller Herrgottsfrühe gesehen, wie Pasquale einen 5000-Franken-Schein auf der Straße gefunden hat...«
»Was soll das!« antwortete Dummé und räkelte sich wohlig, »denk doch mal an den Mann, der den Schein verloren hat. Er ist ja wohl noch früher aufgestanden.«

Memmettas Papagei

Memmetta hatte einen Papagei, der eines Tages eine Wurst stahl. Als Memmetta ihn dabei ertappte, zerzauste sie ihm derartig den Kopf, daß keine Feder mehr stehenblieb und er kahl wie ein Ei aussah.
Kurz darauf erhielt Memmetta den Besuch des Pfarrers. Er setzte beim Eintreten den Hut ab.
Da sprach der Papagei: »Hast du auch eine Wurst geklaut?«

Unterm Mastixbaum

Capone, ein Herkules von Gestalt, war ein wackerer Mann. Leider hatte ihn ein grausames Schicksal zum Gendarmen gemacht. Als er eines Tages mit seiner Abteilung einen Banditen verfolgte – natürlich war es ein »bandit d'honneur«, der nur mit seinem persönlichen Feind anbindet –, erblickte er den Gesetzesbrecher in einem Gehölz, unter Mastixbäumen versteckt, mehr tot als lebendig. Unser Gendarm versetzte ihm einen Fußtritt und schrie ihn an: »Wartest du, bis ich dich schnappe?«
Der andere ließ sich das nicht zweimal sagen und nahm seine Beine unter die Arme. – Einige Zeit darauf sandte der nicht vor Gericht erschienene Delinquent dem Gendarmen zum Dank eine Ziege. Ein Kamerad fragte Capone:
»Wieviel hast du für die Ziege bezahlt?«
»Einen gutgezielten Fußtritt«, erwiderte strahlend der Riese.

Marius und der Yankee

Marius und Olive gehen mit einem Amerikaner spazieren. Der Yankee prahlt mit den Niagara-Wasserfällen und fragt dann, als sie an eine passage clouté – also an einen der Überwege für Fußgänger – kommen, die rechts und links mit Eisennägeln gekennzeichnet sind, was die Nägel zu bedeuten hätten. Olive sieht Marius an, Marius sieht Olive an, und dann antwortet er:
»Wir, wir haben hier keinen Wasserfall. Aber wir haben einen Wind, der heißt Mistral. Der ist sehr heftig von Zeit zu Zeit, und damit uns die Straßen nicht fortfliegen, haben wir sie lieber gleich festgenagelt.«

Zichorie?

Der Lustspieldichter Georges Feydeau (1862 bis 1921) kehrte eines Tages in einem ländlichen Gasthaus in der Umgebung von Paris ein.

Er rief die Kellnerin und fragte:
»Haben Sie Zichorie im Haus?«
»Ja«, erwiderte sie.
»Wie viele Pakete?«
»Ich schätze, etwa dreißig.«
»Gut, dann bringen Sie alle hierher!«
Nach einigen Minuten legte die Kellnerin dreißig Pakete Zichorie auf den Tisch.
»Ist das wirklich alle Zichorie, die Sie im Haus haben?« fragte Feydeau.
»Ja, mein Herr.«
»So, dann machen Sie mir jetzt bitte eine Tasse Kaffee!«

Pessimist – Optimist

Muzzellu mußte häufig vor Gericht erscheinen. Nach einer Verhandlung fragte er seinen Rechtsanwalt:
»Wieviel schulde ich Ihnen?«
»Vierhundert Franken.«
Muzzellu zieht einen Fünfhundert-Franken-Schein aus der Tasche und einen Bleistift, mit dem er auf den Schein schreibt: Leb wohl.
Der Rechtsanwalt gibt ihm hundert Franken zurück, nachdem er auf den Schein geschrieben hat: Auf Wiedersehen.

Memoiren

Mistinguett wird die Frage gestellt: »Wovon werden Sie in Ihren Memoiren sprechen?« Vertraulich gibt die Tänzerin zur Antwort: »Von allem. Aber nicht von allen.«
Auf die gleiche Frage hat bereits im vorigen Jahrhundert Madame de Staël die beruhigende Auskunft gegeben: »Mein Selbstporträt wird nur ein Brustbild ...«

Bauer, Esel und Gendarm

Nächst dem Pfarrer sind die Gendarmen oft Zielscheibe des Spottes. Man erzählt sich immer wieder gern folgende Geschichte:
Nach dem Markttag in Chambord zieht auf dem Weg nach St. Dié gemächlich trottend ein Maulesel seinen Karren hinter sich her. Weit dahinter marschiert der dazugehörige Bauer. Aus entgegengesetzter Richtung kommen zwei Gendarmen angeradelt, steigen ab, halten das Gespann an und freuen sich, dem Bauern eins auswischen zu können.
»Weißt du nicht, daß es strafbar ist, einen Esel allein auf der Straße laufen zu lassen?« rufen sie dem gemütlich herankommenden Bauern zu.
»Nein, das weiß ich nicht«, antwortet der Bauer und lacht dann verschmitzt: »Aber jetzt weiß ich, warum Gendarmen immer zu zweit auftauchen!«

Harmonische Ehe

Ein Gendarm ist nach Vouvray versetzt worden und weiß deshalb nicht, daß die beiden Gervaults, die am Ausgang des Städtchens wohnen, zwar eine recht harmonische Ehe führen, aber mitunter – besonders wenn der Alte etwas zu tief in das Glas geguckt hat – in bösen Streit geraten können.
Auf einer seiner ersten Dienstrunden sieht er eine Menschenansammlung und hört wilde Schreie und Flüche. Mit Mühe bahnt er sich einen Weg durch die gaffenden Zuschauer und sieht, wie ein Mann und eine Frau wild aufeinander einschlagen. Er trennt die Streitenden und fragt den am nächsten Stehenden: »Haben Sie den Streit von Anfang an miterlebt?«
»Und ob«, lacht der, »ich war doch Trauzeuge!«

Im Tal der Könige

Die Loire, Tal der Könige und des gepflegten Französisch, hat an ihren Ufern noch eine besondere Blüte der Zivilisation sich entfalten sehen: die Höflichkeit. Kein Wunder, daß Talleyrand sich hier niederließ. So spielt in einem Loire-Schloß die berühmte Anekdote, die alle höfische Verfeinerung zusammenfaßt, wie man sie noch im 18. Jahrhundert antraf.
Wenn Talleyrand bei einem Mahl Fleisch anbot, wendete er sich in einer bestimmten Reihenfolge an seine Gäste und sagte:
»Wollen Eure herzogliche Gnaden mir die Ehre erweisen, von diesem Ochsen zu kosten?«
»Werde ich die Ehre haben, Eure fürstlichen Hoheit von diesem Ochsen zu servieren?«
»Will der Herr Marquis mir die Ehre geben, von diesem Ochsen zu nehmen?«
»Habe ich das Vergnügen, dem Herrn Grafen von diesem Ochsen zu servieren?«
Wenn er dann zu den gewöhnlichen Herren kam, klopfte er mit der Hand auf seinen Teller, blickte dem Gast gerade ins Gesicht und sagte in fragendem Ton das eine Wort: »Ochse?«

Temperament

Marius und Olive müssen sich sehr oft über die anderen Mitmenschen ärgern – wenn sie sich zufällig einmal nicht gegenseitig ärgern. Da beide ein ziemliches Temperament haben, drohen sie immer bei jedem Streit, daß sie den Gegner zermalmen werden, und jedesmal sagt dann der eine zum anderen:
»Marius (oder Olive), halt mich zurück, halt mich fest, damit ich mich an dem da nicht unglücklich mache!«
Und dann tun sie sich stets den Gefallen, sich festzuhalten. Eines Tages geht Olive in Toulon spazieren, gerät in eine Wirtschaft, in der einige Leute sind, deren Gesichter ihm nicht gefallen. Es dauert nicht lange, da ist der schönste Wortstreit im Gange, so schön, daß Olive sich nach einer halben Stunde Streiterei die Jacke auszieht, um auf die Männer loszugehen. Auf halbem Weg bleibt er stehen und schaut sich um:
»Ja, wird man denn hier nicht zurückgehalten?«

In jeder Situation ein Kavalier

Der königliche Historiograph und Romanschriftsteller Charles Duclos (1704–1772) badete in der Seine; da kippte am Ufer, ganz in seiner Nähe, eine Karosse um. Er eilte hinzu, eine junge Dame

bemühte sich, aus der Karosse zu steigen. Duclos bot ihr seine Hand und sagte, splitternackt wie er war:
»Entschuldigen Sie, Mademoiselle, daß ich keine Handschuhe anhabe.«

Schulden

Als ein König von Piemont durch Savoyen reiste, schilderten ihm die Edelleute die bedrängte Lage des Landes. Es ging natürlich auch um die Herabsetzung der Steuern. Da die Edelleute sehr kostbar gekleidet waren, machte der König eine spöttische Bemerkung darüber, daß ihre Kleider eigentlich im Gegensatz zu der angeblichen Armut des Landes stünden. »Sire«, erwiderte ein Adliger, »wir haben getan, was wir Euer Majestät schulden, aber was wir getan haben, schulden wir unseren Schneidern.«

Lukull im Gebirge

Eine Pariser Berühmheit speist in einem Gebirgshotel bei Chamonix. Man serviert ein gebratenes Huhn, auf der Speisekarte als »poulet de Bresse« bezeichnet, das aber keine von dessen Eigenschaften aufweist. »Ist das Huhn wirklich aus der Bresse?« fragt der Gast. »Oui, Monsieur, es ist soeben frisch eingetroffen.« – »Armes Tier«, seufzt der Gast und beugt sich zum Huhn auf dem Teller, »hast den weiten Weg ganz zu Fuß machen müssen?«

Die Revanche

Dem Genremaler Greuze wurde zugetragen, die ebenso kluge wie häßliche Madame Geoffrin streue allerlei Verleumdungen über ihn aus. »Sie soll mich nicht herausfordern, sonst male ich ein wirklichkeitsgetreues Porträt von ihr!«

Autoren unter sich

Ein junger Autor aus Dijon bat seinen berühmten Landsmann, den Dramatiker Piron, um einen Rat: »Ich möchte ein Werk schreiben, das niemand vor mir geschrieben hat und auch niemand nach mir schreiben wird.« Piron nach kurzem Überlegen: »Schreiben Sie Ihren Nekrolog.«

Gähnender Beifall

Bei der Aufführung einer seiner Tragödien sagte Piron zu Voltaire: »Ich bin stolz darauf, daß Sie nicht gepfiffen haben.« – »Man pfeift nicht, wenn man gähnt«, erwiderte Voltaire höflich.

Kleine Geschenke

Montesquieu diskutierte eines Tages mit einem geistreichen, etwas hitzköpfigen Mitglied des Gerichtshofes von Bordeaux. Nach ein paar temperamentvoll vorgebrachten Argumenten rief der Rechthaber: »Herr Präsident, wenn es nicht so ist, wie ich

Ihnen sage, schenke ich Ihnen meinen Kopf.« – »Besten Dank«, erwiderte Montesquieu kühl, »kleine Geschenke erhalten die Freundschaft.«

Ratschlag

Ein alter Offizier ging in Bordeaux ins Grand Théâtre, um die Tragödie *Alkibiades* zu sehen. Als im vierten Akt die Hauptdarstellerin ihren aufrichtigen und leidenschaftlichen Anbeter grausam zurückweist, steht der alte Eisenfresser plötzlich auf und brüllt: »Warum bietest du ihr nicht vier Louisdors, wie ich es gestern getan habe?«

Dummheiten

Der Dramatiker Léopold Marchand sagte zu Colette: »Eine Frau ist jung, solange sie sich fähig fühlt, Dummheiten zu begehen.« Darauf Colette: »Ja, aber sie begeht sie nur, wenn sie entdeckt, daß sie altert!«

Likör

In der Revolutionszeit forderte der Hauptmann Barnave vom Prior des Kartäuserklosters Grande Chartreuse das Rezept für den berühmten Likör. In seiner Not gab ihm der Abt das Rezept – für grüne Tinte, das er sich einst für den Klostergebrauch ausgedacht hatte. Barnave wollte die Mixtur an Damen erproben – an den zwölf Zöglingen seiner Frau, die ein Mädcheninstitut unterhielt. Die Wirkung war verheerend...
Wütend ritt Hauptmann Barnave in die Chartreuse zurück, um den Prior und seine Mönche zu verhaften. Die aber hatten längst samt Rezept das Weite gesucht.

Pro und contra

Ludwig XIV. fragte Bossuet, ob ein Christ ins Theater gehen dürfe. »Sire«, sagte der Prediger, »es gibt triftige Gründe dagegen und große Beispiele dafür.«

Gemeinsamer Markt

Ein Tourist sitzt in einem Restaurant in Hendaye nahe der französisch-spanischen Grenze und fragt den Ober: »Was hält man hier im Baskenland eigentlich vom Gemeinsamen Markt?« – »Oh, Monsieur«, sagt der Ober, überlegt einen Augenblick und setzt dann mit einem Augenzwinkern hinzu: »Gemeinsamer Markt? Wissen Sie, so etwas haben wir Schmuggler hier schon seit langem.«

Jenseits der Pyrenäen

Unerträglich

Morgens nach zehn hatte ein Preßluftbohrer begonnen, auf einem der Madrider Boulevards die Straßendecke zu bearbeiten. Bis unweit davon ein Fenster aufgerissen wurde, ein Herr im Schlafanzug an der Balkonbrüstung erschien und brüllte: »Das ist unerträglich! Wer soll da schlafen können?« Der Mann am Preßluftbohrer rief zurück: »Wollen wir tauschen?«

Lebenswandel

Ein Regierungsanhänger rühmte einem Madrider gegenüber die guten Eigenschaften eines Ministers; vor allem hob er dessen keuschen Lebenswandel hervor. Der Madrileño antwortete: »Ach, wäre doch nur der Vater des Ministers schon so enthaltsam gewesen!«

Das Testament

Der Dramatiker Muñoz Seca ging jeden Morgen ins *Café de Levante,* kaufte das ABC und bestellte Kaffee mit Toast. Nach dem Frühstück kam tagtäglich eine Frau an den Tisch, welche die Überreste des Brots und die Zeitung an sich nahm. Eines Tages blieb sie weg. Etwa eine Woche später meldeten sich zwei Frauen bei dem frühstückenden Dichter: »Fehlt Ihnen nicht das alte Weibchen, das Sie jeden Morgen begrüßte? Sie ist gestorben. Und sie hat ein Testament hinterlassen...«
»Ja, hatte sie denn Vermögen?«
»Nein, Señor, aber mir hinterläßt sie das ABC und der anderen hier das übriggelassene Brot.«

Gemixt

In die Bar *Perico Chicotes,* in der neben seriösen Männern leichte Mädchen zu sitzen pflegen, hatte sich ein Pfarrer verirrt. Er bestellte – zweite Verirrung – ein Glas Milch. Perico Chicote tat in seinen Mixer Milch, fügte etwas Kirsch, Kognak und Maraschino dazu und schüttelte das Ganze kräftig durch. Als der Pfarrer diese »Milch« kostete, konnte er nur sagen: »Dios mío! Gesegnete Kuh!«

Fremdenverkehr

Ein englischer Pfarrer beobachtete in Torremolinos zwei spanische Buben, die angeregt in einer französischen Illustrierten blätterten. Als sie dabei auf die Wiedergabe von Rubens-Akten stießen, rief der eine: »Schau, schwedische Touristinnen!«

Roßhandel

El Habichuela, ein Zigeuner aus Almería, wollte einem Stammesgenossen ein Pferd abkaufen. Während er mehrere Tiere beobachtete und genau abschätzte, kam das siebenjährige Söhnchen des Händlers gelaufen und begann zu greinen: »Papa, lieber Herzenspapa, unseren Apfelschimmel darfst du nicht hergeben.« Diese herzzerreißende Szene bewog El Habichuela, den Apfelschimmel zu erwerben. Aber einige Tage später stand er wieder vor dem Haus des Roßtäuschers, der diesen Besuch wohl zu deuten wußte. »Verkauft ist verkauft«, sagte er. El Habichuela ließ ihn nicht weiterreden. »Unser Handel gilt«, beruhigte er den Verkäufer, »ich komme nur wegen des Buben. Den mußt du mir unbedingt leihen, bis ich den Apfelschimmel wieder losgeschlagen habe.«

Die Standpauke

In Málaga, während der Festpredigt am Fronleichnamstag, bemerkte ein Pfarrer, daß seine Gemeinde zerstreut war; die Zuhörer tuschelten heftig miteinander. Als Hirte, der seine Herde kannte, erriet er augenblicklich den Grund: Am selben Tag nämlich sollten die Matadore Atarfeno und Perete auftreten. Die Gläubigen diskutierten, wer der bessere sei. Daraufhin wechselte der Geistliche die Tonart. Seine Festpredigt wurde zur Standpauke, die Worte klatschten wie Peitschenhiebe auf die erschrockene Gemeinde. Nachdem er die Stierkampf-Fanatiker angekanzelt hatte, faßte er noch einmal zusammen: »Wie konntet ihr euch erdreisten, im Hause des Herrn über Stierkampf zu reden! Im übrigen: Atarfeno ist der bessere! Amen!«

Köpfe dem Mimen

Der Madrider Schauspieler Enrique Provedano Yrizmondi gab ein Gastspiel in einem Mancha-Dorf. Alles ging gut, bis er in ei-

nem Monolog stolperte. Daraufhin warf ihm ein Besucher einen Kürbis vor die Füße. Der Saal tobte vor Lachen. Der Mime hob den Kürbis auf und trat an die Rampe: »Meine Damen und Herren, zwar hoffte ich auf Ihren Beifall, aber nie konnte ich annehmen, daß jemand vor lauter Freude seinen Kopf verlieren würde.«

Fachmann

Wie die übrigen Spanier macht auch der Kanarier schönen Frauen gerne Komplimente. »Que guapa! Que bonita! Que preciosa!« (Wie hübsch! Wie schön! Wie wunderschön!) – all das wird gern gesagt und ebenso gern gehört.

Doch weiß ein Caballero den wenigen weiblichen Wesen gegenüber, die diese unaufdringliche Art bewundernder Wertschätzung erzwingen wollen, auch anders zu begegnen.

Eine nicht mehr ganz jugendliche Dame schreitet erhobenen Hauptes flott auf einen Polizisten zu: »Guardia, bitte, jener Herr dort verfolgt mich unablässig. Der Mensch muß betrunken sein.«

Der Polizist wirft einen kurzen prüfenden Kennerblick auf die Dame und entgegnet mit einer leichten Verbeugung: »Das glaube ich auch, Señorita.«

Talvezes

»Woher kommst du, Pedro?« – »Vom Fischen, João.« – »Was hast du denn gefischt?« – »Talvezes, João.« – »Talvezes? Was sind denn das für merkwürdige Fische?« – »Ich weiß nicht, João, ich hab' nicht einen gefangen.«

Irgendwo muß es ja

Einen algarvischen Bauern, der sich in der Schlacht bei Ameixal, 1663, großartig geschlagen hatte, erhob João IV. noch auf dem Schlachtfeld in den Adelsstand. Der Bauer war darüber so gerührt, daß ihm ein nicht ganz der neuen Würde entsprechender Laut entfuhr. Auf den Gesichtern der umstehenden Kavaliere malte sich Entrüstung, aber der joviale König sagte lachend: »Was wollt ihr? Irgendwo muß ja das Bäurische aus ihm heraus.«

Berechtigte Zweifel

Kurz vor der Einnahme von Ceuta durch die portugiesischen Truppen Heinrichs des Seefahrers wurde einer seiner Soldaten, ein Algarvio, von einem maurischen Pfeil am Kopf verletzt. Der Chirurg beendet die Untersuchung mit den wenig tröstlichen Worten: »Du bist ein toter Mann, der Pfeil hat dein Gehirn getroffen.« Der Algarvio wollte das nicht wahrhaben und forderte den Arzt auf: »Schau dir's noch einmal an, denn das ist unmöglich.« Der Arzt blieb jedoch bei seiner Diagnose. Darauf meinte der Verwundete ungläubig: »Nein, es kann nicht wahr sein. Denn wenn ich auch nur das geringste Hirn hätte, wäre ich nicht in diesen verdammten Krieg geraten.«

Tranquilo y cortés

Ein Kanarier sitzt mit drei Freunden in einer Bar, der so beliebten kanarischen Imbißgaststätte. Kommt ein vierter dazu.
Große herzliche Begrüßung. Umarmung mit Schulterklopfen hier, Umarmung mit Schulterklopfen dort. »Wie geht's? Wie geht's der Familie?« – Antwort. Gleiche Fragen an die andern. Gleiche Antworten. Der Ober wartet.
»Was soll ich für dich bestellen?« – Der andere will etwas sagen.

– »Keine Einwendungen!« – Er setzt wieder an. Erfolglos. Sie trinken ihren Kaffee. »Nun mein Lieber, was macht dein neues Lagerhaus?«
»Es brennt. Ich wollte euch um Hilfe bitten.«

Schöner Fortschritt

Jeden Tag ritt der Bauer auf seinem Esel nach Palma.
»Mensch! Das ist altmodisch«, sagten seine Freunde immer wieder zu ihm – »kauf dir doch ein Fahrrad!«
Soviel Zureden half, und nun kam er jeden Tag auf einem Rad angestrampelt.
»Na, bist du nicht froh über diesen Tausch?« fragten die Freunde ein paar Wochen später.
»Nicht so ganz«, antwortete er. »Früher kam ich ausgeruht hier an, und der Esel schwitzte. Jetzt schwitze ich Esel beim Ankommen, und das Rad ist ausgeruht. Schöner Fortschritt!«

Verdienter Ruhm

Ein Junge war im ganzen Dorf für seine schnellen und geschickten Lügen bekannt. Einem Besucher fiel es ein, dies selber auszuprobieren.
»Hör mal, mein Junge«, sagte er zu ihm – »man sagt mir, du wärst ein Künstler im Flunkern. Laß mal sehen, ob das stimmt. Wenn du mich, ohne daß du auch nur einen Augenblick nach-

denkst, anlügen kannst, bekommst du fünf Peseten.«
»Wieso fünf Peseten? Sie haben mir doch gerade eben zehn versprochen!«

Doppeltes Liebespfand

Ein hungriger Student aus Málaga stand nach einem Fasttag vor dem vergitterten Fenster seiner Angebeteten. Vor dem Abschied seufzte er:
»Ich liebe dich mehr denn je. Gib mir ein Liebespfand!«
»Was soll ich dir geben?« fragte die »Novia«.
»Wirf mir eine Haarnadel zu«, riet der Verliebte.
Das Mädchen beeilte sich, eine Nadel loszunesteln.
Da gab ihr der Ausgehungerte die Anregung:
»Wirf die Nadel nicht allein; sie könnte verlorengehen. Stecke sie in ein Brötchen...«

Gespräch unter Männern

Während eines Stierkampfes gerieten ein Sevillaner und ein schnauzbärtiger Katalane aneinander. Beide rückten sich drohend zu Leibe; die Schlägerei schien unvermeidlich. Als das Gesicht des Katalanen schon ganz nahe dem des Sevillaners war, sagte dieser: »Gehen Sie ein wenig zurück, sonst meinen die Leute, Ihr Schnurrbart wäre meiner.«

Der Pariser Urlaub

Der Schriftsteller Ramalho Ortigão (1836–1915) verbrachte, wie zu seiner Zeit jeder gebildete Portugiese, der etwas auf sich hielt, gern alljährlich mehrere Wochen in Paris.
Bei der Rückkehr von einer dieser Reisen begrüßte ihn seine Frau mit der üblichen Frage:
»Na, wie war's? Was hast du denn alles erlebt?«

Er blickte eine Weile vor sich hin und meinte dann, etwas zögernd: »Frag lieber nicht! Denn lügen mag ich nicht, und die Wahrheit kann ich dir auch nicht sagen...«

Die nackte Wahrheit

Eça de Queiroz (1845–1900), der in seinen vielgelesenen Romanen menschliche Schwächen und gesellschaftliche Mißstände, vor allem Selbstgerechtigkeit, Heuchelei und Anmaßung, geist-

reich, aber unerbittlich bloßzustellen pflegte, erhielt nach seinem Tode ein Denkmal auf einem der Plätze Lissabons. Dort steht er, leicht über eine entschleierte weibliche Gestalt gebeugt, die in seinen Armen liegt – sozusagen die nackte Wahrheit, als deren Anwalt er galt.
Kommt da eines schönen Tages die alte Köchin vorbei und bestaunt das Denkmal: »Jesses, unser gnäd'ger Herr, wie er leibt und lebt!« Und kopfschüttelnd, mißbilligend: »... aber die gnädige Frau..., das hätt' ich nun doch nicht gedacht, ... so vor allen Leuten...«

Der Superlativ

König Carlos I. (1863–1908) ruhte sich von den Regierungsgeschäften gern bei Malerei und Musik aus, in denen er sich auch selbst versuchte.
Zu einem Quartettabend im Schloß zu Mafra hatte er auch Ramalho Ortigão eingeladen und fragte ihn am Ende des Konzertes nach seinem Urteil über das Spiel und die Spieler.
Der Schriftsteller, etwas verlegen, da er wieder einmal nicht lügen mochte und die Wahrheit doch auch nicht sagen konnte, aber wußte, daß der König ein Lob – und möglichst im Superlativ – erwartete, äußerte schließlich, um ihn nicht zu enttäuschen: »Ja, Majestät – von allen Quartetten Europas, die ich bisher gehört habe, ist dies zweifellos das – das – das westlichste...«

Nero fiel durch

Das Publikum des Gran Teatro del Liceo, der Oper von Barcelona, genießt den Ruf, sich aus anspruchsvollen Musikkennern zusammenzusetzen. Im Jahre 1889 fand die Erstaufführung von Rubinsteins Oper »Nero« statt, die mit großem Interesse erwartet worden war. Die Nero-Ouvertüre begann mit einem Paukenschlag, dem eine Pause folgte, dann wiederum ein Paukenschlag, Pause, Paukenschlag, Pause... Da erklang eine durchdringende

Stimme vom Olymp: »Ich glaube, es wird mir gefallen!«
Das Gelächter war allgemein, und die schwache Oper »Nero« fiel durch.

Vater Dali war skeptisch

Der Vater des Malers Dali war ein bekannter Notar in Figueras (Gerona), der im Ruf stand, außerordentlich skeptisch zu sein und tiefe Zweifel hinsichtlich der Berühmtheit seines Familiennamens zu hegen. Er hat seinen Sohn Salvador nie ernstnehmen können. Eigentlich zweifelte Vater Dali an allem. Seine Unschlüssigkeit lebt in der allgemeinen Erinnerung fort.
Er baute sich ein Haus im Llaner, einem Viertel von Cadaqués, und am Stammtisch des »Casino« beklagte er sich, daß es im Ort zur Zeit keinen Gärtner gäbe, dem man das Stutzen der Buchsbaumhecken anvertrauen könne, die er um den Garten herum anzupflanzen beabsichtige.
»Nehmen Sie doch Zypressen«, schlug der Kollege Lloveras vor.
»Ausgeschlossen«, erwiderte Dali, »das sieht ja wie ein Friedhof aus.«
»Was meinen Sie zu einem Eisengitter oder einem Holzzaun?« sagte der Kaufmann Don Federico Macau.
»Das erweckt den Eindruck eines Gefängnishofes.«
»Vielleicht ist eine Reihe Pinien das Gegebene«, warf der Aquarellist Bonaterra in die Debatte.
»Die fressen die Ziegen auf.«
»Dann sollten Sie«, schlug der Rechtsanwalt Carmona vor, »am besten Ziegen anpflanzen, denn Pinien fressen ja bekanntlich keine Ziegen!«

Der bescheidene Katalane

In einem Geschäft in der Gran Via in Madrid sucht sich ein Herr eine Krawatte aus. Er berät sich lange mit dem Verkäufer. Das

Gespräch schweift vom eigentlichen Thema ab; sie unterhalten sich über das Wetter und die Politik; bis ein anderer Käufer hereinkommt, der zufällig den ersten kennt. Beide begrüßen sich und beginnen eine Unterhaltung in Katalanisch.
Der erstaunte und diensteifrige Verkäufer wendet sich an den ersten Kunden:
»Sie haben mir gar nicht gesagt, daß Sie Katalane sind!«
Darauf der Angesprochene: »Ich mache mich nicht gern wichtig...«

Den Geschäftsführer, bitte!

Die bedeutenden und bewundernswerten Restaurierungsarbeiten in der Altstadt Barcelonas erwecken ein gewisses Mißtrauen und sind ironischen Bemerkungen ausgesetzt. So ist zum Beispiel folgende Geschichte im Umlauf:
Eines Morgens kommt ein Ausländer in ein elegantes Hemdengeschäft auf dem Paseo de Gracia in der Oberstadt.
Nachdem er seine Einkäufe erledigt hat, erkundigt er sich bei dem Verkäufer, wo das Gotische Viertel sei. Der Verkäufer weiß es nicht und eilt zum Geschäftsführer.
»Dieser Herr möchte wissen, wo das Gotische Viertel ist.«
Der Geschäftsführer ist erstaunt über die Unkenntnis seines Angestellten und erwidert:
»Mensch, das sind doch die Neubauten bei der Kathedrale.«

Nicht überraschen lassen

Ein Andalusienreisender wunderte sich über die vielen Nichtstuer an seinem Weg. Empört fragte er den aus Cádiz stammenden Dichter Permám:
»Arbeitet hier niemand?« – »Schauen Sie«, versicherte der Dichter, »wir arbeiten. Aber wir lassen uns dabei von niemandem überraschen. Wie sie wissen, verfluchte Gott am Ende des Paradieses unsere Ureltern. Zu Adam sagte er, er solle gefälligst im

Schweiße seines Angesichts sein Brot verdienen! Und zu Eva, sie solle in Schmerzen gebären!... Da ist es nur natürlich, daß keine der beiden Sachen in der Öffentlichkeit verrichtet werden kann...«

Eine vorsichtige Dame

Eine Katalanin läßt ihr Taschentuch fallen. Ein höflicher Kastilier will es ihr aufheben. Stellt sie schnell den Fuß drauf: »Halt! Das ist mein Taschentuch!«

Gute Aussichten

Ein Krämer in Barcelona will Kommunist werden und räsoniert: »Mit dem, was mir zufällt, wenn geteilt wird, und dem Häuschen, das mir gehört, werde ich mir das Leben schon ganz nett einrichten können.«

Explorationsversuch

Seit Jahren bohren die Spanier vergebens nach Petroleum. Als während eines Stierkampfes der Picador gar zu wild seine Lanze in den Nacken des Stieres stieß, rief ihm ein Sevillaner zu: »Nur immer feste. Vielleicht findest du Erdöl!«

Denk an unseren Kardinal

Segura, der Kardinal von Sevilla, war so streng, daß er sogar das Tanzen verbot. Als nach Verkündung dieses Verbots ein Stierkämpfer in der Arena vor den Hörnern seines Gegners hin und her hüpfte, statt dem Angriff des Stieres mit statuarischer Ruhe entgegenzusehen, platzte ein Zuschauer los: »Tanz nicht herum! Denk an unseren Kardinal!«

Zurückhaltend

Ein Zeitungsverkäufer geht durch die Hauptstraße Sevillas, die schmale Calle de las Sierpes, mit einem Pack Zeitungen unterm Arm. Von einem Café der gegenüberliegenden Seite – drei Meter – ruft ein Kauflustiger: »Das Morgenblatt, bitte!«

Der Zeitungsmann wirft einen Blick auf den Kunden, den er nicht kennt, mißt mit einem zweiten Blick die Entfernung zu ihm, verzieht verächtlich den Mund und brummt vor sich hin: »Ich denke nicht daran. Zu weit weg...«

Höflichkeit

In Córdoba wurde ein angesehener Bürger von einem Bettler um ein Almosen angegangen, um einen Hut zu kaufen: »Warum kaufst du dir nicht lieber Brot?« mäkelte der Gönner.

»Aber, Señorito«, entrüstete sich der Bittende, »wie soll ich denn grüßen?«

Anspruchsvoller Kunde

Der Sohn reicher córdobesischer Eltern trug mit Würde die Armut, als er sein Vermögen verpraßt hatte. Von Zeit zu Zeit ging er zum ersten Schneider der Stadt, um sich einen Anzug anmessen zu lassen. Dabei zeigte er sich anspruchsvoll. »Die Jacke, bitte, um eine Fingerbreite länger, die Weste zweireihig, für die Knöpfe am Ärmel echte Knopflöcher.« Der Schneider notierte. Auf die Frage, welchen Stoff er nehmen sollte, wurde ihm beschieden: »Keinen, Meister. Ich wollte nur mal wieder meinem Körperchen die Freude antun...«

Freundschaftlich beigelegt

Nachdem er das juristische Studium beendet hatte, kehrte ein junger Mann in sein Heimatstädtchen Andraitx zurück. Der Ort ist klein und ländlich, und wie es alle Leute vom Lande tun, lächelten sie auch hier über die Büchermenschen. Sie beschlossen, ihn ein wenig hochzunehmen:
»Don Juan, wir wollen die Sonne verklagen. Wenn wir morgens nach Palma gehen, scheint sie uns ins Gesicht. Kommen wir abends zurück, scheint sie uns wieder ins Gesicht. Gegen die Einwohner andrer Dörfer beträgt sie sich nicht so...«
»Kommt am nächsten Montag wieder.«
Sie kamen wieder.

»Ich habe mit der Sonne gesprochen«, sagte er zu ihnen. »Sie gab mir ihr festes Versprechen, daß – wenn ihr nachmittags nach Palma hingehen und morgens von dort zurückkommen würdet – sie euch immer den Rücken zukehren wolle. Die Sache ist also freundschaftlich beigelegt... Und hier ist die Rechnung.«

Ein frommer Wunsch

Nach schwerer Verletzung durch einen Anarchisten kam der berühmte Politiker Don Antonio Maura nach seiner Heimatinsel Mallorca, um sich dort zu erholen. Er war zum zweitenmal Opfer eines Attentats geworden.

Da er sehr beliebt war, veranstaltete man nach seiner Genesung eine Huldigungsfeierlichkeit für ihn. Nach dem Tedeum sollten alle Bürgermeister der Insel, in Vertretung für ganz Mallorca, zum Händekuß an ihm vorüberschreiten.

Als nun der Bürgermeister eines kleinen Dörfchens, der ihm etwas ganz besonders Herzliches sagen wollte, an der Reihe war, ergriff er aufgeregt Mauras Hand und stieß mit Inbrunst hervor:

»Don Antonio! Möge es das nächste Mal leichter abgehen!«

Eidgenössisches

Herr im Haus

Wo der Schaggi emol zuem Hairi uff Bsuech ko isch, het em Hairi sy besseri Helfti wie veruggt in der ganze Wohnig s Geschirr ummebänglet und in aim furt uff der Hairi abegschumpfe.

Am andere Dag froggt en der Schaggi: »Du, duet dy Alti immer so wild?«

»He jo.«

»Jä, losch du dir das denn gfalle?«

»Nania, was dänggsch! Hesch denn nit gseh, wien i fräch underem Disch füre gluegt ha?«

Die Vergeltung

Der Schaggi het sich bym Hairi beklagt, daß en sy Frau eso dät schikaniere.

Der Hairi sait:

»Du musch dyner Emma halt zaige, wär Her und Maischter isch. Bi der näggschte Glägehait schlohsch aifach emol s ganz Gschirr zämme, das wirggt immer.«

No e baar Dag brichtet der Schaggi stolz: »S isch denn passiert mit däm Gschirr, Hairi!«
»Jä und, was het di Frau derzur gsait?«
»Gar nüt, si isch in de Ferie.«

Zwar flüssig, aber...

Conrad Ferdinand Meyer erhielt einen Roman zur Beurteilung. Der junge Schriftsteller hatte in seinem Begleitschreiben auf die Flüssigkeit des Stils hingewiesen. C.F. Meyer las den Roman aufmerksam durch und sandte ihn mit der Bemerkung zurück: »Ihr Stil ist flüssig. Ihr Buch überflüssig.«

Der Stadtherr tobte

Paneeterbuume saß in einer Zürcher Wirtschaft und trank ein Glas Most. Er war schlecht bei Kasse. Ein reicher Stadtherr kam, setzte sich an den Nebentisch, bestellte ein Fischgericht und Weißwein.
Paneeterbuume lief das Wasser im Munde zusammen.
Der Stadtherr rief nach der Kellnerin und beschwerte sich: »Fisch a-n-ere sone Soose? Die Soose hän i nüd gärn!«
Paneeterbuume lüftete seine Mütze und wandte sich an den Gast: »Aexgüsi, ich ha die Fischsoose fürs Läbe gärn. Ich chaufe si Ine ab für zwänzig Rappe.«
Abgemacht. Der Stadtherr lud Paneeterbuume ein, sich an seinen Tisch zu setzen. Der Schiffer bezahlte die zwanzig Rappen. Dann bestellte er ein großes Stück Brot und begann die Sauce aufzutunken. Plötzlich griff er nach dem Fisch und führte ihn vom Kopf bis zum Schwanz durch seinen Mund. Der Stadtherr tobte.
Paneeterbuume seelenruhig: »I hän Ine d Soose abkauft für en Zwänzger. I bi nüd gschuld, daß es au na am Fisch Soose häd.«
Worauf der genarrte Stadtherr gute Miene zum bösen Spiel machte und Paneeterbuume den Fisch überließ.

Die kleine Frau

Ein sehr großgewachsener Thurgauer heiratete eine sehr kleine Frau. Als man ihn deswegen hänselte, sagte er: »Wenn ich meine Frau auf ihren Geldbeutel stelle, ist sie so groß wie ich.«

Der liebe Gott und die Regierung

In einem Briefkasten der Hauptstadt Frauenfeld fand sich ein Umschlag mit der Adresse: »An den lieben Gott.« Da die Post keine Himmelsleiter besitzt, leitete sie das Schreiben an die Regierung weiter, die höchste Stelle in der kantonalen Residenz. Dort öffnete man denn auch an Gottes Stelle den Brief und las:

»Lieber Gott, es geht mir schlecht. Aber mit hundert Franken wäre mir über das Ärgste geholfen.« Die Thurgauer Regierung ging der Sache nach und fand, daß es dem Briefschreiber wirklich übel ging. Allein, dieses Betteln und gleich Bekommen paßte ihr doch auch nicht ganz. Und so schickte sie – in Gottes Namen – fünfzig Franken. Wenige Tage danach erhielten die Regierungsbeamten auf demselben Wege einen zweiten Brief »An den lieben Gott«. Darin hieß es: »Lieber Gott, ich danke Dir für Deine Hilfe. Wenn Du mir aber wieder einmal hundert Franken schicken willst, so bitte direkt und nicht über die Regierung, welche die Hälfte für sich behalten hat.«

Kindliches Vertrauen

Am Säckinger Zoll wartet ein kleines Wäldlermaidele, das eben aus der Schweiz gekommen ist. Nachdem es schon eine ganze Weile gewartet hat, fragt der Zöllner freundlich das Kind: »Worauf wartest du denn noch?« – »Uf d' Großmueter«, erwidert es. »Ja, wo ist denn deine Großmutter?« fragt der Zöllner weiter. Da schaut ihn die Kleine treuherzig an und sagt: »D' Großmueter isch uf dr Bruck hinter sellem Pfoschte und steckt no Strümpe in d' Hose.«

Zitatenschatz

Während der Tellspiele in Altdorf ist die Umgangssprache der Laiendarsteller mit Schillerzitaten gespickt.
Erstes Beispiel: Drei Männer sitzen im Wirtshaus und spielen Karten. Bei jedem Stich heißt es: »Eine Schlange sticht nicht ungereizt.«
Zweites Beispiel:
Am Nebentisch speisen zwei Touristinnen, flachbrüstig, aufgetakelt; eine trägt ein auffälliges Geschmeide um den Hals. Einer der Kartenspieler schielt bisweilen zu ihnen hinüber und murmelt nach einer Weile:
»Wie schön der Kuh das Band zu Halse steht!«
Der zweite vollendet ohne nachzudenken: »Das weiß sie auch, und nähm man's ihr, sie hörte auf zu fressen.«
Auch der dritte kennt seinen Schiller und erklärt seufzend: »Da ist nah und fern kein Busen, der uns freundlich Schutz gewährt.«

Urvater Tell

Aus dem Unterricht einer Dorfschule in der Nähe von Luzern:
Lehrerin: »Wer war der erste Mensch, Hansli?«

Hansli: »Wilhelm Tell.«
Lehrerin: »Aber nein, Hansli, das war doch Adam!«
Hansli, ungerührt: »Ja schon, wenn Sie die Ausländer mitzählen!«

Grünschnabel

Eine Unterwaldnerin pilgert mit ihrem Sohn zu einem der zahlreichen Gnadenorte der Innerschweiz. Lange, für die Begriffe des Knaben allzu lange, knien Mutter und Sohn vor dem Altar, über dem das rote Ewige Licht brennt. Endlich tippt der Junge seiner Mutter auf die Schulter: »Du, wenn's aber dann grün wird, wollen wir schauen, daß wir weiterkommen.«

Konkurrenz

Im Jahre 1831 ließ sich Franz Liszt mit seiner Geliebten, Madame d'Agoult, in Genf nieder.
An einem schwülen Sommerabend war er von einem reichen Patrizier auf dessen Landhaus am Seeufer eingeladen. Ein Gewitter zog herauf. Liszt verkündete, daß er mit Blitz und Donner um die Wette spielen wolle, setzte sich an den Flügel und griff so gewaltig in die Tasten, daß viele Saiten sprangen. Als er sein Spiel beendet hatte – er war dabei nicht einmal außer Atem gekommen –, wandte er sich an seinen Freund, den Major Pictet (einen Enkel von Voltaires Nachbar): »Voilà! Ich bin mit dem Gewitter fertig geworden!« – »Wie, Meister«, entgegnete dieser, »hat es etwa gedonnert, während Sie spielten?«

Schlecht erraten

Flurin kommt ungewaschen zur Schule. Blaue Flecken im Gesicht lassen auf Heidelbeerkonfitüre schließen. Der Lehrer sagt: »Flurin, ich weiß, was du heute morgen gegessen hast.« – »Das glaube ich nicht, Herr Lehrer.« – »Wenn ich es nicht errate, so brauchst du für morgen keine Aufgaben zu machen.« – »Bitte, Herr Lehrer.« – »Heute morgen hast du Heidelbeerkonfitüre gegessen.« – »Falsch, Herr Lehrer, das war schon vor drei Tagen!«

Eidesstattlich

An den Schweizer Ufern des Genfer Sees ist man der Ansicht, daß die Pfarrer in Anekdoten eine größere Rolle spielen als im Leben.

Der Seelsorger eines Winzerdorfes in der Lavaux hält sich Hühner, wie das auf dem Land vielfach üblich ist. Zu bestimmten Tageszeiten dürfen Hühner nicht frei auf der Dorfstraße herumlaufen. Einmal bekommt der Pfarrer ein Strafmandat, weil er seine Hühner nicht zur rechten Zeit wieder in den Stall getrieben hat. Sofort eilt der geistliche Herr in die Mairie, um sich beim Gemeindepräsidenten zu beschweren. Dieser läßt ihn aber erst gar nicht zu Wort kommen: »Der Rapport sagt klipp und klar, daß Ihre dreizehn Hühner umhervagabundiert sind.« – »Das kann gar nicht sein, Herr Gemeindepräsident, ich habe ja nur neun.« – »Tut mir leid, Herr Pfarrer! Ich würde Ihnen ja gern glauben. Aber der Dorfpolizist ist vereidigt.«

Offene Türen einrennen

Als es noch Sitte war, daß vor einem Fest die Burschen ihren Holden nächtliche Besuche abstatteten, geschah einmal folgendes: Ein »Nachtbube« stand vor der verschlossenen Haustür der Geliebten und klopfte hoffnungsvoll. Die zukünftige Schwiegermutter, an die die Bitte ums Aufmachen zwar nicht gerichtet war, vernahm zuerst die nächtliche Ruhestörung und reagierte prompt: »Bist du der Gian Battista, dann ist der Hausschlüssel hinter dem Fensterladen aufgehängt. Bist du ein anderer, dann ist der Schlüssel in meiner Tasche und bleibt auch darin!«

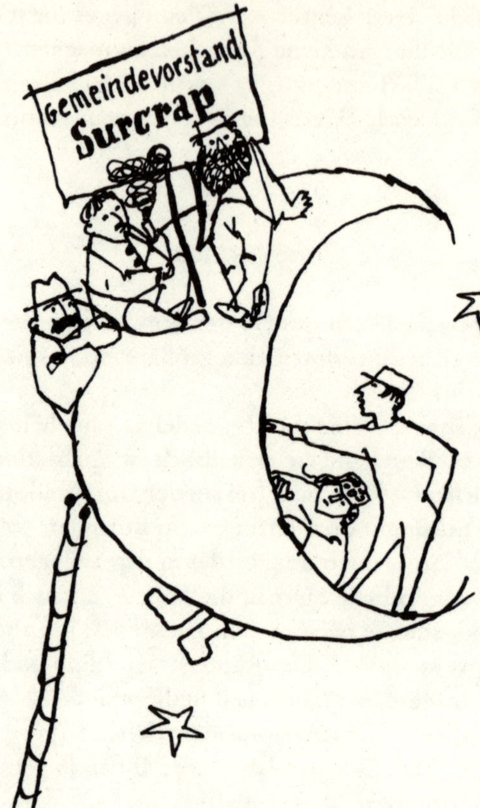

Hinter dem Mond

In vielen Dörfern am Vorderrhein werden politische Geschäfte sonntags nach dem Gottesdienst getätigt. So auch in Surcrap, dessen Gemeinderat gerade erwog, den Steuersatz zu erhöhen. Der Diskussionsbeitrag eines alten Männli, das früher sein Glück in Frankreich ohne Erfolg versucht hatte, dem aber der Schalk aus den Augen blitzte, lautete: »Ein Franzose landete auf dem Mond und traf auf einen Russen. Er entschuldigte sich: ›Wenn du schon da bist, dann geh ich auf die andere Seite des Mondes.‹ Der Russe entgegnete: ›Nein, das hat keinen Sinn. Hinter dem Mond ist bereits der Gemeindevorstand von Surcrap!«

Berufssünden

Der wetterharte Fuhrmann Ric hatte schon lange nicht mehr gebeichtet. Der Dorfpfarrer ermahnte ihn dazu; er wolle ihm auch bei der Aufzählung seines Sündenregisters behilflich sein. So geschah's. Der Pfarrer fragte: »Als Fuhrmann haben Sie gewiß öfters geflucht?« – »Ja.« – »Als Fuhrmann haben Sie sicher auch häufig Hafer gestohlen?« – »Ja.« – »Die Pferde geplagt?« – »Ja, gelegentlich auch.« – »Vielleicht noch andere Tiere geplagt? Oder Leute...?« – »Nein, nicht daß ich wüßte...« – »Die Serviertöchter in der Schenke auch nicht...?« – »Aber, Herr Pfarrer, waren Sie auch mal Fuhrmann?«

Nicht für Fremde

Im letzten Tal, wo das Romanische und das Italienische hart aufeinanderstoßen, hatte man für alle Fälle einen Galgen errichtet. Ein »Italiener«, wie die Romanen die Tessiner nennen, hatte eine »romanische« Ziege gestohlen. Er wurde erwischt und vor Gericht gestellt. Was sollte geschehen? Der Gemeindepräsident sprach: »Wir haben nun einen Galgen aufgestellt. Der Geißdieb soll als erster daran hangen.« Der sparsame Gemeindekassierer war damit aber nicht einverstanden: »Nein, wir haben unseren Galgen für uns und unsere Kinder aufgestellt und nicht für Fremde!«

Es war eine Limousine

Der Schaggi verzellt em Hairi: »I ha e maximali Frau kennegelehrt; und geschtert (gestern) han i si in mym Brueder sym Wage in Allschwilerwald mitgnoh. Won i ere ha wölle e Schmutz (Kuß) gä, het si gsait, i soll zerscht's (zuerst) Verdegg abeloh (herunterlassen), der Mond schyni doch eso schön. Aber bis jetzt bin ich nonig (noch nicht) derzue ko, ihre dä Schmutz z' gä.« – »Bisch nit gscheit, für s' Verdegg abezloh bruuch ych doch högschtens zwei Mynute.«
»Kunschtschtügg, mit eme Cabriolet.«

Parlez-vous?

Auf einer kleinen Seitenstraße stoppt ein Autofahrer und erkundigt sich bei einem viehhütenden halbwüchsigen Knaben, ob er bis zur nächsten Hauptstraße durchfahren könne. An Stelle einer Antwort fragt der Hütebub zurück: »Sprechen Sie Französisch?«
Der Autofahrer meint, das gehe den Jungen nichts an, er wolle eine Antwort auf seine Frage und sonst nichts. Doch der Junge fragt zum zweitenmal und erhält die ungeduldige Antwort:
»Ja, natürlich spreche ich Französisch!«
»Gut, dann fahren Sie ruhig weiter!«
Der Autofahrer setzt seinen Wagen wieder in Gang, kehrt aber schon nach zwei Minuten wieder zurück, fuchsteufelswild, da das Sträßchen in eine ausweglose Kiesgrube führt. Er stellt den Jungen, der das natürlich wissen mußte, energisch zur Rede, worauf dieser sagt:
»Ich habe Sie ja gefragt, ob Sie Französisch sprechen!«
»Ja, und?«
»Unser Lehrer sagt immer: Buben, lernt Französisch, dann kommt ihr überall durch!«

Poetisches

Als Gottfried Keller einmal mit Bekannten beim schwarzen Kaffee saß, fragte einer, eine etwas überschwengliche Natur: »Ach, Herr Staatsschreiber, heute vormittag, bei dem herrlichen Wetter, haben Sie gewiß etwas recht Schönes und Poetisches gemacht?«
»O ja«, erwiderte der Dichter trocken, »ich habe einen großen Topf Senf eingemacht.«

Eiger — Mönch — Jungfrau

In der Geographiestunde fragt die Lehrerin ihre Fünftkläßler nach den drei berühmten Bergen des Berner Oberlandes. Eiger und Mönch sind genannt, doch dann tritt Stille ein, so daß die Lehrerin etwas nachhelfen möchte:
»Ausgerechnet den dritten Berg weiß niemand! Schaut doch einmal mich an, kommt es jetzt keinem in den Sinn?«
»Doch Frölein«, meldet sich da einer, »'s Schreckhorn!«

Gerechtigkeitssinn

Er war frühmorgens aufgebrochen, hatte eine schöne Gemse erlegt und näherte sich in der Abenddämmerung seinem Hause, das zuoberst im Dorfe stand. Aber noch bevor er über die Schwelle tritt, bemerkt er einen Mann, der sein Holz vom Stoß wegstiehlt. Als der Dieb sich ertappt sieht, will er das Holz wegwerfen und fliehen, doch der Wildfrevler ruft ihm zu:
»Nimm du das Holz – ich behalte die Gams.«

Eine Fahrkarte und damit basta!

Der Engadiner ist für Gastfreundschaft, aber auch für Zurückgezogenheit und ausgeprägtes Selbstbewußtsein bekannt.

Nichts ist ihm unangenehmer als Aufdringlichkeit. Dies gilt für die einfache Bauersfrau genauso wie für den weltgewandten Hotelier. Alle persönlichen Angelegenheiten werden vor der Öffentlichkeit peinlich gehütet. Nur so erklärt sich die Handlungsweise jener alten Engadiner Bäuerin, die am Schalter eine Fahrkarte verlangte und auf die Frage des Beamten, wohin die Karte lauten solle, antwortete:
»Das geht Sie gar nichts an, wohin ich fahre! Geben Sie mir eine Fahrkarte und damit basta!«

Lehrgeld

Ein als kauzig bekannter Rechtsanwalt betritt in Begleitung seines Dackels einen Metzgerladen, um Fleisch zu bestellen. Plötzlich helle Aufregung: der Hund sucht mit einer gewichtigen Lyoner Wurst das Weite!
Der Metzger wendet sich mit maliziöser Stimme an den Advokaten: »Wiä isch jetz das aigentli, Härr Doggter, schtreng nach Rächt maini, wär mueß diä Wurscht berappe?«
»Laider ich.«
Darauf der Metzger triumphierend: »Sibe Frangge, Härr Doggter.«
Ein kurzer Moment spannende Stille.
»So, so, sibe Frangge. Denn sind Si no guet gschloffe (davongekommen); so sind S' mer doch nu no drei Frangge schuldig. Zähn Frangge choscht nämli mini Rächtsbelehrig!«

Lebhaft, bitte!

Bei der Feuerwehrprobe auf dem Land stehen einige Feuerwehrleute untätig beisammen. Plötzlich kommt der Kommandant und brüllt:
»Was isch au' das für a aaluega (Ansehen), wien ir umaschtönd. Wenn ir nünt (nichts) z' tua händ, so schtönd wenigschens a bizzeli lebhaft umanand – nöd so fuul!«

Menschenkenntnis

Einer der originellsten Unterengadiner war der vor wenigen Jahren verstorbene Schulser Dichter, Gitarrensänger, Jäger, Redaktor und Polizeikommissär Men Rauch. Zu einer Zeit, da er als Friedensrichter amtierte, kamen einmal zwei streitende Dorfgenossen zu ihm. Er hörte sie an und erkannte, daß er die aufgebrachten Gegner nicht so bald würde beschwichtigen können.

»Wißt ihr was«, sagte er zu ihnen, »ich habe ein dringliches Geschäft im Nachbardorf, und da könnten wir unterwegs euren Fall weiterverhandeln.« Er lud die beiden in den Fond seines Wagens und fuhr mit ihnen ohne ein weiteres Wort nach Sent. Dort ließ er sie lange allein. Die Gegner wurden des Wartens überdrüssig und begannen miteinander zu reden. Und als Men Rauch sich schmunzelnd ans Steuer setzte und sie nach Schuls zurückfuhr, hatten sie sich von selbst wieder versöhnt – ganz ohne weiteres Dazutun des Friedensrichters.

Muster ohne Wert

Im Bahnhofsbüfett II. Klasse tritt eines Tages ein hablicher Bauer ein und erklärt auf Befragen des Kellners, er möchte gern einmal etwas Apartes essen, das man auf dem Lande nicht kriege; zu was er ihm rate. Der Kellner erklärte ihm, er treffe es gut, eben seien sehr feine Horsd'œuvres auf die Karte gesetzt worden. Der Bauer bestellt sich welche, kriegt sie, und der Kellner bedient andere Gäste, bemerkt aber nach einer Weile, daß jener nicht ißt, sondern die zahlreichen Vorspeisen bloß betrachtet. Infolgedessen erkundigt er sich, ob dem Gast noch etwas fehle. Darauf wird ihm der Bescheid:
»Dänk wohw! U we d mer jitze nod baw öppis Rächts ufstewsch, su frissen i da di Müschterli!«
(Dank Euch! Aber wenn Ihr mir jetzt nicht bald etwas Rechtes auftischt, so esse ich die Müsterli da.)

Auf die Beine geholfen

Der ebenso gutherzige wie um seines schlagenden Witzes willen bekannte Baumaterialienhändler Hirschi-Buume in Bern kreditierte häufig Kunden, welchen er Zutrauen schenkte, ohne dabei allzu vorsichtig umzugehen, wodurch er gelegentlich zu Schaden kam. Eines Tages kam er zum Abendschoppen an seinen Stammtisch und erklärte: »So, dä Morge han ig wider eim uf d' Bei ghulfe!«
Einer seiner Freunde bemerkte, dabei werde er wohl wieder einmal mehr hereinfallen.
Worauf jener erklärte: »Nenei, – i han iim la (lassen) ds Automobil pfände!«

Tod in Dosen

Im Dorftheater wird während der Sterbeszene des ritterlichen Helden plötzlich der Vorhang heruntergelassen.
Ein Spieler tritt vor den Vorhang: »Entschuldigetsi, es het es chliis (kleines) Malör gee. Em schtärbende Ritter isch es schlächt worde. In öppe (ungefähr) drü Minute het er sich erholt, und dän tuet er wiiter schtärbe!«

Felix Austria

Unfähig

Eine Tiroler Bäuerin brachte ihr Bübl in das Städtische Krankenhaus; neugierig äugte es im Ambulatorium herum, so daß man es fragte:
»Möchtest du etwa auch einmal Doktor werden?«
»Ach der!« tat die Mutter einen verächtlichen Lacher, »der kann nit amol a Zull (einen Maikäfer) umbringen!«

Die Legitimation

In entlegenen Winkeln Tirols führte (da und dort auch noch heute) der Pfarrer eine Gastwirtschaft. So auch in Durnholz am Durnholzer See im Sarntale. Kam auch ein Pärchen dorthin und wünschte ein Zimmer über Nacht.
Der Häuserin (Wirtschafterin) schienen die beiden aus moralischen Gründen verdächtig, und sie ging zum Pfarrer mit der Frage, ob man denen zwei ein Zimmer zusammen geben dürfte.

»Was haben sie bestellt zum Essen?«
»Fisch halt.«
»Bald sie denen auftischen tust, holst mich.«
Als es soweit war, tauchte der Pfarrer auf und sah, wie der Mann sich hurtig den größeren Fisch auf seinen Teller nahm.
»Kannst ihnen 's Zimmer geben: die sind verheiratet schon eine Weil'!«

Zeit lassen

In Tirol gibt es mehr Blasmusiken als Gemeinden. Die beste von allen ist die Wiltener Stadtmusikkapelle in Innsbruck. Wenn die »Rotjacken« durch die Stadt marschieren, elektrisiert es sogar die Innsbrucker. Das will was heißen.
Vater Tutz, seines Zeichens Instrumentenmacher, wirkte in jüngeren Jahren als Klarinettist bei den »Wiltenern« mit. Als er nicht mehr zu den Aktiven zählte, holte man ihn gelegentlich zur Aushilfe. Bei einem großen Konzert war eine schwierige Kadenz zu blasen, und der Kapellmeister riet dem alten Tutz, sich an dieser Stelle ein bißchen Zeit zu lassen.
»Ja, ja, Zeit lassen is schon recht«, meinte der alte Klarinettist, »aber mir miassn halt um zehni mit dem Konzert fertig sein...«

Der Herr Papa

Knapp vor acht Uhr erschien der Kaiser Franz Joseph im Ischler Kur-Theater. Für den plötzlich erkrankten Hoflogenschließer war ein recht biederer Bursche eingestellt worden – aber der frischgebackene Logenschließer waltete gemäß den ihm kurz vorher eilig erteilten Instruktionen seines Amtes, und die Vorstellung nahm ohne Zwischenfall ihren Anfang.
Etwas verspätet kam der Kronprinz Rudolf mit eiligen Schritten die Treppe herauf. Er stürzte auf die Hofloge zu und fragte, indem er mit hastiger Bewegung Säbel und Kappe ablegte:

»Ist Seine Majestät schon da?«
»Jawohl, der Herr Papa ist schon hier!« gab der Logenschließer zur Antwort, der eben seine umständliche Verbeugung beendet hatte.
Da setzte der Kronprinz eine ernste Miene auf und sagte mit zurechtweisendem Blick: »Er ist wohl betrunken?«
Gelassen erwiderte der biedere Ersatz-Hoflogenschließer: »Davon hab i eigentli' nix g'merkt. Jedenfalls is' er ganz schön grad und aufrecht eini'gangen.«

Auf einen Mokka

Die Café-Konditorei Zauner in Bad Ischl ist ein Begriff und war immer schon bevorzugter Treffpunkt von Künstlern aller Fakultäten. Trifft da auf der Esplanade ein sehr bekannter Revueautor einen sehr bekannten Romanautor.
»Guten Morgen! Gerade wollte ich zu Ihnen. Ich hab' eine Bombenidee – wir gehen zusammen zum Zauner auf einen Mokka und schreiben eine Revue!« sagt der Revueautor.
»Aber, aber! Wie stellen Sie sich das vor«, meint der Romancier. »Ich hab' doch keine Ahnung, wie man eine Revue macht.«
»Ist gar nicht nötig, ich werd' Ihnen einen Haufen Ideen servieren.«
»Na schön, Ideen, aber wer macht das Drum und Dran?«
»Ich natürlich«, meinte der Revueautor.
»Und wer schreibt die Dialoge?«
»Das mach' ich natürlich auch!«
»Und die Liedertexte?«
»Selbstverständlich mach' ich auch die Liedertexte!«
»Ja, sagen Sie einmal, wenn Sie so alles selber machen, was bleibt denn dann für mich noch zu tun?« fragte der Romanautor.
»No hören Sie! Sie zahlen den Mokka beim Zauner –«

Das Testament

Ein alter Bauer fühlte, daß es mit ihm zum Sterben kommen sollte. Da sagte er zu seinem Weibe: »Geh, Alte, i mecht halt gern all's in Ordnung bringa, daß koa Streiterei is, wenn i im Grab lieg'. Alsdann, die goldene Uhr kriagt der Franzl gell!«
»Naa-aa-«, wendet die Frau ein, »was braucht denn der Franzl a goldene Uhr? Er tuats ja sowieso versauf'n!«
»Na, meintsweg'n, gib's halt dann dem Corbinian... und die silberne Tabakdos'n, die kriagt der Thomas!«
Wieder ist die Frau anderer Ansicht: »Was braucht denn der Bazi die Dos'n? Er raucht ja nur Zigarr'n!«
»Na, von mir aus, gib's nacher dem Ludwig! Aber dös möcht i scho: das neuche Jagdgewandl, das muaß der Seppl krieg'n!«
»Ja, freili! Das möchtet dir so pass'n... dös G'wandl kriagt der Micherl!«
Jetzt wurde es dem Bauern zu dumm: »Ja, Himmelkreiz seit'n nochamal«, schrie er mit letzter Kraft, »stirb' i' oder stirbst du??«

Das logische Bäuerlein

Ein Bäuerlein kam nach Krems und wollte sich tausend Schilling in Zehnschillingscheine wechseln lassen. Da gab ihm der Kassierer ein Päckchen funkelnagelneuer Zehnschillingscheine und

meinte dazu: »Gelt, Sie zählen's doch zur Vorsicht amal nach?«

»Ja, ja«, meinte das Bäuerlein, »dös will i eh' tun, i laß mi nett anschmier'n!«

Und dann fing er an zu zählen. Aber es fiel ihm mit seinen zittrigen, alten Fingern weidlich schwer, die glatten, neuen Scheine zu zählen. Schon ein paarmal hatte er sich geirrt und dann von neuem angefangen zu zählen. Schließlich riß ihm der Geduldsfaden, und er rief aus:

»Der Tauf'l soll's hol'n, die Malefizzählerei, die damische, i laß es jetzt guat sein. Hat's bis sechz'g g'stimmt, wird's bis hundert a stimma!!«

Mann oder Frau?

In einem medizinischen Examen in Wien prüfte einst der berühmte Josef Hyrtl zusammen mit Karl Ritter von Langer einen Kandidaten. Beide waren ziemliche Gegensätze: Hyrtl großzügig und wesentlich, Langer peinlich exakt. Sie konnten sich, wie man sagt, »nicht riechen«.

Langer hatte einen Oberschenkelknochen unter den Rock gesteckt, so daß nur der oberste Teil davon zu sehen war, und forderte den Prüfling auf, danach anzugeben, ob der Knochen zur rechten oder zur linken Hälfte gehöre, ob er von einem Mann oder einer Frau sei, und ähnliches mehr.

Nachdem der Kandidat geantwortet, kam die Reihe zu prüfen an Hyrtl. Dieser hielt ihm denselben Knochen mit zwei Fingern entgegen und sagte: »Können Sie mir jetzt, wo Sie den Knochen ganz sehen, vielleicht auch sagen, an welcher Krankheit der Mensch gestorben ist, wie er hieß und wo er wohnte?«

Melde gehorsamst...

Als ein Infanterieoberleutnant, der Sohn eines Schuhmachers, bei einer Inspizierung von Franz Joseph gefragt wurde, was sein

Vater sei, stotterte der Oberleutnant: »Melde gehorsamst, Majestät, mein Onkel ist Bischof.«

Die schönste Medaille

Ein Neffe des Baron Popper schwieg beharrlich, als in der Messe während des Ersten Krieges über Auszeichnungen und Orden gesprochen wurde.
»Sie sind so still, Popper«, sagte der Oberst, »was wünschen denn Sie sich für einen Orden?«
»Die Kriegserinnerungsmedaille«, erwiderte Popper, ohne nachzudenken.

Nierenstein-Methode

Ein bekannter Wiener Maler ging mit seinen Zeichnungen zum Kunsthändler Nierenstein, der die Arbeiten prüfte und sich für ein Blatt entschied. Der Maler nahm beim Einpacken auch dieses ausgewählte Blatt wieder an sich. Als der Kunsthändler darauf verwies, daß er diese Zeichnung doch erworben habe, erwiderte der Maler, daß er sie erst fixieren müsse.
»Daß Sie mir keine Kopie machen«, warnte der Kunsthändler, und der Maler verwahrte sich schon gegen die bloße Zumutung.
Am nächsten Tag brachte er die Zeichnung wieder, die Nierenstein gegen das Licht hielt. Das sei nicht das Original, behauptete Nierenstein, das sei eine Kopie.
Der Maler bestritt es, aber Nierenstein hielt das Blatt gegen das Licht und sagte: »Gestern habe ich hier oben in die linke Ecke mit einer Nadel einen Stich gemacht. Wo ist das Loch hingekommen?«
Der Maler schaute den Kunsthändler und das Blatt an und sagte voll Überzeugung: »Sie Gauner!«

Nicht ganz richtig

Der große Wiener Mediziner Billroth prüfte einst einen Kandidaten ungarischer Staatsangehörigkeit und fragte, auf ein inneres Organ zeigend: »Was ist das?«
»Das ist das Lebber.«
»Erstens«, bemerkte Billroth, »spricht man nicht Lebber, sondern Leber; zweitens heißt es nicht das Leber, sondern die Leber; und drittens ist es nicht die Leber, sondern die Milz.«

Graf Bobby und die Post

»Jetzt möchte ich wissen«, sagte Baron Mucki, »woher hat die Post eigentlich das viele Geld? Da bauen sie ein neues Postamt nach dem andern, tragen a fesche Uniform, fahren in so Wagerln umeinand – und dabei können sie an den Briefmarken doch gar nix verdienen! A 10-Heller-Marken kostet halt genau 10 Heller! Alles zum Selbstkostenpreis!«
»Geh, Mucki«, sagte Graf Bobby, »das ist doch ganz einfach. Ein Brief mit einer 10-Heller-Marken zum Beispiel darf 25 Gramm wiegen. Wiegt aber net immer 25 Gramm! Wiegt meistens viel weniger! No, und an dem Unterschied – daran verdient die Post.«

*

Graf Bobby ist sehr stolz auf sein neues Telephon.
Im Kasino bemerkt Graf Schmeidl: »So, du hast Telephon? Weiß ich ja gar nicht!«
Bobby schaut ihn entrüstet an und sagt vorwurfsvoll: »Ja, liest du denn nie das Telephonbuch?«

*

Graf Bobby hat Muckis Telephonnummer vergessen und fragt ihn danach. Baron Mucki:
»Ja, genau erinnere ich mich auch nimmer.«
Graf Bobby, nachsichtig:
»Aber kannst es mir net wenigstens *approximativ* sagen?«

Ein Fachmann

In der Obersteiermark sind die Holzknechte zu Hause. Sie haben ihren eigenen Feiertag im Jahr, den Tag des heiligen Clemens, ihres Schutzpatrons. Da bleiben Säge und Sapin, Hacke und Keil in der Hütte, und die Clementi-Jünger ziehen ins Dorf, in die Kirche und dann zum Schiederwirt. Mit Braten und Krapfen wird einmal »guat unterg'legt«, Wein und Bier draufgegossen und dann getanzt, daß der Boden raucht. Der heilige Clemens sieht lächelnd herab... Freilich, manchesmal gegen Abend kommt es vor, daß der sanfte Heilige mißbilligend das Haupt schütteln muß, wenn einige dieser Waldrammel einen ganzen Tag ohne Muskelarbeit nicht aushalten können und zu raufen anfangen. Heuer ist es beim Kogler in Arzbach auch so gekommen. Angefangen, sagen sie, hätte der Rachbauern Hartl, dann wäre der Pichl Franz dazugekommen, dann der... na, kurz und gut, einige Wochen darauf sagt der Bezirksrichter:

»Franz Pichl! Erzählen Sie mir etwas vom Hergang der Rauferei!«

»Mein Gott, Herr Richter, was sull i derzähln! Mi haben 's halt aussidruckt durch die Saaltür in den Hof, und draußen is's so finster gwen, daß i 'n Literkruag nit gsehgn han in meiner Hand, und auf amal kriag i an Stroach her übern Schädel...«

»Einen was?«

»Einen Streich her übern Kopf mit an buachanan... einem buchenen Scheit, daß i...«

»Moment! Wenn es so finster war, wie Sie sagen, woran wollen Sie erkannt haben, daß es gerade ein buchenes Scheit war?«
Da spitzt der Pichl Franz seinen Zeigefinger und sagt es dem Richter so lächelnd hinein, wie eben einer, der da Kenntnisse hat: »Am Klang, Herr Richter, am Klang!«

Ein Saubarth

Die Dorfbuben, die unerwartet eine Schulstunde gewonnen haben, über die sie daheim keine Rechnung zu legen brauchen, ratschlagen, was mit der goldenen Stunde zu geschehen habe.
»Baden wir im Teich!« ruft einer, und es erbraust ein allgemeines Hallo.
»Wir haben aber keine Schwimmhosen«, gibt ein Stimmlein bleichsüchtig zu bedenken.
»Ach, wir baden nackt«, schreit es, und in paradiesischer Unschuld stürzen sich dreißig Bengel ins warme Wasser des Dorfteichs, beschmieren sich hierauf am Land in diabolischem Glück mit schwarzem Schlamm und übersehen dabei völlig den Herrn Pfarrer, der ausgerechnet zu dieser Stunde an den Teich kommen muß.
Er ist ein gütiger katholischer Hirte, kennt die Seelenmängel seiner Schäflein; diese bedenkenlose, tobende Nacktheit aber ist doch auch für seine Langmut zu arg, und es geht ein zünftiges Donnerwetter über den verdatterten Bubenschwarm nieder, der sich bei dem ersten Donnerschlag kopfüber ins Wasser gestürzt hat.
Nur ein einziges Kerlchen steht noch aufrecht an Land und strahlt den Pfarrer fröhlich an – aus allen Knopflöchern, müßte man sagen, hätte es sie an sich.
»Und du, Saubarth?« grollt der Pfarrer, »was ist mit dir?«
Da trompetet der Lausbub hell: »Herr Pfarrer, ich bin evangelisch.«

Ein Karpfen hinter dem Ofen

»Weil ma grad von die Fisch red'n«, begann der Viehnatzer-Peter zu murmeln. »I hab an Karpf g'fangen und den hab i dressiert. Jeden Tag hab i ihn einige Minuten aus dem Wasser g'hoben, jeden Tag länger. Nach an Vierteljahr is er schon den ganzen Tag ohne Wasser ausköman. Zum Schluß ist der Karpf mit mir in den Wald gangen, und bei schlechtem Wetter ist er hinter dem Ofen g'leg'n.«
»So, so? Und wo hast den Karpf?« fragte der Zuber-Schurch.
»Einmal hab i ihn mitg'nommen, und wie i über a Brückle schleich, rutscht der Heschkl aus, fallt in den Bach und is dasoff'n!«

Franz Joseph auf der Höhe

Die Majestät des Glockners hatte am 7. September 1856 allerhöchsten Besuch. Kaiser Franz Joseph I. stieg mit Gefolge zur Höhe auf, die seit dieser Zeit Franz-Josephs-Höhe heißt.
Damals war es üblich, daß hohe Gäste zur Erleichterung des Anstiegs auch in gefahrlosem Gelände angeseilt waren und von Schleppern an den Seilen über steile Stellen emporgezogen wurden. Für den Kaiser waren die kräftigsten Heiligenbluter »Buben«, d.h. die stärksten jungen Männer, aufgeboten, obwohl Franz Joseph in jenen frühen Jahren seiner Regierung durchaus

ein schlanker Jüngling war. Doch anscheinend waren sie zu ungestüm ins Zeug gegangen, jedenfalls kam der Anstieg an einer Stelle ins Stocken.
Da rief der Bauer und Bergführer, der die Gruppe befehligte, in biederem Dialekt aufgeregt von oben – und wollte damit nichts anderes sagen, als daß es sich beim Kaiser doch keineswegs um ein Schwergewicht handelte:
»Zeucht's, Buabmen, zeucht's, werd's den Scheißdreck wohl derzeuchen!«

Warum

Wolfgang Schneditz erzählt in seinem »Festspielbuch«, daß Arthur Schnitzler sich telegraphisch an Hofmannsthal gewandt habe, er möge ihm Karten für die erste Salzburger »Jedermann«-Aufführung besorgen. Hofmannsthal, der im Hotel »Österreichischer Hof« wohnte, erfüllte Schnitzlers Bitte und telegraphierte: »Sitze besorgt Österreichischer Hof Hofmannsthal.«
Schnitzler depeschierte zurück: »Warum sitzest du besorgt im Österreichischen Hof?«

Qualitätsfrage

Gegen die Weiberleut hatte er durchaus nichts, der junge Bauer, nur die Richtige fand er nicht für seinen Hof. Da sagte er einmal zu seinem Freund: »Du, Franz, wannst mir a fesche G'söin (G'sellin, Frau) auftreibst für mein Hof, nacha schenkat i dir mei schönste Kuah!« Nun, der Franz hatte Erfolg, er trieb eine solche Gesellin auf, und bald war dann auch Hochzeit. Es dauerte gar nicht lange, da kam schon der junge Bauer zum Franz und übergab ihm eine Sau. »Na«, sagte da der Franz, »du hast ma a Kuah versproch'n und koan Fack'n nit!« – »Des stimmt schon«, gab der junge Bauer zu, »aber woaßt, mehr als wia a Fack is sie nit wert!«

Spieglein, Spieglein

Die Wirtin vom Gasthof »Bräurup« in Mittersill war eine tüchtige und begüterte Frau. Eines Tages ging ihr lange gehegter Wunsch in Erfüllung, sie sah die Kaiserstadt Wien. Vieles setzte sie dort in Erstaunen. In einem großen Geschäftshaus sah sie einen protzig gerahmten Spiegel. Vor der glitzernden Fläche richtete sie ihr Blondhaar und die Spange, setzte den Hut zurecht, zupfte am Mieder. Sie fragte einen Verkäufer nach dem Preis. Der lächelte verächtlich. Ein zweiter antwortete: »Ach, unwichtig, Bäuerin, den könntest du ja sowieso nicht kaufen.« Eine Zornwelle schoß ihr in das schöne Gesicht, und blitzschnell stieß sie ihren Regenschirm in den Spiegel, daß es nur so klirrte. »So, iatz wer i gwiß dafrougn (erfahren), wous dea Dreck kost!«

Der neue Doktor

Von der Kunst der Medizin halten manche Pinzgauer auch heute noch nicht allzu viel. Zwei Bauern stehen vor der Kirchentür am Marktplatz, da fragt der eine: »Sag, woaßt du, wer der Noie da is, der netta vorbeiganga is?« – »Ja kennst du den no nit, des is ja da noie Dokter!« Darauf der erste: »A so, da noie Dokter, ja woaßt, mir is der eh glei so verdächti virkemma (vorgekommen)!«

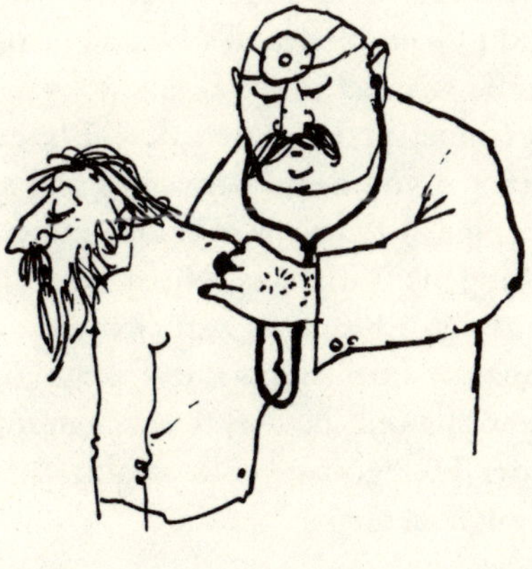

Ein Mißverständnis

Der Arzt untersucht ein altes Bäuerlein; nach längerer Untersuchung meint er: »Ja, mein Lieber, das ist das Alter – und jünger machen kann ich Sie auch nicht!« – »Ja mei, Herr Doktor«, sagt da das Bäuerlein, »jünger werd'n möcht' i eh nit, aber älter werd'n möcht' i, älter!«

Lückenbüßer

Der Gemeinderat eines winzigen Osttiroler Dorfes hat beschlossen, an der Stelle einer wundersamen Errettung aus Lebensgefahr ein Bildstöckl aufzustellen. Das Wort hat der Moscherbauer: »Ja, aba in a Bildstöckl gheart dechtan öppes eini, irgend a Heiliger oder mindestens a Heilige. Welchen soll ma öppa nehmen?«
Die Gemeindeväter kommen zu keiner Einigung. Endlich sagt der alte Zenz:
»Stöllts amol die Heiligste Dreifaltigkeit eini, bis öppens Bössas vöakimbt (bis etwas Besseres vorüberkommt).«

Fügung

In früheren Zeiten war zur Eheschließung eine gesicherte Existenz erforderlich. Der Gemeinderat prüfte von Fall zu Fall, ob Barvermögen und Grundbesitz des Heiratslustigen zur Ernährung einer Familie ausreichend waren.
Nun wandelte einmal in Prägraten der »Blaserschneider« auf Freiersfüßen. Er war von Beruf Schneider und spielte nebenbei Orgel und Baßgeige. Freilich war er der Flasche ergeben und trug jeden Schilling ins Wirtshaus. Niemand wunderte sich, daß der Gemeinderat den Eheantrag zurückwies.
Der »Blaserschneider« nahm die Entscheidung in größter Seelenruhe zur Kenntnis und bemerkte am Stammtisch:
»Hetz hat mi der Herrgott gewöllt strafn. Aft die Gemeinde hat's it (nicht) zuglassen.«

Ungeduld

Eine junge Tiroler Bäuerin geht ins Nachbardorf, um sich dort im Laden schwarzen Seidenstoff für eine Schürze zu bestellen. Der Kaufmann erkundigt sich teilnehmend:
»Ja, Moidl, mußt du klagen? Ist ein Verwandtes gestorben?«
Antwort: »Ja, ja, a Vötta. Aba gestorbm isch a no nit, nöü. Halt krank. Man rechnt a sou af die nächste Wouche. I will bloß früah gnüe dran sein.«

Hilfsarbeit

Der alte Dekan Jakob Maier von Matrei sinnt auf ein Mittel, seine Schafe in die Kirche zu locken. Bei der sonntäglichen Predigt stehen sie auf dem Platz vor der Kirche herum und sind nicht von der Stelle zu bewegen. »Teigl, Teigl, was kann i mochn, damit i dö Lötter einerbring zur Predigt?« brummt er vor sich hin. Wie er am nächsten Sonntag kurz vor der Predigt den Kirchenplatz betritt, sieht er ein Bäuerlein, das vor dem alten Broi Franz, der am Ort die Tiroler Landesbrandschaden-Versicherung vertritt und die fälligen Prämien zu kassieren hat, in die Kirche flüchtet. Da schreit der Seelenhirt: »Marsch in die Kirche, lutherische Bande, der Broi Franz kun drauß bleiben, der sprengt mir die Bauern hinein!«

Das Jüngste Gericht

Bei der Religionsprüfung fragt der examinierende Herr Dekan aus Matrei den Ploner Seppl:
»Seppl, kannst mir vielleicht etwas vom Jüngsten Gericht erzählen?«
Der Seppl beginnt sogleich: »Mein Vater ist amol mit an Rausch hoamkemm. De Müeta isch gang de Haustür aufspeagn un hat en Besen getrogen. En nächsten Tog hün i en Vota gfrag, wos isch an gesta gewesn, nocha hata gsagt: 's Jüngst Gericht!«

Kurzfassung

Fastenzeit. Beim Moser in der Stuben sitzen die Hausleut um den Tisch und beten den schmerzhaften Rosenkranz. Sie sind todmüde von der Feldarbeit, und schon beim ersten Glaubensbekenntnis fallen ihnen die Augen zu. Wie der Vorbeter, der Egger Karl, die Stelle erreicht, wo es heißt, »der für uns Blut geschwitzt hat«, ist die Tischrunde eingeschlafen.
Nach einigen Ave Maria denkt sich der Egger: Ja, wenn di eh alle schlofn, moch i's amol korz und fahr glei vom ersten Gsatzl aufs fünfte. Gedacht getan, aber sogleich schreckt die Jule auf: »Warum bisch denn hiaz auf amol beim Kreuzigen, wenn unser Herr erscht grad Blut gschwitzt hat?« Darauf der Egger Karl: »Jo, i hob mi gedenkt, wenn dös eh schlaft, nocha tuan mir ihn gschwind kreuzigen und nit a so lang peinigen.«

Vorsorge

Beim Heurigen in Grinzing. Ein Pärchen spricht vom Heiraten. »Schau, Mizzerl«, sagt er zärtlich, »i hab an alles gedacht. I bin in einer Lebensversicherung, da bist du gut versorgt, wenn mir amal was passiert.« Drauf schmiegt sich die Mizzi dankbar an ihn: »Und wenn dir nix passiert?«

Zensur

Grillparzers Drama »König Ottokars Glück und Ende« lag seit zwei Jahren bei der Wiener Zensurstelle. Eines Tages wurde Grillparzer persönlich vorstellig: »Aber Herr Hofrat, was haben S' denn an dem Stück Gefährliches g'funden?« Der Angeredete wiegte bedenklich den Kopf hin und her: »Gar nichts. Aber sehen S': man kann halt nie wissen.«

Ausdauer

Franz I. hatte bereits zum vierten Mal einen Bittsteller mit demselben Anliegen abgewiesen. »Sie werden sehen«, sagte der Kaiser zu seinem Adjutanten nach der Audienz, »der Trottel setzt's durch.«

Tilgung

Maria Theresia setzte eines Tages in die Hofliste neben den Namen einer ihrer Hofdamen eine tadelnde Bemerkung. Freunde baten, den Tadel wieder zu tilgen. Schließlich willigte die Kaiserin ein. »Aber ich will es so tun, daß man sieht, es ist radiert worden.«

Brahms verkostet Brahms

Brahms, der »kühle« Norddeutsche, der in Wien so temperamentvoll wurde, daß er die »Ungarischen Tänze« geschrieben hat, war zu Gast bei einem Weingutsbesitzer in Gumpoldskirchen. Dieser führte ihn zu einer Weinkostprobe durch seinen Keller. Nach manch gutem Tropfen reichte ihm der Gastgeber ein Glas mit den Worten: »Und dies, verehrter Meister, dies ist der Brahms unter meinen Weinen!« Der Gast kostete, schlug verklärt die Augen wieder auf und schmunzelte: »Wirklich ganz vortrefflich – aber jetzt würde ich auch noch gerne Ihren Beethoven kennenlernen!«

Die Jagdbeute

Wegen seines ständigen Jagdpechs wurde der Burgtheaterkomiker Friedrich Beckmann oft von seiner Gattin geneckt. Er beschloß deshalb eines Sonntags, unbedingt eine Jagdbeute mitzubringen, traf aber wieder nicht und vergaß zunächst beim trostspendenden Heurigen seine Absicht. Von Freunden erinnert, konnte er nur mehr von einem Treiber einen schon abgehäuteten Hasen erstehen. Zu Hause meinte Frau Luise überrascht: »Aber Fritzl, der Has ist ja schon ausgezogen!?« Darauf Beckmann: »Stell dir vor, Schatzerl, den hab ich beim Baden erwischt!«

Befähigung

Ein Beamter ist kurz vor seiner Pensionierung noch befördert worden. Zahlreiche Besucher, Freunde und Bekannte erschei-

nen. »Jetzt sagen S' bloß, Herr Hofrat, was haben S' denn Bsonderes g'macht, daß Sie so geehrt wurden?« – »Was ich Bsonderes gemacht hab?« meint der alte Herr nachdenklich. »Nix, das aber dafür lang.«

Identifizierung

Der Schauspieler Wenzel Scholz, ein Freund Nestroys, kam beim Nachhauseweg von Grinzing mit einem Zechgenossen an einem Denkmal vorbei. »Sag amal, Wenzel«, fragte der Freund, indem er auf die majestätische Figur zeigte, »was is denn dös für aner?« – »Den kenn i a net«, erwiderte Scholz. »Weißt was? Schlagen mir ihm d'Nasen ab, nachher wissen mir's morgen, wer's is.«

Der Unterschied

Eine Jagdgesellschaft hat sich in der Nähe von Heiligenkreuz zusammengefunden. Der Graf Trautmannsdorff gab abends ein Jagddiner. Auch die Wiener Schauspielerin Hansi Niese war geladen; ihr Tischherr war der Baron Giesel. Man sprach über die jüngsten Bühnenerfolge der Künstlerin, und der Diplomat meinte mit einem philosophischen Lächeln: »Ach, wissen Sie, Gnädigste, eigentlich spielen wir ja alle Komödie.« Darauf die Hansi: »Schon, Exzellenz, aber i leb davon, und bei Ihna derf ma's net merken.«

Haltestelle Kaiserstraße

Kreuzung Babenberger Straße – Museumstraße in Wien, Linie 58. Eine Dame unbestimmten Alters steigt ein: »Herr Schaffner, bitte, wann muß ich zur Kaiserstraße aussteigen?«
»Aber, da ham S' ja no Zeit, gnä Frau, i ruaf's eh aus... Nochjemandohnefahrschein?!«

Haltestelle Stiftgasse: »Herr Schaffner, bitte, ist das schon die Kaiserstraße?!«
»Aber nein, gnä Frau, i ruaf's ja eh aus, Aaachtunng!«
Bimm!
Haltestelle Neubaugasse: »Herr Schaffner...?!« usw.
Endlich: »Kaiserstraße, Linie fünf! – So, gnä Frau, jetzt samma da, da vurn is die Kaiserstraßn, rechts hinauf, bitte!« Die Dame steigt aus, dreht sich zweimal um die eigene Achse – und geht dann nach links, Richtung Stumpergasse. Der Schaffner, vor dem Abläuten, blickt ihr wortlos nach. Dann, zu den Fahrgästen gewendet mit einer unbeschreiblichen Handbewegung:
»Segn S'?... deswegen hab i net gheirat. Vorwärttss!«

Bei mia net

»Bist noh allweil im Krankenstand mit dein prölltn (geprellten) Fuaß, Rudl?«
»Joh. Jeden Tag muaß ih ins Ambulatorium gehn, eahm massieren lassen!«
»Däs kenn ih. Däs tuat damisch weh, wann dar da Wärta so den krankn Fuaß anpackt mit seine Pratzn!«
»Bei mia net. Bei mia net. Ih halt eahm jeden Tag den g'sunden hin.«

Dös ischt nix Bsonders

Für den alten Rutz Xaver aus Matrei ist die Europabrücke, die südlich Innsbruck für die Autobahn Kufstein – Brenner in fast 200 Meter Höhe über den Sillfluß gebaut und die die höchste Brücke des Kontinents werden wird, kein Grund zur Aufregung.
Letzthin meinte er gelassen:
»Schaun's, dös ischt nix Bsonders, ob die Bruckn 20 oder 200 Meter hoch wird. Wichtig ischt lei dös: Halten muaß sie, nix wia halten! Werden's sehn: Alle Minischter, Minischterialräte, Sek-

tionschefs, National-, Bundes-, Landes- und Hofräte, die wir haben, die werden zur Eröffnung kommen und sich auf die Bruckenfahrbahn schtellen. Und i sag' Ihnen: Hält die Brucken die Belaschtung durch die g'wichtigen Mander (Männer) aus, dann ischt das Werk g'wiß guat. Kracht sie z'samm, dann ischt's halt a guats Werk.«

Der Zug nach Jenbach

Als vor gut fünfzig Jahren die Zillertalbahn gebaut wurde, fuhr jeweils ein Zug von der letzten Baustelle etwa um vier Uhr nachmittags nach Jenbach, der Kopfstation im Inntal, zurück. Eines Tages versuchte der Jenbacher Arzt diesen Zug bei Fügen zu erreichen. Nachdem er eine Weile an der Strecke gewartet hatte, fragte er einen in der Nähe arbeitenden Bauern, ob nicht bald der Zug kommen müsse.

»A jo«, antwortete der Gefragte, »um a viere kimmt er gor nit ungern.«

Vielfalt

Ein Herrgottschnitzer hat beim Bacherbauer auf dem Heustock übernachtet. Wenige Tage später fragt der Katechet in der Religionsstunde den Bacher Seppl:

»Seppl, nun sag mir, wie viele sind Gott?«

Die Antwort kommt wie aus der Pistole geschossen:

»Sexe. Vier junge und zwoa alte. Mein Vota hat afn Heustock 's Nest gefundn.«

Er hatte es satt

Ferdinand war das Kaisersein schon lange herzlich satt. 1848 endlich kann er sich mit Anstand aus allem herausziehen, er übergibt Krone und Herrschaft seinem 18jährigen Neffen Franz

Joseph, der geradezu erschüttert beim Handkuß stammelt: »Majestät, ich danke Ihnen!« Darauf Ferdinand: »Bitt schön, is gern geschehen.«

Reisevorbereitung

Die Fescherin von Hinteregge sagt zum Störschuster, dem Brenner Matthies:
»Geh, paß mir decht aufn Toag (Teig) auf, und wenna geht, schreischt mi. I bin in da Kuchl.«
Der Schuster hat den Auftrag über seiner Arbeit bald vergessen. Wie er aufschaut, läuft der Hefeteig über den Rand der Schüssel, wälzt sich über die Ofenbank und schickt sich an, auf den Boden in ein Paar alte Schuhe zu tropfen.
»Nanne!« schreit der Brenner. »Geh geschwind eicha!«
»Geht da Toag schon?« ruft die Fescherin aus der Küche.
Darauf der Brenner: »Jo, i moan wohl. A legt si grod die Schua on.«

Merkwürdige Hochzeit

Um die steierische Hochzeit rankt viel Volksbrauch. Ein Tourist, ein Engländer, kam einmal als Zuschauer zurecht, und ein nebenstehender Eingeborener gab Auskunft auf seine Fragen:
»Sie haben merkuürdige Hochzeits... Hochzeitsbräuche in your mountains.«
»Jo, habn ma.«
»Tell me, please, was tun die Feueruehrleute im Brautzug?«
»Das wern S'hiaz glei sehgn, Herr... Herr Mister. Dö spritzen einen Wasserbogen und da muaß dann das junge Paar unten durchi... durch.«
»O yes.«
»Und wann s' durchi san, dann is die Braut aus 'm Wasser. Und 'n Bräutigam hat's derlengt.«
»I beg your pardon?«
»Derlengt, derwischt.«
»O yes.«
»Und hiaz muaß er no aufpassen, daß eahm die Braut nit g'stohlen wird.«
»Oh, gestohlen wird?«
»Jo.«
»And... tut er sie kriegen back... zurück?«
»Frali, dösmal kauft er sie noch z'ruck, um a paar Liter Wein. Später amal tät er's jo nit mehr.«
»O yes, but... ich höre immer schießen.«
»Böllerschiaßen, jo dös tuat ma ba na steirischen Hochzeit.«
»And why... uarum that?«
»Ös habts do auch g'schossen wia der Kriag ang'fangen hat, oder nit?«

Böhmische Dörfer

Professoren

Man nennt die Tschechen oft ein Volk der Philologen und Prag eine Stadt der Professoren, was die Prager jedoch nicht hindert, diese ihre Repräsentanten zu bespötteln. Die Zerstreutheit dieser Herren ist Gegenstand einer nicht endenwollenden Reihe von Anekdoten. Als Kostprobe sei eine davon erzählt:
Drei Professoren standen in einer der zahlreichen Prager Passagen. Fragte der eine: »Wie spät ist es?« Der zweite zog eine Zündholzschachtel aus der Tasche, sah sie an und sagte: »Dienstag.« – »Dann müssen wir aussteigen«, rief der dritte, und das Kleeblatt strebte der Straße zu.

Das Dschungelbuch

Sich im Prager Telephonbuch auszukennen, ist weiß Gott kein Kinderspiel. Wer das Stichwort nicht kennt, unter dem er ein Unternehmen oder eine Institution zu suchen hat, muß sich auf ein Geduldspiel gefaßt machen. Auch die zahlreichen alphabetisch geordneten Hinweise helfen nicht viel, obwohl es auch solche gibt wie z.B.: Gewehre siehe Waren für den Haushalt.
Jemand verlangt in der Buchhandlung das »Dschungelbuch«.
»Führen wir nicht, das Telephonbuch erhalten Sie auf der Post!«

Neugierde

Die Prager sind sehr neugierig. Wenn irgend etwas auf der Straße passiert, bildet sich sogleich eine Menschenansammlung. Eine solche Gruppe steht an der Moldau und sieht zu, wie Männer mit langen Stangen im Fluß stochern.
»Was suchen sie dort?«

»Einen Ertrunkenen.«
»Und wozu brauchen sie ihn?«

Sozialismus

Kratochvil wird zum Arbeitsamt gerufen. »Schauen Sie mal, Kratochvil. Wir haben doch schon seit Jahren den Sozialismus. Glauben Sie nicht, daß Sie endlich auch arbeiten sollten?«
»Arbeiten? Gewiß will ich arbeiten! Aber wer gibt mir die Leute dazu?«

Vollstes Verständnis

Nicht einmal mit der Eisenbahn sind die Tschechen zufrieden. Sie funktioniert zwar klaglos, aber es gibt eben Ausnahmen...
Kam ein Sowjetbürger nach Prag. Man sprach darüber, wie groß die Sowjetunion sei.
»Bei uns setzen Sie sich in den Zug und fahren einen Tag, eine Woche, und Sie sind immer noch in der Sowjetunion.«
Darauf der Prager: »Kennen wir, solche Züge gibt's auch bei uns.«

Beschwerde abgewiesen

Über die Prager Straßenbahn beschwert sich jeder: sie sei langsam und behindere den modernen Stadtverkehr. Die Schaffner können natürlich nichts dafür, aber das macht cholerischen Passagieren nichts aus.
Rügte einer die Schaffnerin: »Heut fahren Sie ja wie mit dem Mist!«
Prompt kam die Antwort: »Was meine Ladung ist, damit fahr' ich eben.«

Gleiches Recht für alle

Ein Mann mit Hund steigt ein, und der Schaffner besteht auf einer Fahrkarte auch für das Tier.
»Gut, wenn mein Hund auch eine Fahrkarte haben muß, dann hat er auch Anrecht auf einen Sitzplatz!«
»Ohne weiteres, nur die Füße darf er nicht darauf haben!«

Italienische Reise

Der Schnittpreller

Luigis »Barbershop« in einer belebten Straße von Ancona ist eine Goldgrube. Wenn die Turisti einen schlichten Haarschnitt verlangen, so demonstriert Luigi ihnen das artefizielle Programm eines begnadeten Haarkünstlers. Sein Lächeln meistert jeden Einwand, jede Bitte, die Prozedur zu verkürzen.

Eines Tages kommt ein Landsmann mit einem kleinen Jungen an der Hand herein und begehrt einen Haarschnitt – zuerst für sich, hernach für den Jungen. Als Luigi sein Werk vollendet hat, erhebt sich der Herr und bittet, nunmehr den Jungen zu bedienen. In einer Stunde werde er ihn wieder abholen und dann die Schuld begleichen.

Luigi unterwirft das Haupthaar des Jungen einem künstlerischen Messerschnitt, wäscht, salbt, parfümiert und lockt es. Eine Stunde ist längst verstrichen.

Fragt Luigi: »Wo mag dein Papa bloß so lange stecken?«

Darauf der Junge: »Das war nicht mein Papa.«

»Na, vielleicht dein Onkel?«

»Nein, ich kenne den Herrn überhaupt nicht. Er hat mich auf der Straße herangewinkt und gesagt: ›Du siehst arg zottelig aus. Komm mit, wir wollen uns mal beide umsonst die Haare schneiden lassen‹.«

Wechsel-Geld

Ein Bologneser Handelsvertreter hatte in Ravenna einen reichen Kunden besucht. Beim Verlassen des Hauses macht der Portier Anstalten, ihm den Verschlag eines vor dem Eingang parkenden Luxuskabrioletts zu öffnen.
Der Vertreter ist geschmeichelt und zugleich verlegen und drückt dem Türhüter ein üppiges Trinkgeld in die Hand: »Nein, nein, das ist nicht mein Wagen. So hohe Wechsel kann ich mir nicht erlauben. So wenig wie Sie.«
»Ich kann«, erwidert der Portier. »Der Wagen gehört nämlich mir.«
Der Handelsvertreter ist fassungslos: »Ja, aber woher haben Sie das Geld für die Wechsel?«
Darauf jener: »Alles Trinkgelder, mein Herr, alles Trinkgelder.«

Konkurrenzkampf

Die Schuhmacher Giuseppe und Vincente in der Altstadt von Ravenna sind einander die schärfsten Konkurrenten. Bisweilen sitzen sie zusammen beim Wein.
»Ich begreife einfach nicht, wie du es fertigbringst, meine Preise immer wieder zu unterbieten«, jammert Vincente. Giuseppe schweigt, trinkt, lächelt hintergründig.
Vincente beginnt von neuem: »Dabei kostet mich das Leder nicht eine Lira. Ich stehle es nämlich.«
Giuseppe mustert den Konkurrenten verachtungsvoll. »Du bist einfach nicht auf der Höhe«, sagt er. »Und darum ist es für mich ein Kinderspiel, deine Preise zu unterbieten: ich stehle die fertigen Schuhe.«

Vorbild

In der Familie des kleinen Gioacchio hängt der Haussegen schief, weil er eine Vier im Betragen nach Hause gebracht hat. Es hatte ein paarmal Schlägereien auf dem Schulhof wegen der Zuständigkeitsbereiche in Ancona für die Turisti gegeben, und einmal hatte er den Maestro nachts mit einer Turista aus Inghilterra am Strand von Sirolo eine Weile beobachtet und ein bißchen mit einem lebenden Polypen erschreckt, wovor alle Turisti sich grausen. Daher die Vier. Aber seine Mama ist taub für vernünftige Erklärungen und stellt sich an, als hätte man Gioacchio tot aus dem Mare Adriatico gefischt.

»Dieses Unglück für die ganze Familie!« gellte sie. »Daß du uns so was hast antun können! Was wird dein Vater dazu sagen?! Das hat er nicht verdient! Dabei hat er dir so ein gutes Beispiel gegeben, das weißt du doch! Drei Jahre hat man ihm aufgebrummt wegen Hehlerei, aber zwei hat er nur runterreißen müssen. Was meinst du wohl, warum man ihm ein Jahr geschenkt hat? Wegen guter Führung!«

Unternehmen Sumpf

Obwohl die Sümpfe, die Ravenna einmal umgaben, zum größten Teil trockengelegt worden sind, geschah es immer wieder, daß ortsunkundige Autofahrer bei Nacht und Nebel in Schlammlöcher gerieten, aus denen bekanntlich nur ein Gespann Ochsen oder Pferde wieder heraushelfen kann. War nun ein Wagen wieder einmal im grundlosen Morast steckengeblieben, so brauchten die Insassen erfreulicherweise nie lange auf Hilfe zu warten. In der Regel kam wenige Minuten später ein freundlicher Italiener des Wegs, der die Situation auch ohne fremdsprachliche Kenntnisse sogleich übersah und aus dem nächsten Dorf Hilfe herbeischaffte. Der Wagen wurde dann unter Kommentaren südlichen Temperaments aufs Trockene gezogen, und die Autofahrer pflegten, beeindruckt von dem Beispiel italienischer Hilfsbereitschaft, besonders tief in die Tasche zu greifen.

Einmal traf ein Autofahrer, der soeben dem Schlimmsten entronnen war, am Stadtrand einen herumlungernden Jungen und sprach ihn an:
»Da mußt du sicher auch öfters mal mithelfen, Autos aus dem Schlamm zu ziehen.«
»Woher! Wir arbeiten in Schichten. Ich gehöre zu denen, die nachts Wasser fahren, damit die sumpfigen Stellen nicht austrocknen.«

Mit gleicher Münze

Im Mittelalter und nachher sprach man des langen und breiten über die Schenkung Roms und einiger Provinzen Italiens, die Konstantin an den Papst Sylvester gemacht haben soll; aber die Urkunde ward niemals gefunden. Der Gesandte der Republik Venedig, Gerolami Donato, sprach eines Tages etwas zu hochmütig mit dem Papst Julius II. Um ihn zurechtzuweisen, sagte dieser ironisch:
»Schon gut, aber Ihr müßtet mir die Titel der Rechte zeigen, welche die venezianische Republik auf das Adriatische Meer hat.«
»Was das betrifft«, erwiderte der Gesandte schlagfertig, »so wird Eure Heiligkeit das gewünschte Dokument auf der Rückseite der Konstantinischen Schenkung finden.«

Ist es möglich?

Ein vornehmer Wiener kam nach Venedig, um die Stadt zu besichtigen. Er traf mit einem Gondoliere ein Übereinkommen, wonach dieser ihn drei Tage lang führen sollte. Während er den Erklärungen des Gondoliere lauschte, fiel ihm auf, daß dieser ihm sehr ähnlich sah. Er hatte die gleiche hochgewachsene Gestalt, den gleichen kräftigen Körperbau, das gleiche längliche Gesicht, die gleichen blauen Augen, nur die Haare des Venezianers waren braun, während seine eigenen blond waren.
»Hören Sie, guter Mann«, sagte der Wiener in seinem mühsa-

men, doch verständlichen Italienisch, »ich stelle fest, daß wir uns sehr ähnlich sehen. Ist es möglich, daß Ihre Mutter einmal in Wien gewesen ist?«
»Nein, mein Herr«, antwortete der Gondoliere, »meine Mutter ist nie aus Venedig fortgewesen, aber mein Vater war einmal in Wien.«

Die leichte Großherzogin

Von dem Dichter Fagioli, der am Hof des letzten Großherzogs aus dem Hause Medici lebte, erzählt man: Er nahm einmal an der Seite der Großherzogin an einem Fest teil; beide waren maskiert. Ein Spaßvogel sagte, als das Paar an ihm vorbeitanzte: »Sieh da, Fagioli!« Die Großherzogin berührte den Arm ihres Begleiters und flüsterte ihm zu: »Man hat Euch erkannt, Fagioli!«
Bald darauf rief ein anderer: »Da ist ja Fagioli mit einem leichten Frauenzimmer!«
Darauf Fagioli zu der erlauchten Dame: »Auch Ihr seid erkannt, Großherzogin!«

Eiskalt

Das große Teatro Verdi in Florenz war vor dem Krieg ein ausgesprochenes Volkstheater, in dem Renommeeopern wie »Madame Butterfly« und »André Chenier« gegeben wurden. Es hatte nur den Nachteil, nicht heizbar zu sein. Einmal, im Winter, wurde »Bohème« gegeben. Man erinnert sich der Sterbeszene Mimis; Rodolfo singt: »Che gelida manina« (Wie eiskalt ist dies Händchen).
Von der Galerie, wo gewöhnlich die Enthusiasten sitzen, meldete sich ein Baß, geradezu im Duett:
»Se tu sapessi, che gelidi piedi ho io...« (Wenn du wüßtest, was für kalte Füße ich habe...)

Höchstens ein Indiz

In der Nähe von Salò am Gardasee geht ein Bauer mit einem großen Hund spazieren, während gerade eine Hundesperre wegen Tollwut verhängt ist. Ein Gendarm kommt plötzlich daher und fordert ihn auf, den Hund unverzüglich an die Leine zu nehmen. Der Bauer geht weiter, als ob er nichts gehört hätte. Der Gendarm läuft ihm nach und droht schließlich mit einer Strafanzeige. Da sagt der Bauer endlich:

»Der Hund gehört mir nicht.«

»Daß der Hund Ihnen gehört«, argumentiert der Gendarm, »sieht doch jeder. Er läuft Ihnen ja nach!«

»Das ist kein Beweis«, sagt der Bauer, »Sie laufen mir ja auch nach.«

Nur ein Gläschen

Enrico Mattiolo bestellt ein Gläschen Wermut. Das Gläschen ist wirklich ein Gläschen. Mattiolo leert es in einem Zuge, zahlt, stellt es dann auf die Schwelle und versetzt ihm einen feierlichen Fußtritt:

»Schäm dich! Wenn man so klein ist, kommt man nicht ins Café.«

Immer parat

Einer der Scaliger, unter denen Verona seine Blütezeit erlebte, besaß eine umfangreiche und interessante Bibliothek. Nur – der Bibliothekar, der sie verwaltete, war ein dummer Kerl, nichtsdestoweniger aber sehr eingebildet. Es kamen viele distinguierte Besucher zu ihm, aus dem In- und Ausland, um die Bibliothek zu besichtigen. Wenn einer nach etwas fragte, pflegte er zu antworten: »Ich weiß alles, bloß das nicht.« Und der Scaliger hatte, wenn sich dann bei ihm die Besucher über die Qualitäten des Bibliothekars erkundigten, die Antwort parat:
»Meine Bibliothek ist mein Harem. Ich lasse sie von einem Eunuchen bewachen.«

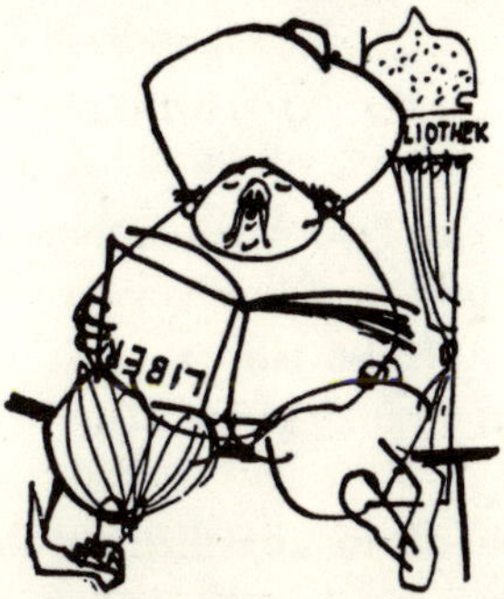

Freimütiger Wunsch

Der Maler Galli war fast immer in der Klemme und hungrig. Eines Abends bot ein befreundeter Künstler allen einen Wermut an – der eine nahm ihn mit Chinarinde, der andere mit Selters, der dritte mit einem Bitter. Als Galli an der Reihe war, sagte er mit todernstem Gesicht:
»Ich wünsche ihn mit Beefsteak.«

Ein Sträußchen Glück

Ein römischer Straßenjunge hatte Veilchen zu verkaufen und lief hinter einer Dame her, die sich ihm durch die Flucht zu entziehen versuchte.
»Signora, kaufen Sie ein Sträußchen – sie sind frisch gepflückt und werden Ihnen Glück bringen. Nur ein Sträußchen!«
»Nein, nein und nochmals nein!«
»Oh«, sagte der Junge da mit freundlichem Lächeln, »wenn Sie schon keines kaufen wollen, dann erlauben Sie wenigstens, daß ich Ihnen eines anbiete?!«
Die Dame nahm gerührt das Sträußchen, roch daran und zog zwei Lire aus der Tasche.

Der Nichtsnutz

Sixtus V. ließ einmal den Prior des Jakobinerklosters in Mailand nach Rom kommen und warf ihm vor, er verwalte sein Kloster sehr schlecht. »Vor fünfzehn Jahren«, sagte der Papst, »habt Ihr einen nichtsnutzigen Franziskaner beherbergt und ihm sogar Geld geliehen!«
»Das ist wahr«, gab der Prior ängstlich zu. »Verzeiht mir, Heiliger Vater, ich handelte aus Barmherzigkeit, aber ich bin von einem Lumpen betrogen worden und habe das Geld nie wiedergesehen.«
»Schon gut«, sagte der Papst, »der Franziskaner war ich; da habt Ihr Euer Geld. Aber ein nächstes Mal dürft Ihr solchen Leuten nichts leihen!«

Mafia

Turi, der »Mafioso«, ist ein Mann von wenig Worten, der weder Vertraulichkeiten noch Fragen liebt. Es besteigt eine Carozza, lehnt sich in die Polster zurück und gibt dem Kutscher ein Zeichen, loszufahren.

»Wohin darf ich Sie fahren?« will der gute Mann wissen. Turi, der »Mafioso«, kneift ein Auge zu und grinst:
»Hab verstanden, du willst zu viele Dinge wissen«, springt aus der Carozza und geht zu Fuß davon.

Dienst am Kunden

In einem Filobus in Palermo. Eine Frau springt von ihrem Sitz hoch und ruft dem Fahrer zu:
»Halt! Um Gottes willen, halten Sie an!«
Der Fahrer, der glaubt, ein Unglück sei geschehen, tritt erschrocken und mit Gewalt auf die Bremsen. Die Frau beugt sich aus dem kleinen Fensterchen – und ruft einen »fliegenden« Tomatenhändler heran: »Bringen Sie mir bitte zwei Kilo in meine Wohnung, Nr. 28, in dieser Straße, im dritten Stock!«
Der Fahrer ist noch blaß vor Schreck. Er sieht die Frau wortlos an. Dann fährt er weiter, bremst jedoch gleich darauf ebenso heftig wie vorhin und ruft in den Wagen hinein: »Signora, hier kommt gerade ein Kartoffelhändler, möchten Sie etwas bei ihm bestellen?«

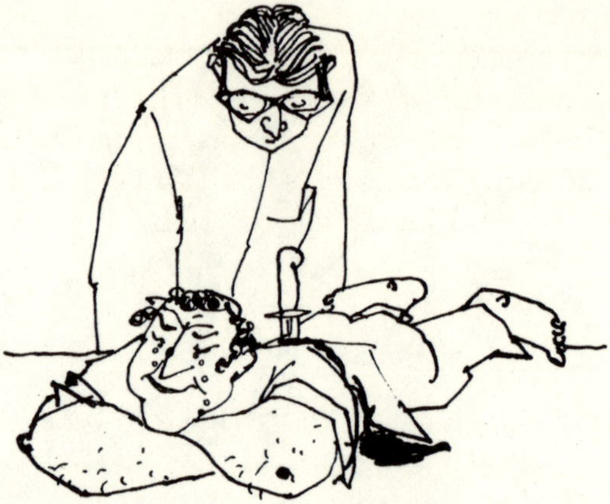

Das Messer im Rücken

Im Hafen von Triest bekamen einmal zwei betrunkene Hafenarbeiter Streit miteinander. Den Worten folgten bald Tätlichkeiten. Schließlich zog der Schwächere ein Messer heraus, stieß es seinem Gegner in den Rücken und entfloh. Ein Krankenwagen kam, und ein Arzt beugte sich über den Verletzten. Angesichts des Messers, das bis zum Griff im Körper des Verletzten steckte, fragte er besorgt: »Fühlen Sie sich sehr schlecht?« – »Nein«, antwortete der Arbeiter, »nur wenn ich lache.«

Der Bauer und die Tauben

Ein Bauer aus den Bergen von Friaul kam einmal nach Triest und ging dort zur Piazza dell'Unità d'Italia. Hier beobachtete er die vielen Tauben, die den Brunnen und die Verkaufsstände der Maishändler umflatterten. Da trat ein Tagedieb zu ihm und fragte mit strenger Stimme: »Was tun Sie hier?« – »Ich zähle die Tauben«, antwortete der Bauer eingeschüchtert. »Was? Wissen Sie auch, daß für jede gezählte Taube eine Gebühr von einer Lira an die Stadtkasse zu zahlen ist? Ich werde in zehn Minuten zurückkommen und den Betrag für die Tauben, die Sie bis dahin gezählt haben, von Ihnen erheben.« Nach einer Weile kam der

Kerl zurück und fragte den Bauern: »Nun, wie viele Tauben haben Sie gezählt?« – »Zwanzig«, antwortete der Bauer. »Aha, also geben Sie mir zwanzig Lire.« Gehorsam zahlte der Bauer. Nachdem der andere sich entfernt hatte, sagte er zu sich selbst: »Die Triestiner sind doch rechte Dummköpfe. Zwanzig Lire habe ich bezahlt, aber gezählt habe ich fünfzig Tauben.«

Die Uhr des Richters

Es war heiß in Udine, und der Richter war ärgerlich, weil die Verhandlung sich endlos hinschleppte. »Antworten Sie mit ja oder nein«, schrie er den Zeugen an. »Das Gericht will weder Ihre persönliche Meinung wissen, noch was Sie glauben. Ich, zum Beispiel, glaubte diesen Morgen, meine Uhr mitgenommen zu haben. In Wahrheit aber habe ich sie zu Hause auf dem Nachttisch liegengelassen. Das Gericht braucht Tatsachen, keine Vermutungen.« Der erschrockene Zeuge nahm sich die Ermahnung zu Herzen, und die Verhandlung wurde rasch zu Ende gebracht. Als der Richter nach Hause kam, empfing seine Frau ihn mit der Frage: »Wieso brauchtest du denn so dringend deine Uhr? War es wirklich nötig, deshalb gleich vier Männer nacheinander hierherzuschicken?« – »Wie?« fragte der Richter, mit schwacher Stimme, »vier Männer? Und welchem von ihnen hast du sie gegeben?« – »Natürlich dem ersten. Er wußte ja sogar, wo du sie liegengelassen hattest.«

Aber nachts

Ein junger Mann klopfte an die Pforte des Nonnenklösterleins in der Nähe von Assisi und bat um abgetragene Kleidung. »Wo denken Sie denn hin, wo sollen wir die wohl herhaben«, empörte sich die Schwester Pförtnerin. »Wir sind ein Frauenkloster, bei uns gibt es keine Männer!« Der Bettler entschuldigte sich und ging davon. »Das hättest du lieber nicht sagen sollen«, meinte eine Mitschwester, »denn der Bettler weiß jetzt, daß wir ohne

männlichen Schutz sind, und wird uns vielleicht bei Nacht überfallen.«
Daraufhin öffnete die Schwester Pförtnerin noch einmal ihr winziges Fenster und rief dem Bettler nach: »Aber nachts, mein Herr, haben wir das Kloster voller Männer.«

Meisterputz

Der große Pianist Arthur Rubinstein hatte in Como mit riesigem Erfolg ein Konzert gegeben und konnte sich der Verehrerinnen kaum erwehren. Als er am nächsten Vormittag eines seiner Paradestücke durchnahm, klingelte das Telefon. Eine Damenstimme. »Der Meister ist nicht zu Hause«, erklärte der Impresario.
»Aber das ist doch nicht wahr. Ich höre doch, wie er auf dem Flügel musiziert.« – »Das ist ein Irrtum, gnädige Frau. Was Sie hören, ist die Putzfrau. Sie staubt gerade die Tasten ab.«

Kallipygos

Am Comer See wurden Außenaufnahmen für einen Film gemacht. Dabei fiel einer wohlgerundeten Puppenschönheit, die sich am Anfang einer steilen Karriere wähnte, die Aufgabe zu,

für die Dauer einer Szene als Bildstaffage mit dem Rücken zur Kamera zu sitzen. Bei der Kontrollvorführung rief sie enttäuscht aus: »Sie haben mich aber nicht gerade von meiner besten Seite photographiert!«
Darauf der Regisseur: »Das war in dieser Szene leider unmöglich. Sie haben nämlich darauf gesessen.«

Räuberlogik

»Bereue!« empfahl ein Franziskanerpater dem Räuber, den man zum Tode verurteilt hatte. »Sonst wirst du die Tore des Paradieses verschlossen finden.« – »Macht nichts, Pater«, antwortete prompt der arme Sünder, »ich habe einen Haufen Nachschlüssel.«

Schuldkomplex

Ein dürres Männlein mit Brille und Ziegenbärtchen steht in Como vor dem Richter. Es soll seine Frau, eine imposante Erscheinung mit Armen und Beinen wie ein Preisringer, im Verlauf einer ehelichen Auseinandersetzung mit Fäusten geschlagen haben. Der Richter mustert das ungleiche Paar und stellt dann die Frage: »Geben Sie zu, daß Sie Ihre Frau geschlagen haben?«
»Ja«, sagt das Männlein.
»Zehntausend Lire«, sagt der Richter.
Das Männlein zahlt.
Später wird der Richter von einem Kollegen zur Rede gestellt: »Warum haben Sie dem armen Kerlchen denn eine so empfindliche Geldbuße auferlegt?« »Nun«, entgegnet der Richter, »ich habe ihn ja nicht wegen seiner Verfehlung bestraft, sondern wegen seiner unerträglichen Prahlerei.«

Gedächtnis-Stütze

Ein italienischer Adliger, der seinen Lebensabend am Comer See verbringt, fühlt eines Tages sein Ende nahen. Ein Priester wird gerufen.
»Ich bin zu schwach zur Beichte, Monsignore«, sagt der Sterbende. »Fragen Sie bitte meine Haushälterin. Sie weiß alles.«
Der Beichtvater läßt sich aber nicht darauf ein: »Sie müssen es mir schon selbst sagen. Ich werde Sie dabei unterstützen. Wie war es etwa mit der Wollust?«
Da wendet sich der alte Mann an die Haushälterin: »Wie war das wohl, Maria, war ich wollüstig?«
»Ein bißchen«, entgegnete Maria, »ein bißchen, Monsignore.«

Schirm-Herrschaften

Es regnete in Strömen. Signor Martinoli verließ sein Büro und sprang zu einem Freund hinauf, der ganz in der Nähe wohnte. »Höre, alter Freund«, bat er ihn, »könntest du mir nicht den Schirm zurückgeben, den ich dir vor vierzehn Tagen geliehen habe?« – »Oh, das tut mir aber leid – ich habe ihn gestern einem Freund geborgt...« Da erbost sich Signor Martinoli: »Wie kannst du bloß! Jetzt sitz' ich schön drin! Der Bekannte, von dem ich ihn geliehen habe, hat mich dringend gebeten, ihn wiederzubringen, da er ihn zurückgeben müsse...«

Banditenjagd

Zwei sizilianische Polizisten haben den Befehl erhalten, einen berüchtigten Banditen in seiner Wohnung festzunehmen. Am Haustor angelangt, zögern sie unschlüssig, bis der ältere Polizist meint:
»Geh du zuerst und sei unbesorgt – du wirst gerächt!«

Vierfacher Preis

In einem überfüllten Filobus in Catania wird ein kleiner schmächtiger Mann von einem großen Dicken rücksichtslos gegen die Wand gequetscht.
Wutschnaubend ruft er: »Die Fettwänste müßten den doppelten Fahrpreis bezahlen.«
»Die Idioten auch«, entgegnete kühl der Dicke.
»Vier Fahrscheine für den Herrn«, verlangte darauf der Kleine vom Schaffner.

Begnadigung

Einmal besuchte König Ferdinand II. eine Strafanstalt mit der Absicht, einen der Gefangenen zu begnadigen. So befragte er die im Hofe angetretenen Gefangenen nach den Umständen, die zu ihrer Inhaftierung geführt hatten, und der erste antwortete: »Ich

wurde verurteilt, weil ich meinen Arbeitgeber getötet haben soll, doch der Ärmste fiel durch Zufall in den Brunnen.«
Der zweite erklärte: »Ich wurde angeklagt, Steuergelder unterschlagen zu haben, aber das Urteil ist ein Irrtum, ich habe diese Gelder nie angerührt!«
Und der dritte: »Sie sagen, ich habe den Pfarrer beschimpft, doch würde ich mir nie erlauben, so etwas zu tun; man hat meine Worte mißverstanden.« – Und so ging es weiter. Jeder war unschuldig.
Endlich aber erklärte einer: »Majestät, ich schlug meiner Frau den Schädel ein, weil sie mich betrog, und ihren Liebhaber erdolchte ich.«
Und der König entschied: »Dieser wird begnadigt. Es wäre nicht recht, wenn all diese Ehrenmänner durch seine Gegenwart besudelt würden.«

Sparsamkeit

Ein vornehmer junger Römer, der aus übertriebener Sparsamkeit seine Kleidung sehr vernachlässigte, traf eines Tages auf der Straße einen seiner Freunde. Dieser fand, daß er in seinen armseligen Kleidern geradezu mitleiderregend wirkte, und machte ihn auf diesen Umstand aufmerksam. Doch jener antwortete ihm: »Oh, die Sache hat keine Wichtigkeit: hier kennt mich jeder und weiß, wer ich bin.«
Nach einiger Zeit traf derselbe Freund den Römer in Paris wieder, immer noch in denselben Kleidern. Der Freund wiederholte mit Nachdruck seine Bemerkung, die ihm diesmal die Antwort eintrug: »Oh, die Sache ist hier noch viel bedeutungsloser, hier kennt mich niemand.«

Fußballgeschichte

Der Star eines Florentiner Fußballvereins kam zu einem sonst sehr achtbaren, aber etwas zerstreuten Priester, der ein großer

Fußballfreund war, jede Woche zum Beichten. Der Priester hatte die Gewohnheit, die Zahl und Schwere der Sünden auf seinem Ärmel mit einem Stück Kreide zu markieren und danach die angebrachte Buße auszurechnen.

»Padre«, sagte der Spieler eines Tages, »ich habe in unserem letzten Spiel einen Stürmer gerammt, der unserer Mannschaft eins auszuwischen gedachte.«

»Da tatest du nicht sehr recht, mein Sohn«, sagte der Priester und machte einen Kreidestrich.

»Als er hinfiel, versetzte ich ihm ein paar Fußtritte.«

»Schrecklich, mein Sohn! Wann willst du ein guter Christ werden?« Er machte vier Kreidestriche auf seinen Ärmel.

»Und dann, als der Schiedsrichter nicht hinsah, biß ich ihm ein Stück von einem Ohr ab.«

»Dio mio! Du bist eine Schande für deinen noblen Trainer.« Er machte Kreidestriche bis zum Ellbogen. »Gegen welche Mannschaft habt ihr denn gespielt?«
»Gegen die Methodisten.«
»Ooh«, strahlte der Priester, indem er die ganzen Kreidestriche auswischte. »Jungs sind eben Jungs.«

Kurzsichtige Frage

Leopold II., Großherzog der Toscana, war sehr kurzsichtig. Während eines Empfanges im Palazzo Pitti wandte er sich an eine der eingeladenen Damen, die er zum ersten Male sah: »Wieviel Kinder haben Sie, Signora?« – »Drei, Eure Hoheit.« Wenige Minuten später begegnete er ihr wieder und, kurzsichtig wie er war, erkannte er sie nicht. »Wieviel Kinder haben Sie, Signora?«
»Immer noch die früheren drei, Königliche Hoheit. Seit vorhin habe ich keine Zeit gehabt, sie zu vermehren.«

Mike Ginsberg

Ein Amerikaner namens Mike Ginsberg war nach Italien gereist und kam auch nach Florenz. Er verstand kein Wort der Landessprache. Im Ristorante des Hotels, in dem er wohnte, hatte er einen Italiener zum ständigen Tischgenossen. Ginsberg saß schon am Tisch und aß. Der ankommende Italiener wünschte ihm mit einer Verbeugung höflich: »Buon appetito!«
»Mike Ginsberg«, entgegnete der Amerikaner.
Dies wiederholte sich vier Tage hintereinander. Am fünften Tag kam Ginsberg, der inzwischen erfahren hatte, was »Buon appetito« bedeutet, zufällig als zweiter an den Tisch und sagte sich verbeugend: »Buon appetito!«
»Mike Ginsberg!« entgegnete der Italiano.

Ein gelungenes Werk

Als Michelangelo den Sohn des bolognesischen Malers Francia sah und ihm die Schönheit des jungen Mannes auffiel, entfuhr es ihm: »Lebendige Figuren gelingen deinem Vater besser als gemalte.«

Antwort mit Widerhaken

Ein florentinischer Edelmann hatte einst ein mit Widerhaken versehenes Witzwort über Pietro II., den schwachen und bald vertriebenen Sohn Lorenzos des Prächtigen, in Umlauf gebracht.
Als ihn Pietro bald darauf traf, ging er mit grimmiger Miene auf ihn zu und fragte, um nun auch einmal seinen eigenen Witz an jenem zu üben:
»Können Sie mir eigentlich sagen, woran Sie einmal sterben werden: an einer galanten Krankheit oder am Galgen?«
»Das kommt darauf an«, entgegnete der Widersacher, »was ich zuerst ergreife: Ihre Kurtisanen oder Ihre Grundsätze.«

Klein — aber ehrlich

Auf einer Landstraße versucht ein kleiner Junge vergeblich, einen Karren voll Holz über eine steile Brücke zu schieben. Ein

Luxusautomobil kommt des Weges, hält an, ein Herr steigt aus und hilft dem Jungen, den hochbeladenen Karren über die Brücke zu schieben.
Als sie auf der anderen Brückenseite sind, sagt er: »Grüß deinen Padrone von mir und bestelle ihm, er solle nicht einen so kleinen Jungen wie dich beauftragen, einen so schweren Karren zu schieben.« Und der Junge entgegnet ihm: »Das hab' ich ihm auch schon gesagt. Aber er hat behauptet, irgendein Dussel würde mir schon helfen.«

Der Kompagnon

Der alte und griesgrämige Inhaber eines kleinen Privatbüros für Im- und Exporthandel sagte eines Tages zu seinem Laufburschen: »Luigi, schau einmal nach dem Wetter.«
Der Junge ging hinaus, hielt den Daumen in den Wind und berichtete: »Wir werden Regen bekommen.«
»Wieso wir«, erboste sich der Alte, »seit wann sind wir Kompagnons?«

Das englische Pferd

In Livorno kaufte ein Droschkenkutscher von einem Engländer ein schon ziemlich heruntergekommenes Rennpferd und spannte es vor seine Kutsche.
Noch am gleichen Tag machte er die erste Fahrt; an der Eisenbahnstation bestieg ein Reisender die Droschke und nannte eine Adresse.
Das feurige Pferd aber, statt dem Kommando des Kutschers zu gehorchen, nahm den Weg zum Hafen hin.
Als es auch weiter völlig taub blieb für die Befehle des Kutschers, wandte der sich verzweifelt an den Fahrgast:
»Sie, können Sie Englisch?«
»Nein«, antwortete der Ahnungslose.

»Na, hoffentlich können Sie wenigstens schwimmen!« konnte der Kutscher grad noch rufen, bevor er absprang und das Pferd, die Kutsche und der Fahrgast ins Hafenbecken stürzten.

Vielsprachig

In Venedig, im Eingang eines Hotels dritter Klasse, das von vielen Fremden besucht wurde, hing ein Schild mit der Aufschrift: »Hier spricht man englisch, französisch, deutsch, russisch, griechisch und spanisch.«
Ein Herr trat ein und fragte nach dem Dolmetscher.
»Hier gibt es keinen«, antwortete der Portier.
»Aber wer ist es denn, der hier die Sprachen spricht, die Sie auf dem Schild anzeigen?«
»Die Gäste, mein Herr.«

Übersee-Telegramme

Ein kleiner Reeder aus La Spezia erhielt folgendes Telegramm aus Übersee: »Schiff untergegangen, Kapitän ertrunken, Leichnam bedeckt von Krebsen angespült, erwarten Geldsendung für Begräbnis.«
Er telegraphierte zurück: »Verkauft Krebse und bezahlt Beerdigung.«

Ausweichmanöver

Der berühmte Komiker Carletto Dapporto aus San Remo traf einen Freund auf der Straße.

»Bitte, könntest du mir 1000 Lire leihen?« fragte ihn dieser.

»Tut mir leid, aber ich habe kein Geld bei mir«, antwortete Dapporto.

»Und zu Hause?« fragte der andere.

»Danke, zu Hause geht's gut!« rief Dapporto und enteilte.

Ausgleich

Drei Freunde hatten beschlossen, einem ihrer Wohltäter ein Geldgeschenk in den Sarg mitzugeben. Der erste, ein Armenier, legte mit gewisser Anstrengung eine bescheidene Summe auf die Bahre; der zweite, ein Genuese, folgte seufzend seinem Beispiel mit einer noch etwas bescheideneren Summe. Der dritte schließlich, ein Camogliese (Einwohner von Camogli), schrieb einen Scheck über eine große Summe aus, legte ihn in den Sarg und nahm dafür als Ausgleich die Geldscheine seiner Vorgänger an sich.

Von Dalmatien nach Hellas

Der Bergbauer und der Mann aus Split

Die Leute aus Split tun sich auf ihre Pfiffigkeit eine Menge zugute. Eines Tages reitet ein Bergbauer durch die Ebene von Split stadtwärts. In einem Weingarten sieht er einen Mann bei der Arbeit, hält an und schaut ihm zu. Mißtrauisch blickt der auf:
»Was schaust du mir zu?«
»Ich schau' halt so.«
»Du schaust mir zu, weil du überlegst, wie du mir Trauben stehlen kannst.«
»Ich kann ja nicht ankommen, ich sitz' doch auf dem Pferd, um den Weingarten aber ist eine Mauer und auf der sind Dornen.«
»Ich weiß schon, was du denkst: den Sattel abnehmen und an die Mauer legen, die Pferdedecke über die Dornen werfen, und ich bin drüben.«
»Hast recht«, meinte der Bergbauer bedächtig, »so wird's am besten gehen.«

Der überfahrene Schornsteinfeger

Dujka: »O Gott, liebe Paskva, heut hat ein Auto einen Schornsteinfeger überfahren.«

Paskva: »Schrecklich, wie weit es in Dalmatien gekommen ist! Heut ist man nicht mal auf dem Dach mehr sicher!«

Nicht schlecht, alles in allem

Nach dem Vortrag, den ein Sachverständiger für Landwirtschaft vor Bauern des dalmatinischen Berglandes gehalten hat, fragt er: »Wie hat euch meine Rede gefallen?«
»Nicht schlecht, alles in allem; aber eine halbe Stunde Regen wäre viel nützlicher.«

Sie kennen sich

Herr Franz geht mit seiner Frau spazieren, ein Freund kommt ihnen entgegen.
Eben will der den Mund auftun, da kommt Franz ihm zuvor: »Leih mir bitte 500 Dinar!«
»Hab' ich nicht, bei Gott, hab' ich nicht! Auf Wiedersehen.«
»Weshalb hast du ihn denn um Geld gebeten«, fragt die Frau, »ich weiß doch, daß du welches hast.«
»Weshalb? Das ist doch klar: damit er mich nicht bittet!«

Eifersucht

Ein Betrunkener sitzt in einer Athener Taverne und sucht wie alle Betrunkenen Anlaß zum Streit. Da kommt sein Freund, auch betrunken, herein. »So ist's richtig! Du sitzt hier seelenruhig und trinkst«, sagt er zu ihm, »und deine Frau hintergeht dich in diesem Moment mit deinem Freund!«

Der Atavismus des Orients erweckt seine Eifersucht.

»Ich werde hingehen und sie umbringen!« Er geht, und der andere findet Zeit, des Freundes Flasche zu leeren. Nach einer Viertelstunde kehrt der Betrunkene zurück, diesmal ist er vollkommen ruhig:

»Mensch, Junge, ich hatte ganz vergessen: Ich bin ja gar nicht verheiratet.«

Ein schöner General

Der Minister für Fischereiwesen macht mit einem befreundeten General, dem Kommandanten einer dalmatinischen Garnison, einen Spaziergang am Ufer. Sie bleiben bei einem Fischer stehen, der eben an seiner Angel einen Fisch herauszieht.

»Wie heißt dieser Fisch?« fragt der General.

»Das weiß ich nicht.«

»Sie sind Minister für Fischereiwesen und kennen die Fische nicht?«
Sie setzen den Spaziergang fort, ein Soldat geht vorbei.
»Wie heißt der Soldat?« fragt jetzt der Minister den General.
»Woher soll ich das wissen?« antwortet der General.
»Sie sind mir ein schöner General, wenn Sie nicht wissen, wie Ihre Soldaten heißen«, rächt sich der Minister.

Falschmünzer

Ein armer Teufel aus Poros, dem Sonntagsparadies der Athener, hat eine originelle Industrie erfunden, um sich seinen Lebensunterhalt zu verdienen. Er fängt Sperlinge, färbt sie gelb, steckt sie in Käfige und verkauft sie als Kanarienvögel. Er tut das kurz bevor der Dampfer abfährt, und seine Käufer sind immer Reisende, die nicht zurückkommen werden, um ihn wegen des Betrugs zur Rede zu stellen.
Eines Abends nun feilscht er vom Ufer aus mit einem schlauen Athener. Hundert Drachmen verlangt er für seinen Kanarienvogel, zwanzig will der Athener geben, sie schimpfen, können sich nicht einigen, der Dampfer ist fertig zur Abfahrt. Um nicht auch die zwanzig Drachmen zu verlieren, gibt der Vogelhändler im letzten Moment nach: »Na schön, nimm ihn für zwanzig.«
Kaum aber hat der Dampfer abgelegt, schreit er wütend und rachsüchtig:
»Mein Herr, wenn der Spatz singt, dann schicken Sie mir die Noten!« Jetzt aber ist der Athener an der Reihe zu schreien – er hatte ihm einen falschen Zwanzigdrachmenschein gegeben:
»Mein Herr, wenn Sie den Schein gewechselt haben, dann schikken Sie mir das Kleingeld!«

Das historische Ereignis

Eine Reisegesellschaft besichtigt die Altertümer der Stadt.
»Sagen Sie bitte«, fragt eine Dame den Wächter, »kennen Sie ir-

gendein historisches Ereignis in Verbindung mit diesen Ruinen?«
»Sicher, meine Dame. Irgendwann einmal hat ein älterer Herr meinem Vorgänger 50 Drachmen Trinkgeld gegeben.«

Der Ritter

Ein Straßenbahnfahrer, der als echter Athener Frauen nichts abschlagen kann, sieht, bevor er von der Endstation abfährt, wie sich eine kleine Sirene nähert. »Verzeihung, wohin fährt diese Bahn?«
Der Fahrer streicht seinen Schnurrbart und seufzt: »Wohin du willst, Mädchen!«

Berechtigte Frage

Die Athener spendeten in einer Volksversammlung den Worten Phokions mächtigen Beifall.
»Was ist«, wandte sich dieser betreten an seine Freunde, »habe ich etwas Dummes gesagt?«

Salomonisch

Als die Insel Rhodos noch unter türkischer Herrschaft stand, ereignete sich dies: Ein Grieche beschuldigte vor Gericht einen Türken, er habe ihm zwei Oka Schaffleisch gestohlen. Der Türke behauptet, die Katze des Griechen habe das Fleisch gefressen.
»Man höre sich das an«, schreit der Kläger, »zwei Oka Fleisch soll meine Katze gefressen haben. Warum nicht gleich ein ganzes Schaf?«
Der Kadi hat salomonisches Format. Er befiehlt, die Katze zu wiegen, und siehe, sie ist genau zwei Oka schwer.
Da streicht der Richter nachdenklich über seinen Bart und bemerkt:
»Aha, hier ist also das Fleisch. Wo aber ist die Katze?«

Zerr-Insel

Die Griechen lachen über die Schnurren und Aufschneidereien zweier Matrosen, der eine aus Chios, der andere aus Lesbos, die wie Tünnes und Schäl oder Marius und Olive zueinander stehen.

Einmal kommen sie nach London, und weil sie gehört haben, daß die Briten zu Untertreibungen neigen, beschließen sie, es ihnen gleichzutun, und nennen ihren Frachtdampfer eine »Nußschale«, die Stürme, die ihre Ankunft um Tage verzögert haben, »eine milde Brise«, die wegen des ständig überschwappenden Kaffees freilich ein bißchen lästig gewesen sei.

Die guten Vorsätze sind wie weggeblasen, als man an einer Theke nach ihrer Heimat fragt. Der Seemann aus Chios beschreibt seine Insel sogleich als ein Eiland von kontinentalen Dimensionen.

»Tausende Meilen lang!« ruft er und schwenkt das Porterglas. In diesem Moment fängt er einen mahnenden Blick seines Gefährten auf, und hastig fügt er hinzu: »Und breit? Naja – so wie hier die Theke.«

Thales und der Neunmalkluge

»Der Tod«, lehrte Thales, der große Philosoph aus Milet, »unterscheidet sich nicht vom Leben.«

»Also«, fragte ein neunmalkluger Zuhörer spöttisch, »warum stirbst du dann nicht?«

»Eben«, erwiderte Thales, »weil kein Unterschied besteht.«

Kluger Mann aus Milet

»Macht es dir eigentlich Vergnügen, mit der Hetäre Chryseis zusammenzuleben?« fragte man einen Milesier. »Sie liebt dich doch nicht.« – »Gewiß nicht«, gab dieser zur Antwort. »Das tun aber auch die Fische und der Wein nicht. Trotzdem genieße ich beide mit großem Vergnügen.«

Kluge Frau aus Ephesos

Die Hetäre Kallistion aus Ephesos hatte eines Tages einen Taugenichts bei sich, dessen Körper infolge der vielen Schläge, die man ihm wegen seiner Schelmenstücke schon verabreicht hatte, von Striemen gezeichnet war.
Neugierig fragte sie daher ihren Liebhaber, woher er dies habe. Worauf sie zur Antwort erhielt, daß er sich als Knabe versehentlich heiße Suppe über den Leib geschüttet habe. »Ich verstehe«, erwiderte Kallistion anzüglich, »Ochsenschwanzsuppe.«

Vater und Tochter

Ein berühmter griechischer Bildhauer zeigte in seinem Landhaus am Meer seinem Töchterchen eine seiner neuen Skulpturen. Sie stellte einen Kentauren dar.
»Was ist denn das für ein komisches Wesen?« fragte das Kind verwundert.
Der Vater: »Ein Kentaur... halb Mensch, halb Tier.«
Nach einer Pause das Töchterchen: »Und was ist, wenn die mal sterben? Kommen die auf einen Friedhof, oder ißt man sie auf?«

Moskowitergeschichten

Astronautenalltag

In der Wohnung eines Raumfliegers klingelt das Telefon. »Du bist es, Lenotschka? Wo ist dein Papa?« – »Im Kosmos.« – »Wann kommt er zurück?« – »In zwanzig Minuten.« – »Und wo ist die Mama?« – »Beim Friseur.« – »Und wann kommt sie zurück.« – »Das wissen wir nicht.«

Terminschwierigkeiten

Ankündigung in einem Moskauer Erholungspark: »Samstagabend Tanz im Park unter freiem Himmel. Sollte es am Samstag regnen, wird der Tanz im Freien auf Sonntag verschoben. Sollte es aber auch am Sonntag regnen, dann findet der Tanzabend doch am Samstag statt.«

Kurz gesagt

»Kürze ist die Mutter des Talents!« beendete der Lektor seine langatmigen Ausführungen über Rhetorik. – »Schade, daß der

Vortragende Waise ist«, ließ sich eine Stimme im Saal vernehmen.

Seltsames Zusammentreffen

»Mama, wo bist du zur Welt gekommen?« – »In Kiew.« – »Und wo der Papa?« – »In Leningrad.« – »Und ich?« – »Du, mein Lieber, in Moskau.« – »Sonderbar, daß wir drei uns getroffen haben.«

Unbrauchbares

Bald nach dem Russisch-Japanischen Krieg besichtigte ein Japaner den Kreml. Bei der berühmten, auf einem Steinsockel ruhenden Zarenglocke fragte er, ob man sie auch läuten könne. – »Nein.« Bei der nicht weniger berühmten Zarenkanone, von der nicht bekannt ist, daß je aus ihr gefeuert worden wäre, fragte der Japaner: »Kann man mit ihr schießen?« – »Nein.« – »Merkwürdig – alles, was bei euch mit dem Zaren zusammenhängt, ist nicht zu gebrauchen!«

Revolution von oben

Nach dem mißglückten Dekabristenaufstand, an dem die Blüte der russischen Aristokratie beteiligt war, sagte der Moskauer Generalgouverneur Rostoptschin: »In Frankreich machten Schusters Revolution, weil sie Herren werden wollten – begreiflich! Bei uns machten die Herren Revolution – ja, wollten sie denn wirklich Schuster werden?«

Levantinisches

Therapie nach Wahl

Die Ärzte auf Leukas sind unfehlbar. Der alte Giorgios hatte eine schlimme Erkältung. Der Doktor horchte ihn mit einem uralten Stethoskop ab. »Oh, wir haben's schon. Der Husten, der Auswurf, das kommt vom Rauchen!« – »Aber Herr Doktor«, brachte Giorgios mit schwacher Stimme hervor, »ich habe mein Lebtag nicht geraucht.« – »Waaas?« stotterte der Arzt, »dann... dann fang aber schleunigst damit an, damit sich die Verschleimung löst«, und setzte wieder seine Miene göttlicher Unfehlbarkeit auf.

Qual der Wahl

Ein reicher Türke überreichte einem Athener Geschäftsfreund, der ihn in Rhodos besuchte, zwei kostbare Kleider mit der Aufforderung, er möge eines davon auswählen und seiner Tochter als Geschenk mitbringen. Der Grieche aber nahm beide und lachte: »Meine Tochter wird zweifellos besser wählen.«

Schadenfreude

Ein Ehemann aus Ithaka kam eines Abends spät nach Hause und überraschte seine Frau, die nicht gerade eine Schönheit war, in den Armen eines anderen Mannes.
»O du wunderlicher Mensch«, rief der Ehemann seinem Rivalen zu, »was hat dich denn nur dazu gezwungen?«

Der Esel

Ein Bauer aus der Nähe von Kalamata hatte einen trefflichen Esel, der aber leider sehr bissig war. Da auch seine Frau meinte,

man solle ihn verkaufen, ging er zum Ausrufhändler des Dorfes und bat ihn, einen Käufer für seinen Esel zu finden. Nach einigen Stunden kam der Händler und erklärte dem Bauern, er habe einen Käufer ermittelt.

»Einen Käufer hast du gefunden, aber ich verkaufe den Esel nicht«, antwortete der Bauer.

»Ja, warum um Himmels willen – hast du nicht gerade gesagt, ich soll ihn verkaufen?«

»Ja, aber ich habe gehört, wie du meinen Esel gepriesen hast. Und nun kann ich mich beim besten Willen nicht mehr von ihm trennen.«

Schwur-Gericht

Ein Viehdieb auf Kreta hatte einen fetten Hammel gestohlen. Im Augenblick, da er ihn zerlegen und für die Pfanne vorbereiten

wollte, donnerten die Gendarmen an seine Tür. »Schnell«, flüsterte er seiner Frau zu, »leg den Hammel in die Wiege!« Sekunden später standen die Gendarmen in der Stube. »Gib zu, daß du einen Hammel gestohlen hast!«
Da hebt der Viehdieb die Schwurhand und ruft: »Das unschuldige Wesen dort in der Wiege will ich braten und aufessen, wenn das wahr ist!« Als die Gendarmen den ungeheuren Schwur vernahmen, bekreuzigten sie sich und gingen wortlos hinaus.

Wunschdenken

Ein Ölscheich besuchte ein Kloster auf Kreta und überreichte beim Abschied jedem Bruder eine goldene Uhr. Der Prior aber wollte ein Exempel der Selbstüberwindung statuieren und reichte seine Uhr zurück. Der Scheich glaubte indessen, dem Prior ein wertvolleres Geschenk machen zu müssen, und übergab ihm eine seiner Haremsfrauen. Als die Brüder das sahen, gaben sie dem Scheich ihre Uhren auch zurück.

Kaufmännischer Aspekt

In Griechenland hat ein Vater, der einer Tochter keine ausreichende Mitgift, keine »Prika«, geben kann, wenig Hoffnung, sie unter die Haube zu bringen. Der Wert der Prika wird oft in der halboffiziellen Zweitwährung, in Goldpfund (40 DM), ausgedrückt.
Ein Korinther hatte seinen Sohn ins Ausland geschickt. Bald kommt ein Telegramm: »Habe mich verlobt. Mitgift zehntausend. Erbitte väterlichen Segen.« Der Vater telegrafiert zurück: »Drachmen oder Pfund?« Der Sohn antwortet: »Pfund.« Rückantwort des Vaters: »Segen gewährt! Werdet glücklich!«

Schlußverkauf

Vor dem Krankenhaus in Iraklion hatte ein alter Trödler einen Stand aufgebaut. Eines Tages kam, noch sehr wacklig auf den Beinen, ein Rekonvaleszent und musterte ein Bündel Gürtel. »Sind die denn auch haltbar?« – »Nimm dir einen«, rief der Alte beschwörend. »Du wirst sehen, er hält bis an dein Lebensende!«
Der Mann ließ sich überreden.
Acht Tage später stand er wieder vor dem Trödler und hielt ihm wutentbrannt den zerrissenen Gürtel unter die Nase.
»Bis an mein Lebensende, hä?« – »Ja, weißt du«, sprach der Trödler, »mehr als eine Woche hatte ich dir eigentlich nicht gegeben.«

Kein Ort für Armenier

Ein Armenier wollte sich in einem Dorf bei Tripolis niederlassen, um Handel zu treiben. Eines Tages ruft er einen Dorfjungen und sagt: »Hier hast du fünf Drachmen; sieh zu, daß du dafür Essen für mich, für meine Ziege und für meine Hühner heranschaffst.« Binnen kurzem kommt der Junge mit einer Wassermelone zurück: »Hier, das Innere können Sie essen, die Schale ist für Ihre Ziege, und die Kerne sind für die Hühner.« Da verließ der Armenier das Dorf, murmelnd: »Dies ist kein Ort für Handelsleute.«

Zu beiden Seiten des Bosporus

Die Impfung

Als die Tänzerin Anita La Juana zu einem Gastspiel nach Bukarest kam, hielt sie es für unbedingt notwendig, sich gegen Blattern impfen zu lassen.
»Aber bitte, Herr Doktor«, sagte sie, »nur an einer Stelle, wo man die Narbe nicht sehen kann, wenn ich tanze...« – »Unter diesen Umständen ist es wohl das Beste«, erwiderte der Arzt, »wenn ich mir vorher Ihre Vorstellung ansehe!«
Als die Tänzerin am nächsten Tag wiederkam, erklärte der Arzt: »Gnädige Frau, ich kann Ihnen nur raten, das Impfmittel zu schlucken.«

Festrede

Der Delegierte einer kleinen Stadt sollte auf einem Bankett in Bacau die Festrede halten. Morgens bemerkte er plötzlich, daß er heiser war. Er eilte zu seinem Freund, dem Halsspezialisten. Die hübsche, temperamentvolle Frau des Doktors öffnete die Tür. »Ist der Doktor zu Hause?« sagte der Delegierte mit schwacher Stimme. »Nein«, flüsterte die Frau, »kommen Sie nur herein.«

Echte Trauer

Petru hat seine junge Frau verloren. Er jammert und weint, als er hinter dem Sarg hergeht. Da sagt tröstend ein Freund: »Ja, ja, Tamara war eine prächtige Frau. Aber bald wird dir eine andere begegnen, und in sechs Monaten bist du bestimmt wieder verheiratet.« – »Sechs Monate?« jammerte Petru. »Und was mach' ich heute abend?«

Rembrandt

Herr Radulescu aus Jasi kam nach Bukarest, wollte sich in der Gemäldegalerie den Rembrandt ansehen und fragte in der Eingangshalle den Portier, wo sich denn das Bild befinde. »Im dritten Saal, bitte, links, Nr. 271.« Als Herr Radulescu nach einer halben Stunde die Treppe herunterkam, geleitete ihn der Portier noch bis zur Tür, verbeugte sich und fragte: »Waren Sie zufrieden, bittä, mit Herrn Rembrandt?«

Unbekannt

Garabett spielt im Kaffeehaus mit einem Bekannten Schach. Einige Gäste stehen dabei, da sich das Spiel interessant entwickelt. Garabett ist am Zuge. Da klopft ihm ein anderer Bekannter auf die Schulter und sagt: »Du mußt Nerven haben, Garabett! Du spielst hier ganz ruhig Schach, derweil deine Frau dich zu Hause mit deinem Freund Agop betrügt!« Garabett springt auf und stürmt nach Hause. Nach zehn Minuten kommt er zurück, setzt sich, als sei nichts passiert, an den Schachtisch, um die Partie weiterzuspielen. Sein Partner fragt erstaunt: »Das war aber eine

kurze Diskussion über ein so diffiziles Thema!« Darauf Garabett: »Alles Lüge! Es war gar nicht Agop. Und mit hergelaufenem Volk unterhalt' ich mich nun einmal nicht.«

Donner und Doria

Ein Gabrovoer kaufte seinem Sohn ein Paar neue Schuhe. Am nächsten Tag waren sie bei Verwandten eingeladen, die außerhalb der Stadt ein Häuschen hatten. Wie Vater und Sohn so dahinschritten, fragte der Alte: »Hast du die neuen Schuhe an?« – »Ja, Vater.« – »Donner und Doria! Dann mach aber größere Schritte!«

Gerecht

Ein Radfahrer überfährt eine Gans. Er bietet dem Besitzer fünfzig Lei.

Aber der Besitzer verlangt hundert Lei, dann könne der Radfahrer die Gans mitnehmen. Da sie sich nicht einigen können, rufen sie den Ordnungshüter.

»Der Radfahrer gibt dir die fünfzig Lei«, entscheidet er, »ich gebe dir weitere fünfzig Lei und nehme die Gans. Auf diese Weise ist jeder zu seinem Recht gekommen.«

Mißverhältnis

Ein Armenier verpaßte in Istanbul abends den letzten Dampfer von Kadiköy nach Galata und vertraute sich einem Ruderboot an. Auf halbem Weg erhebt sich ein Sturm. Der Armenier starrt den Ruderer angstvoll an, doch dieser ist gelassen:
»Keine Angst. Es kann nichts passieren. Gott ist groß.«
Der Sturm wird stärker, Brecher fegen über das Boot. Der Armenier ringt verzweifelt die Hände. Doch der Bootsmann sagt nur immer: »Keine Angst. Gott ist groß.« Schließlich wird das Boot fast umgeschlagen, und der Armenier beginnt aus Leibeskräften zu schreien. All dies macht dem Ruderer keinen Eindruck: »Gott ist groß!«
Da verliert der Armenier die letzte Beherrschung:
»Ja, ich weiß, Gott ist groß! Aber das Boot ist klein!«

Ersatz

Ali Pascha und Fuad Pascha konnten einander nicht ausstehen. Als jener Großwesir wurde, avancierte dieser zum Gouverneur

von Zypern. Ehe Fuad Pascha sein neues Amt antrat, sagte Ali Pascha zu ihm:
»Die Esel von Zypern sind in aller Welt berühmt. Ich wäre Ihnen sehr verbunden, wenn Sie mir bei Ihrer Rückkehr einen mitbrächten.«
Als Fuad Pascha wieder nach Istanbul kam, besuchte er den Großwesir. Sobald er ihn erblickte, rief er: »Oh, ich habe ganz vergessen, daß Sie mich um einen Esel gebeten hatten. Bei Ihrem Anblick fällt es mir wieder ein. Bitte, verzeihen Sie mir.«
Sofort gab Ali Pascha die Anspielung zurück:
»Kein Wort der Entschuldigung, Pascha! Sie sind selbst gekommen. Das genügt!«

Richtlinie

Ein Bauer wandte sich ratsuchend an einen Bektaschi:
»Wenn ich meine Kleider abgelegt habe und zum Zwecke religiöser Waschung ins Meer gestiegen bin – in welche Richtung muß ich mein Gesicht wenden?«
Der Bektaschi ohne Zögern: »Das ist doch keine Frage. Du mußt dein Gesicht auf die Stelle richten, wo deine Kleider liegen. Damit sie dir nicht gestohlen werden.«

Rechtsnorm

Nasreddin Hodscha hörte in seiner Eigenschaft als frischgebakkener Richter zum erstenmal die Klage eines Menschen an und entschied: »Du hast recht.«
Als ihm die Gegenpartei ihre Argumente vortrug, sagte er gedankenvoll: »Du hast recht.«
Ein erfahrener Amtskollege beschloß, dem Anfänger eine Belehrung zu erteilen: »Du verstößt gegen die Grundsätze der Rechtsprechung. Es ist nicht möglich, daß zwei feindliche Parteien vor dem Richter recht haben.«
Darauf der Hodscha: »Da hast du auch recht.«

Gemeinwohl

Zur Zeit der Sultane stritten sich in Istanbul einige Wesire darüber, welcher Wali wohl der osttürkischen Stadt Erzurum am meisten genützt habe. Einer sagte:
»Das war Ahmad Pascha!«
Keiner der Anwesenden kannte den Namen.
»Wer war das wohl? Unseres Wissens hat es in Erzurum nie einen Wali namens Ahmad Pascha gegeben!«
Die Antwort lautete:
»Ahmad Pascha ist unmittelbar nach seiner Ernennung auf dem Weg ins Amt gestorben. Damit hat er der Stadt den größten Dienst erwiesen.«

Eine Frau für Millionen

Als Sultan Abdul Aziz das Frankreich Napoleons III. besuchte, äußerte ein Würdenträger seines Gefolges, der Großwesir Ali Pascha, in einer Gesellschaft am Rande der Staatsvisite, es gebe auf der ganzen Welt keine Frau, die ihm widerstehen könne.
Daraufhin stellte ihn die Kaiserin Eugenie zur Rede:
»Wie kommen Sie zu der Behauptung, keine Frau der Welt könne Ihnen widerstehen?«
Ali Pascha entgegnete:
»Majestät, jede Frau hat eine schwache Seite. Sie mit Geld zu befriedigen, ist nicht schwer.«
»Aber, aber, Frau ist doch nicht gleich Frau! Wie können Sie, Verehrtester, eine Frau, die alles hat, mit Geld verführen?«
»Indem ich noch mehr Geld ausstreue«, erklärte Ali Pascha, »indem ich, sagen wir, drei Millionen Franken biete.«
Die Kaiserin lachte:
»Woher wollen Sie so viel Geld nehmen?«
Ali Pascha lachte noch mehr:
»Die Frau haben wir also gefunden. Jetzt müssen wir nur noch das Geld beschaffen.«

Beim Barte des Propheten

Taktik

Ein Bauer begegnet auf der Straße nach Marrakesch einem Ulema, der verkehrt auf dem Esel reitet. Erstaunt fragt der Bauer: »O Weiser und Edler, sag mir, aus welchem deinem einfältigen Diener unerforschlichen Grund sitzt du verkehrt auf diesem Esel?«
Darauf der Ulema:
»Muß denn jeder gleich wissen, wohin ich reite?«

Alternative

Der arme Brahim steht auf dem Markt von Fes vor dem Stand eines Fischhändlers. In seiner Tasche ist nicht ein Dirham. Verzweifelt denkt der arme Brahim an seine hungrige Familie. Eine Weile kämpft er mit sich selbst, zu guter Letzt erliegt er aber doch der Versuchung.
In einem scheinbar unbeobachteten Augenblick schnappt er blitzschnell einen besonders großen Fisch und läßt ihn unter seinem Burnus verschwinden.
Das Kleidungsstück ist indessen nicht lang genug, um die Beute ganz zu verbergen; der Schwanz des Fisches lugt darunter hervor.
Dem Fischhändler aber ist der Diebstahl nicht entgangen. Er beugt sich vor, packt den armen Brahim am Arm und blickt ihm finster in die Augen. Doch dann huscht ein Lächeln über seine Züge, und er sagt:
»Also, was ist? Entweder du kaufst dir einen längeren Burnus – oder du stiehlst einen kürzeren Fisch!«

Identität

Der reiche, seines Geizes wegen verschriene Teppichhändler Mohammed geht mit seinem kleinen Sohn durch die Straßen von Meknes, als ihnen ein Leichenzug entgegenkommt.

»Vater«, fragt der Kleine, »was ist dort in dieser Kiste?« – »Ein Mensch.« – »Und wohin wird er gebracht?« – »Zu einem Ort, wo es weder Speisen noch Getränke gibt, weder Hammelfleisch noch Kuskus, weder Gold noch Silber...« – »Wie?« ruft das Kind überrascht aus, »bringt man ihn etwa zu uns nach Hause?«

Unterschied

Alim Ahmed überrascht einen Moslem beim Schweinefleischessen.

»Unseliger!« ruft der Alim. »Weißt du nicht, daß du eine große Sünde begehst? Das ist dasselbe, wie wenn...« – er überlegt und fährt fort: »... wie wenn du deinen besten Freund mit dessen Frau betrügen würdest!«

Einige Tage danach sucht der Moslem den Alim auf, mustert ihn eine Weile nachdenklich und sagt dann: »O weiser Alim, es ist nicht dasselbe!«

Der Spiegel

Eines Tages kam ein reicher und geiziger Mann zu einem weisen Marabut.

Der Marabut führte ihn ans Fenster. »Schau hinaus«, sagte er, »und erzähl mir, was du siehst.«

»Menschen«, antwortete der reiche Mann.

Darauf führte ihn der Marabut zu einem Spiegel. »Was siehst du nun?« fragt er.

»Ich sehe mich selbst«, sagte der Reiche.

Da sprach der Marabut: »Merk auf – das Fenster ist aus Glas, und der Spiegel ist aus Glas. Aber das Glas des Spiegels ist mit ein wenig Silber belegt: Kaum kommt ein wenig Silber dazu, so hörst du auf, andere Menschen zu sehen, und siehst nur noch dich selbst.«

Blickwinkel

Ein ägyptischer Gelehrter bezog ein Gehalt aus der Staatskasse. Als ihm eines Tages in einer Sitzung beim Statthalter eine Frage gestellt wurde, sagte er: »Ich weiß es nicht.« Darauf hielt man ihm vor: »Jeden Monat erhältst du so viel Geld und bist nicht einmal in der Lage, eine Frage zu beantworten?« Der Gelehrte erwiderte: »Ich werde bezahlt für das, was ich weiß. Wenn ich aber für das bezahlt würde, was ich nicht weiß, dann wäre die Staatskasse bald erschöpft, ohne daß das, was ich nicht weiß, erschöpft würde.« Diese Antwort gefiel dem Kalifen außerordentlich. Er ließ dem Weisen gleich ein stattliches Geschenk überreichen und erhöhte sein Gehalt.

Ein Huhn geht baden

Ahmed, ein Gelegenheitsdieb, hat ein Huhn gestohlen. Er geht zum Medjerda-Fluß, um es zu rupfen. Plötzlich sieht er einen

Polizisten und wirft das Huhn ins Wasser. Der Ordnungshüter kennt seinen Ahmed. »Was hast du gestohlen?« – »Nichts.« – »Und die Federn da?« – »Ein Huhn badet im Fluß; es hat mich gebeten, inzwischen auf seine Kleider aufzupassen.«

Die Fahrkarte

Ein Bauer steigt in Sidi Amar in den Zug nach Sousse. Endlich findet er einen freien Platz, auf den aber ein alter Mann seine Chechia (Kopfbedeckung) gelegt hat; er will sie durchaus nicht wegnehmen: »Meine Chechia hat auch eine Fahrkarte und beansprucht somit einen Sitzplatz.« Nach einer Weile schläft der Alte ein. Schnell ergreift der Bauer dessen Chechia, wirft sie aus dem Fenster und setzt sich auf den freien Platz. Als der Alte aufwacht, fängt er an zu brüllen: »Wo ist meine Chechia? Gib sie sofort wieder her!« Darauf antwortet ihm der Bauer: »Was fragst du mich! Du hast gesagt, sie habe eine Fahrkarte gekauft. Nun, eben ist sie ausgestiegen...«

Die Söhne Jakobs

Das fromme Dach

Ein Lehrer wohnte in einem Hause, dessen Dach beständig in allen Fugen knackte. Als der Hausbesitzer eines Tages kam, um die Miete einzuziehen, bat der Lehrer ihn, das Dach in Ordnung bringen zu lassen. Doch der Besitzer erwiderte: »Keine Angst! Es knackt nur zum Lobe Gottes, des Erhabenen.« Da antwortete der Lehrer: »Am Ende wird es sich noch vor Gott niederwerfen!«

Der Job

Neueinwanderer in Israel nehmen zunächst einmal jede Arbeit an, und litauische Juden stehen in dem Ruf, besonders lebenstüchtig und raffiniert zu sein. Da stand in der Zeitung ein Inserat: »Amme gesucht.« Zur angegebenen Zeit klingelt es an der betreffenden Tür. Ein bärtiger Litwak steht da und erklärt, auf das Inserat gekommen zu sein. »Was – Sie wollen eine Amme sein?« fragt entsetzt die Frau des Hauses und Mutter des Säuglings. Der Litwak: »Nu, warum nicht? Einmal zeigt man mir eine Sache, und schon kann ich sie.«

Ein Unterschied

»Was ist der Unterschied zwischen einem Israeli aus Deutschland und einem aus Galizien?« fragte jemand in Israel. »Paß auf«, sagte sein Freund, »wir gehen einkaufen.« Sie betreten den Laden eines ›Jecken‹ und verlangen Zündhölzer. Der Freund beim Öffnen der Schachtel: »Nein, ich möchte eine, in der die Hölzer andersherum liegen.« Der Verkäufer sucht lange und bekennt dann: »Bedaure, sie liegen alle in derselben Richtung.« Nun gehen die beiden zu einem galizischen Händler, und wieder beanstanden sie die Lage der Zündhölzer. Da nimmt der Galizier die Schachtel, dreht sie unter dem Tisch einfach um und gibt sie zurück: »Hier, bitte schön. Aber diese Schachtel kostet fünf Agorot mehr. Ist eine Sonderanfertigung.«

Manöver in Israel

Vor einer Flußbrücke steht ein Schild: »Achtung – gesprengt«. Von einem nahen Hügel aus beobachtet ein Major, wie ein Trupp Infanteristen seelenruhig über die Brücke marschiert. Wutschnaubend fährt der Offizier in seinem Jeep hin. Da sieht er zu seiner Verblüffung, daß die Soldaten große Plakate tragen mit der Aufschrift: »Wir schwimmen.«

Der Freier

Ein Mann aus Zahlé las die Heiratsannonce, die ein verzweifelter Vater aufgegeben hatte, worin dieser seinen drei Töchtern eine ansehnliche Mitgift mitzugeben versprach. Der Mann eilte in das angegebene Haus: »Was sind das für Töchter, die du hast? Im ganzen Land rühmt man ihre Sanftmut. Auch habe ich gehört, daß du für jede eine Mitgift ausgesetzt hast.« – »Ja«, antwortete der Vater, »20000 Pfund für die jüngste, für die mittlere 40000 und für die älteste Tochter 60000 Pfund.« Fragte der Freier: »Hast du keine, die älter ist als die älteste?«

Inhalt

Frisia not cantat? 7
Hanseatisches 19
Streifzüge an der Ostsee 24
Ostpreußische Späßchen 32
Schlesisches Himmelreich 42
Schnauze mit Herz 50
Von der Pleiße an die Spree 54
Sächsisch gemütvoll 58
Niedersächsisch deftig 63
Westfälisches 78
Aus Kohlenpütt und Sauerland 84
In dem Teutoburger Walde 88
Im Hessenland 91
In und um Köln, rheinauf und rheinab 100
Mainfränkisches 118
Handkäs mit Musi 120
Kreuz- und Querfahrten 123
Saarland, Elsaß, Luxemburg 135
Von Heidelberg zur Weinstraße 141
Muschterländle, Schwabeländle 147
An de schwäbsche Eisebahne 152
Alemannische Wirtschaft 159
Taubergrund und Nürnberger Schneegans 164
Bayrische »Gschichtln« 166
Bei den Nachbarn im Norden 187

Rechts und links vom Kanal	198
Tour de France	211
Jenseits der Pyrenäen	228
Eidgenössisches	244
Felix Austria	258
Böhmische Dörfer	280
Italienische Reise	283
Von Dalmatien nach Hellas	306
Moskowitergeschichten	314
Levantinisches	316
Zu beiden Seiten des Bosporus	321
Beim Barte des Propheten	327
Die Söhne Jakobs	331